알아두면 쓸모 있는
심리학 상식 사전

알아두면 쓸모 있는
심리학 상식 사전

PSYCHOLOGY : 50 ESSENTIAL IDEAS

에밀리 롤스, 톰 콜린스 지음 | 이은경 옮김

CRETA

차례

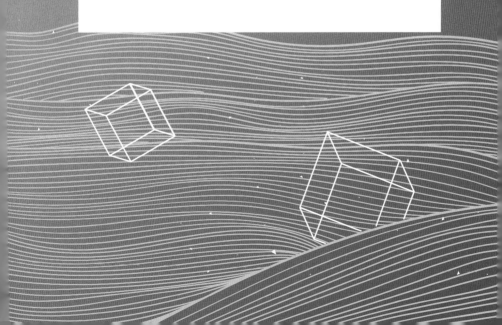

* 일러두기 :

1. 이 책에 등장하는 외래어 용어 및 인명, 지명 등은 국립국어원의 표기를 따랐습니다.
   그러나 관용적으로 굳어진 표현들은 예외를 두었습니다.

2. ( ) 안의 부연설명에 '옮긴이'로 표시된 곳을 제외하면 모두 원서에 있는 내용입니다.

사람들에게는 누구나 심리학자 같은 측면이 있다. 우리는 다른 사람의 의도를 파악할 때 주변 사람을 지켜보고 관찰한 내용을 활용한다. 그리고 과거에서 수집한 증거를 사용해 앞으로 어떤 행동을 할지 판단한다. 이것이 바로 심리학의 본질이다. 심리학이란 우리가 누구인지, 어떻게 생각하는지, 우리 행동에 영향을 미치는 것은 무엇인지 체계적으로 연구하는 학문이다. 심리학은 우리 인간을 연구하고, 우리는 자기도 모르게 항상 심리학을 사용하고 있다. 하지만 생물학을 비롯해 우리 인간을 연구하는 다른 과학 분야들처럼 심리학에도 깊이 있는 이해를 돕기 위해 과학자들이 오랜 시간에 걸쳐 개발한 도구와 기법들이 있다.

　심리학을 연구하는 접근법은 무척 다양하다. 주관적인 접근법과 과학적인 접근법, 전체론이나 환원론을 기반으로 하는 접근법도 있으며, 우리가 공유하는 특성에 초점을 맞추기도 하고 반대로 개인차에 초점을 맞추기도 한다. 심리학의 접근법은 시간이 지나면서 진화했고, 당대의 추세와 정치 상황에도 영향을 받는다.

이 책은 심리학을 요약해서 보여주는 핵심 개념 50가지를 소개한다. 심리학이라는 광범위한 연구 분야의 개요를 파악할 수 있도록 최대한 많은 철학과 연구 방법 및 접근법을 다룬다.

사람들이 언제부터 생각에 관해서 생각하기 시작했는지 꼭 집어서 말하기는 어려울 것이다. 19세기 중반까지 '정신 철학'이라고 알려져 있던 심리학은 인류 역사에서 다양한 형태로 나타났다. 플라톤과 아리스토텔레스 같은 고대 그리스 철학자들은 기원전 5세기에 이미 마음에 관한 이론을 세웠고, 마음이나 영혼이 육체와 분리된 개별적인 실체라고 믿었다. 이 접근법은 17세기에 프랑스 철학자 르네 데카르트가 마음과 몸이 솔방울샘(송과체)이라는 뇌의 작은 구조물을 통해서만 소통한다는 이론을 세우면서 '이원론'으로 알려졌다.

이후 계속해서 이원론이 대세를 이루었으나 영국 철학자 토머스 홉스와 존 로크가 우리의 정신 경험은 사실 뇌 안에서 일어나는 물리적 과정이라고 주장하고 나섰다. 이 접근법은 '일원론'으로 알려지게 됐다.

하지만 현재 우리가 생각하는 심리학은 이처럼 마음에 철학적으로 접근하는 방법이 아니다. 19세기에 들어서면서 심리학도 과학적이고 객관적인 방식으로 연구하기 시작했으며, 현대 심리학은 마음을 육체의 부산물이라고 보는 기계론적 접근법을 더 많이 사용한다.

이 단계에 도달하기 위해 극복해야 했던 큰 장애물 중 하나는 바로 우리가 보거나 직접 관찰할 수 없는 대상인 마음을 연구하고 이를 육체와 연결하는 법을 알아내는 것이었다. 이 간극을 메우는 데 기여한 것이 19세기 생리학자 빌헬름 분트가 제시한 내성법이다. 그러므로 우리도 여기에서부터 시작해 보자.

심리학을 과학의 영역으로
내성법

내성법introspection이란 자기 자신의 생각과 느낌, 행동, 나아가 동기까지
검토하고 이런 통찰을 이용해 마음이 어떻게 작용하는지 좀 더 깊이 이해
하는 과정이다. 내성은 주관적이고 개인적인 경험이다. 실험심리학을 창
시한 빌헬름 분트는 크리스티안 볼프와 이마누엘 칸트가 주장한 주관적
자기 관찰에서 마음 연구를 분리하고, 심리학을 관찰 가능한 과학으로 확
립하려 시도하면서 내성법을 사용했다.

빌헬름 분트

빌헬름 분트Wilhelm Wundt는 오랫동안 의학을 연구했지만, 최초로 자
신을 심리학자라고 칭한 사람이다. 그는 1874년에 학계에 큰 획을 그
은 《생리심리학 원론Principles of Physiological Psychology》을 내놓았다. 처
음 나왔을 때 이 저서는 870쪽짜리 책 한 권이었지만 마지막 판본이
자 6판이 나온 1908년에는 세 권으로 그 내용이 늘어났다.

　이 책은 생리학을 많이 다뤘지만 분트가 완전히 생리학적 관점으
로만 심리학에 접근한 것은 아니었다. 그는 인간의 마음이란 경험을
모으는 동시에 그런 경험에 대해 추측할 수밖에 없다고 말했다. 이는
생리학과 심리학의 관계를 체계적으로 다룬 최초의 연구였다. 분트

는 저자 서문 첫 줄에 "내가 이 책에서 공개하는 연구는 새로운 과학 영역을 표시하려는 시도다"라고 썼다. 이 책은 이 말에 꼭 들어맞는 저서였다.

실험심리학

분트는 그 당시까지 마음 연구 분야를 지배했던 이원론 개념에서 벗어나 몸과 마음을 통합하려고 시도했다. 그는 동료 철학자들, 특히 볼프와 칸트의 업적을 존중했지만, 마음과 인간 내면의 경험은 접근할 수 없고 완전히 주관적이며 과학적으로 연구하고 조사할 수 없다는 그들의 주장에는 반기를 들었다.

분트 이전에는 주로 주관적 자기 관찰법을 사용해서 마음을 연구했다. 이는 철학자들이 직접 인간 행동을 관찰하여 사고에 관해 생각하는 방법이었다. 분트는 주관적 자기 관찰법을 지지하는 사람들은 "다른 도움 없이 직접 정신적 사실을 정확하게 특성화할 수 있다"라고 생각한다면서, 이 추론 방법에는 결함이 있으며 심지어 오만하다는 뜻을 내비쳤다. 관찰자가 자기 자신을 관찰하면서 어떻게 그 관찰이 정확한지 알 수 있겠는가? 분트는 인간이 세계와 상호작용하는 방법인 감각을 객관적으로 연구함으로써 감각과 연결된 마음을 좀 더 깊이 이해할 수 있다는 사실을 증명하고자 했다.

또한 분트는 동료들이 좀 더

빌헬름 분트는 1879년에 최초의 심리학 실험실을 세웠다.

과학적인 접근법인 실험심리학에 반대하면서 펼치는 주장들이 오해
(실험심리학이 내성법 개념을 거부한다는 생각)에서 비롯됐다고 느꼈다.
실험심리학은 자기 관찰에서 벗어나 객관적이고 신중하게 통제하며
반복 가능한 관찰법을 이용해 마음과 내성 과정을 체계적으로 연구
하려 했다. 분트는 《생리심리학 원론》에서 내성법을 연구할 때 실험
절차의 목적은 "부정확한 내부 지각이 유일한 자원"인 주관적 방법을
"정확하게 조정할 수 있는 객관적 조건"에서 의식을 관찰할 수 있는 방
법으로 대체하는 것이라고 설명한다.

분트는 실험심리학이 다른 과학 분야들, 특히 물리학 및 생리학과
많은 특징을 공유한다고 믿었으며, 시간 같은 요인을 측정하는 데 동
일한 기구를 많이 사용할 수도 있다고 지적했다. 분트의 접근법은 마
음 연구를 철학과 분리하여 실험심리학이라는 새로운 분야를 바탕으
로 실행하려는 것이었다.

최초의 심리학 실험실

1879년, 분트는 최초의 심리학 실험실을 세웠다. 독일 라이프치히대
학교에 세워진 이 실험실은 실험심리학 연구소Institute for Experimental
Psychology라고 불렸다. 이 실험실에서 분트는 심리학을 다른 자연과학
과 똑같이 연구하고자 했다. 그는 훈련과 실습을 거친 관찰자들을 기
용했고 학생들에게 매번 똑같은 경험을 만들어 낼 수 있도록 신중하
게 절차를 통제해 적용할 것을 권장했다. 이는 관찰을 반복하고 비교
할 수 있다는 뜻이었고, 따라서 심리학은 주관적 철학에서 한걸음 벗
어나기 시작했다.

분트는 외부 자극을 이용해 의식을 수정할 수 있다고 주장했고, 이

2008년에 건립한 라이프치히대학교 강당.

를 가리켜 '외부로부터의 수정'이라고 불렀다. 이에 따르면 정신 과정을 임의로 정한 조건하에 둘 수 있고, 이 조건을 완전히 통제할 수 있으며, 원하는 대로 일정하게 유지하거나 변경할 수 있다. 예를 들어 단순한 소리나 섬광 같은 조건이 이에 속한다. 다음에는 내성법 과정으로 그 자극에 대한 반응을 체계적으로 연구할 수 있다. 분트는 심리학에 체계적 기법을 적용해서 다른 자연과학과 똑같이 엄격하고 과학적인 방법으로 연구하려 했다.

예를 들어 실험심리학 연구소에서는 연구원들이 실험 참가자들에게 똑딱거리는 메트로놈 소리를 들려주거나 섬광을 비춘 다음 어떤 감각이 느껴지는지 보고하도록 했다. 연구원들은 결과에 아무런 영향을 미치지 않도록 별도의 방에서 관찰했다. 초기에는 공간과 시간에 대한 단순 감각과 지각의 관계를 연구했지만 나중에는 주의, 기억, 느낌처럼 좀 더 복잡한 개념을 조사하기 시작했다.

실험심리학 연구소에서 첫 번째로 완료한 조사는 막스 프리드리히Max Friedrich 박사가 실시한 〈단순 및 복합 감각과 관련된 통각統覺 작용의 지속 시간에 관하여On the duration of apperception in connection with simple and compound sensations〉라는 제목의 연구였다. 이는 특정한 심리 과정이 발생하는 데 걸리는 시간을 측정한 여러 조사 중 하나였다. 반응 시간이나 기억 회상이 이런 심리 과정에 속하며, 반응 속도를 1000분의 1초까지 측정할 수 있는 크로노스코프chronoscope라는 장비를 사용해 실험하면서 정확하게 쟀다.

분트는 정확성에 집착하면서 과학적이고 체계적인 심리학 연구를 확립하기 위해 노력했지만, 한계도 있었다. 그는 마음을 포괄적으로 연구하려면 다른 기법들이 필요하다고 인정했다. 또한 심리학이 진화하는 학문임을 인식하고, 이를 첫 번째 저서에서 "이 책이 그렇듯이 첫 번째 시도에는 수많은 결함이 따르기 마련이다. 하지만 결함이 많을수록 더 효율적으로 개선해 나갈 수 있을 것이다"라는 말로 유려하고 겸손하게 전달했다. 비록 한계는 있었지만 분트의 연구는 지속적으로 심리학에 공헌했으므로, 많은 사람이 그를 심리학을 독자적인 학문으로 확립한 심리학의 아버지로 여기고 있다.

내성법은 심리학 연구에 사용된 가장 초기의 방법 중 하나지만, 지금도 여전히 사용된다.

그 예로 마크 그리피스Mark Griffiths가 1994년에 실시한 연구 〈슬롯머신 도박에서 인지편향과 기술의 역할The Role of Cognitive Bias and Skill in Fruit Machine Gambling〉을 들 수 있다. 그리피스는 비합리적 사고 과정이 도박 행동과 연관이 있다고 생각했다. 그는 정기적으로 도박을 하는 사람과 어쩌다 한 번씩만 하는 사람을 비교 연구했다. 각 참가자에게 3파운드를 주고 슬롯머신 도박을 하게 한 다음, 참가자 절반에게는 도박을 하는 동안 드는 생각을 소리 내어 말하도록 했다.

분트와 마찬가지로 그리피스의 절차도 반복할 수 있었다. 각 참가자에게 같은 도박 과정을 시켰고 지시사항도 표준화하여 전달했기 때문이다. 각 참가자들은 다음과 같은 설명을 들었다.

> '생각을 소리 내서 말하는 방법은 게임을 하는 동안 머릿속을 스치는 모든 생각을 말로 표현하는 것입니다. 다음 사항을 꼭 기억하세요. 1) 머릿속에 떠오르는 모든 생각을 말하세요. 상관없다고 느껴지는 생각이라도 검열하지 말고 말하세요. 2) 생각이 명확하게 구축된 상태가 아니더라도 가능한 한 계속해서 이야기하세요. 3) 또박또박 말하세요. 4) 필요하다면 끊긴 문장이라도 주저하지 말고 사용하세요. 완전한 문장으로 말해야 한다고 걱정하지 마세요. 5) 자기 생각을 정당화하려고 애쓰지 마세요.'

그리피스는 이 내성법으로 정기적으로 도박하는 사람들은 비이성적인 언어 표현을 더 많이 사용한다는 사실을 발견했다. 정기적으로 도박하는 사람들 중에는 "기계가 나를 좋아해" 같은 발언을 하는 비율이 14퍼센트에 달했지만 비정기적으로 도박하는 사람들 중에서는 이런 발언을 하는 비율이 2.5퍼센트에 그쳤고, 대신 "나는 거기에서 1파운드를 전부 잃었어"처럼 좀 더 이성적인 표현을 사용했다.

02

경험과 감각에 다리를 놓다
구성주의

인간 의식을 과학적 접근법으로 조사하려고 한 빌헬름 분트의 시도는 '구성주의structuralism'라는 이름으로 알려졌다. 구성주의 접근법은 마음을 우리가 경험하는 생각과 감각의 산물로 이해하려 했다. 구성주의의 기본원칙을 확립한 사람은 분트였지만 이를 심리학 학파로 확립한 사람은 그 제자인 에드워드 브래드퍼드 티치너Edward Bradford Titchener였다.

에드워드 티치너

분트의 제자인 에드워드 브래드퍼드 티치너는 분트의 개념을 확장해 구성주의 이론을 세웠다. 1867년 잉글랜드 치체스터에서 태어난 티치너는 장학금을 받고 말번 칼리지에 다녔다. 가족들은 티치너가 성직자가 되기를 바랐지만 티치너는 자신이 흥미를 느끼는 과학에 집중했다. 그는 1885년에 생물학으로 공부를 시작했지만 나중에는 옥스퍼드대학교에서 비교심리학을 공부했다. 옥스퍼드에서 공부하던 시절에 티치너는 빌헬름 분트의 연구를 읽기 시작했고, 이후 분트가 독일어로 쓴 《생리심리학 원론》 1권을 영어로 번역했다.

　1890년에 옥스퍼드대학교를 졸업한 다음 영국에서 일자리나 연구

직을 찾지 못한 티치너는 독일 라이프치히로 가서 분트 밑에서 연구를 시작했다. 1892년 라이프치히대학교에서 심리학 박사 학위를 받은 뒤, 이후 뉴욕의 코넬대학교 교수로 임용됐다. 이곳에서 구성주의라는 심리학 학파를 세우고 미국에 심리학이라는 학문을 소개했다.

티치너의 내성법

티치너는 분트의 방법을 확장하여 학생들이 내성법을 능숙하게 구사할 수 있도록 고된 수련을 쌓게 했다. 학생들은 내면을 들여다보면서 자기가 경험한 감각만을 가려내 보고해야 했다.

유능한 내성법 관찰자는 이미지를 볼 때 감각의 강도와 선명도를 설명할 수 있다. 예를 들어 무심한 관찰자는 어떤 새의 모습을 보고는 그냥 "파랗다"라고 묘사하는 데 그친다. 하지만 티치너는 학생들이 처음 관심이 쏠렸던 측면 너머를 볼 수 있도록 훈련했다. 이렇게 훈련받은 학생들은 파란색의 색조나 새를 보는 감각 등 다른 요소를 설명할 수 있었다.

티치너와 학생들은 의식적인 생각을 구성하는 요소를 분석하기 시작했다. 티치너는 생물학을 공부했던 경험을 활용하고 학생들이 내성법 관찰로 모은 심리적 요소를 주기율표로 편찬하고자 했다.

그들은 의식적인 경험의 요소와 감각 사이의 연결을 좌우하는 법칙을 조사했다. 티치너의 학생들은 이 방법을 사용해 그들이 경험한 다양한 요소들을 보고했고, 1899년에 내놓은 책 《심리학 개론An Outline of Psychology》에 4만 4000개가 넘는 감각 요소를 소개했다.

티치너는 모든 의식 경험을 구성하는 필수 요소 세 가지는 느낌, 감각, 심상이라는 결론을 내렸다. 연구가 무르익으면서 이를 적용하는 데 한계도 더 많이 드러났다. 티치너는 감각이 어떻게 정보를 의식에 입력하는지 발견하려 했고, 자기가 찾아낸 요소들이 인간 경험을 구성한다고 믿었다. 하지만 훈련을 받았다고는 해도 주관적일 수밖에 없는 학생들의 관점에 의존했고, 그것은 결국 그들이 묘사하는 감각에 대한 스스로의 의식 경험에 의지한 관점이었다. 따라서 현대 기준으로 볼 때 구성주의 방법론에는 결함이 있었다.

기본 감각	개수
색깔	약 35000
흑백 범위	600 ~ 700
색조	약 11000
맛	4(단맛, 신맛, 쓴맛, 짠맛)
피부 감각	4(압박감, 통각, 온기, 냉기)
내장기관 감각	4(압박감, 통각, 온기, 냉기)
냄새	9종류가 유력하지만 수천 개의 요소가 있을 수 있다.
총 기본 감각	46708 + 가늠하기 어려운 냄새 종류

그냥 파란 새가 아니라 더 많은 것이 보였는가? 티치너는 관찰한 바를 구체적인 요소들로 나눠서 자기가 경험하는 것을 훨씬 더 자세히 묘사하도록 학생들을 훈련했다.

알아두면 쓸모 있는 심리학 상식 사전

기능주의

구성주의 학파에서 '기능주의functionalism'가 등장했다. 기능주의를 따르는 심리학자들은 각각의 행동이나 감각을 개별적으로 연구하기보다는 각 행동의 기능과 얼마나 다양한 행동이 개체의 성공에 기여하는지에 더욱 흥미를 느꼈다. 기능주의의 창시자인 윌리엄 제임스William James는 찰스 다윈Charles Darwin의 저작과 인간의 행동과 성격은 적응적, 즉 행동과 성격이 생존에 도움이 되는 기능을 한다는 개념에서 처음으로 영감을 느꼈다.

기능주의를 지지하는 사람들은 개별적인 요소들을 연구하는 대신 이들이 어떻게 함께 작동하여 행동에 영향을 미치는지 연구하려 했다는 점에서 이전의 구성주의 학파와 달랐다. 또한 기능주의는 행동을 연구할 때 좀 더 객관적인 기법을 사용하고자 노력했고 연구 기법으로 내성법을 지양했다.

심리학 흐름에서 볼 때 1927년 티치너가 사망한 이후로 구성주의는 기능주의와 함께 '게슈탈트 운동Gestalt movement' 같은 새로운 학파에 밀리면서 오래 살아남지 못했다. 하지만 티치너의 업적은 심리학이 체계적인 학문으로 대우받을 수 있도록 튼튼한 발판을 마련했다는 점이다.

03

전체는 부분의 합 이상이다
게슈탈트 심리학

20세기 독일에서 기능주의와 구성주의에 대응하여 등장한 것이 게슈탈트 심리학이다. 게슈탈트 이론은 전체가 부분의 합 이상이라는 것을 강조하며, 현대 지각 연구의 기초를 마련했다.

파이 현상

게슈탈트 심리학의 기초가 된 것은 심리학자 막스 베르트하이머Max Wertheimer의 간단한 관찰이었다. 그가 발표한 논문 〈운동 지각의 실험적 연구Experimental Studies of the Perception of Movement〉는 착시와 운동에 대한 인간 지각을 다뤘다. 그는 실제로 움직임이 일어나지 않을 때도 우리는 동작이나 움직임을 볼 수 있다고 지적했다. 예를 들어 정지 영상 여러 장이 눈앞을 매우 빠르게 스쳐 지나가는 경우, 우리는 이를 동영상으로 인식한다.

베르트하이머는 1910년 여름, 기차에서 어린이 장난감을 가지고 놀다가 새로운 관찰을 했는데, 이후 그는 이 관찰을 '파이 현상phi

당신이 지각하는 현실은 무엇인가? 꽃병이 보이는가, 두 얼굴이 보이는가? 막스 베르트하이머는 1912년부터 착시와 현실 지각을 연구하기 시작했다.

phenomenon(1912)'이라고 불렀다.

베르트하이머의 고전적 파이 현상 실험에서는 회전하는 순간노출기(일정 시간 동안 시각 자극을 제시하는 실험용 장치—옮긴이) 바퀴에 낸 좁은 틈으로 빛을 통과시켜 가현 운동apparent motion(실제로는 움직이지 않지만 움직이는 듯 느껴지는 겉보기 운동—옮긴이) 인식을 만들어 냈다.

모든 기본 감각을 분리해서 인간 경험을 조사하는 구성주의 체계로는 파이 현상을 설명할 수 없었다. 게슈탈트 심리학은 이런 가현 운동을 개별적인 감각 요소로 분리할 수 없다고 주장했다. 동작을 관찰할 때 개인의 신경계는 입력 정보(이 경우에는 영상)를 단편적인 방식으로 처리하지 않고 동시에 여러 감각 경험을 동원해 이해한다. 따라서 시각으로 입력된 정보가 즉시 마음속에서 완전한 동영상으로 존재하게 된다. 실제로는 존재하지 않지만 동영상을 본다고 착각하게 되는 것이다.

따라서 독일어로 '형태' 또는 '전체 형상'을 의미하는 '게슈탈트(정확하게 대응되는 영어나 한국어 단어는 없다)'는 움직임의 전체 또는 통합이 모든 개별 요소들의 합보다 더 중요하다고 여긴다. 나중에 출간된 저작물에서는 이 원리를 '단순성의 법칙law of Prägnanz'이라고 불렀다.

초기 애니메이션 기구로 고안한 조에트로프는 가현 운동 원리에 따라 작동한다. 각 영상은 분명히 다르지만 순서대로 빠르게 나타나면 움직이는 것처럼 보인다.

가현 운동의 역학은 베르트하이머가 관찰하기 전에도 이미 알려져 있었다. 사실 영화 산업에서는 60년 넘게 실용적으로 사용해 왔고, 베르트하이머가 논문을 발표하기 이전에도 가현 운동의 여러 특성이 밝혀져 있었다.

볼프강 쾰러

가장 유명한 게슈탈트 심리학자는 아마도 볼프강 쾰러Wolfgang Köhler 일 것이다. 쾰러는 감각 경험의 한계를 뛰어넘어 게슈탈트 개념을 유인원의 문제 해결 연구에 적용했다.

제1차 세계대전 중 테네리페섬에서 유인원을 대상으로 실시한 실험에서 쾰러는 유인원들이 목표물에 도달하고자 장애물을 극복하는 현상을 관찰했다. 여러 차례의 실험에서 그는 장벽 뒤편이나 미로를 통과해야 하는 곳에 음식물을 놓았다. 고양이와 개에게 실시한 초기 실험에서 동물들은 음식물에 접근하기까지 시행착오를 거쳤다. 침팬지들은 처음에 손에 닿지 않는 곳에 놓인 바나나를 가지려고 뛰어 올랐지만 실패하자 좌절하고 분노했다. 그렇지만 나중에는 울타리 안에 있는 장난감과 물체를 사용하여 문제를 해결

레이 해리하우젠은 1초당 24장의 사진을 찍는 스톱 애니메이션 기법을 사용해 가현 운동을 만들었다. 이는 베르트하이머가 파이 현상 논문을 발표하기 60년 전부터 영화 산업이 사용해 왔던 특수 효과다.

하고, 음식물을 손에 넣었다. 몇몇 침팬지는 상자를 쌓았고, 술탄이라는 침팬지는 짧은 막대기 두 개를 이어서 바나나에 닿는 장대를 만들었다.

물체와 자극 간의 관계를 보면서 통찰하고 문제를 해결하는 유인원의 능력은 개별 감각 반응만을 조사해서는 행동을 설명할 수 없으며, 상호작용하는 여러 요인을 이해해야 한다는 게슈탈트 접근법의 가정을 뒷받침했다.

베르트하이머, 쾰러, 쿠르트 코프카Kurt Koffka와 그 제자들은 게슈탈트 접근법을 지각, 문제 해결, 학습 및 사고 등 다른 영역의 문제에까지 확장해서 적용했다. 이후에는 게슈탈트 원리가 동기, 사회심리학, 성격에도 적용됐다.

음식물을 얻기 위해 그란데는 상자를 쌓는 좀 더 위험한 전략을 시도했지만 술탄은 막대기 두 개를 잇는 방법을 선택했다.

게슈탈트 요법

1940년대에 이르자 게슈탈트 운동을 창시한 사람들은 독일 나치 정권에서 탈출해 미국으로 영향력을 뻗었고, 그곳에서 프리드리히 펄스 Friedrich S. Perls를 비롯한 여러 학자들이 개발한 심리치료 접근법이 탄생했다.

게슈탈트 운동의 최초 이상과 직접 이어져 있지는 않지만 이 치료법도 전체 개체를 고려하고, 현재 맥락에서 전인의 기능을 가로막는 장애물에 관심을 갖는다. 다시 말해 게슈탈트 요법은 현재의 순간과 개인의 책임을 강조한다.

게슈탈트 요법은 현재 경험에 인지 통찰력을 사용하고 마음챙김을 강조해 치료받는 사람이 접근하기 어려웠을 삶의 영역에서 만족을 얻을 수 있도록 창의성을 탐색하게 격려한다. 이 치료 접근법은 전체를 이해하기 위한 행동, 정서, 느낌, 지각, 감각의 자기 인식을 기반으로 한다. 1951년에 펄스는 직접 실행한 연구와 임상 기록을 바탕으로《게슈탈트 요법Gestalt Therapy : Excitement and Growth in the Human Personality》이라는 책을 썼다. 1951년에 이 책을 출간한 직후 펄스는 뉴욕 게슈탈트 치료 연구소를 설립해 게슈탈트 요법 치료사들을 양성하기 시작했다.

1950년대 이후 별개의 심리학 학파로 살아남지는 못했지만 게슈탈트 심리학은 현실을 인식하는 방법을 이해하는 데 크게 도움을 주었다. 착시와 관련된 초기 실험과 유인원의 문제 해결 실험까지, 게슈탈트 심리학은 전체의 인식이 우리 현실을 구성하는 모든 부분의 합보다 더 클 수 있다는 사실을 증명했다.

04

보이는 게 전부가 아니다
지각

아래 그림에서 무엇이 보이는가? 이 그림에 익숙하지 않다면 그냥 흑백의 얼룩무늬 모음으로 보일 수도 있다. 하지만 달마티안 개의 모습을 찾아내는 사람들도 많다. 이 그림의 놀라운 점은 달마티안의 윤곽선이 그려져 있지 않다는 사실이다. 그저 우리의 마음이 얼룩무늬 형태를 걸어가면서 땅을 킁킁거리며 냄새를 맡는 달마티안으로 인식하고, 빠진 정보를 채워서 지각할 뿐이다.

각각으로는 해석할 수 없는 얼룩무늬 모음에서 달마티안 개 한 마리가 나타난다.
제임스 작(1965).

알아두면 쓸모 있는 심리학 상식 사전

시지각

우리는 패턴을 볼 수 있도록 시각 정보를 구성하는 경향을 보인다. 2장에서 우리는 에드워드 티치너가 연구를 통해 어떻게 기본 감각 약 4만 6708개를 밝혔고, 이런 감각들을 뇌에 입력하여 의식적 경험을 이해할 수 있다고 믿었는지 살펴보았다. 반면에 게슈탈트 학파는 우리가 모든 부분의 합이 아니라 전체로 현실 인식을 만들어 낸다고 가정했다.

오감

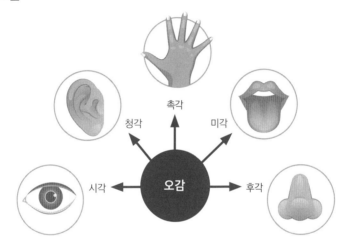

우리가 시각 정보를 받아들이고 구성하는 방식에 관해서도 비슷한 논쟁이 있다. '상향식bottom-up' 접근법은 우리 지각이 전적으로 눈으로 받아들이는 정보를 바탕으로 한다고 주장한다. 반면 '하향식top-down' 접근법은 우리가 받아들이는 엄청난 양의 정보를 이해하기 위해, 우리 마음이 우리가 무엇을 인식하게 될지 미리 예측하고 정보를 그 예상에 맞춘다고 주장한다.

1970년에 심리학자 리처드 그레고리Richard Gregory는 지각이란 구조적 절차라고 생각했다. 우리는 눈으로 받아들이는 직접적인 시각 데이터와 마음속에 저장된 지식을 결합하고, 그런 방식으로 심상을 구성한다고 믿었다. 그레고리는 지각이 다음 세 측면을 바탕으로 이루어진다고 주장했다.

1. 주변에서 들어오는 감각 데이터
2. 과거 경험의 기억
3. 마음이 구성하는 가설과 추론

감각으로 얻은 데이터는 모호할 때가 많고 서로 상충할 때도 있으므로 눈이 우리에게 보여주는 바를 이해하려면 과거 경험이나 저장된 지식에서 얻은 인지 정보가 필요하다.

이를 잘 보여주는 실례가 바로 네커 큐브Necker cube(옆쪽 그림)다. 정육면체 그림을 노려보면서 교차점에 초점을 맞추면 정육면체가 뒤집히면서 방향이 바뀐다. 계속해서 정육면체를 노려보면 그림이 불안정해지면서 방향이 계속해서 왔다 갔다 바뀌는 두 가지 지각을 만들어 낼 수 있다. 그레고리는 뇌가 똑같이 그럴듯하지만 무엇을 받아들여야 할지 결정할 수 없는 두 가설을 세우기 때문에 이런 현상이 일어난다고 생각했다.

따라서 시각 입력이 바뀌지 않았으니 지각 변화는 상향식 처리 과정에 의한 것일 수 없다. 즉 이 변화는 뇌가 무엇이 가까이에 있고 무엇이 더 멀리에 있는 듯이 보인다고 세운 하향식 가설이 '잘못 적용'되어서 생겨난 결과다.

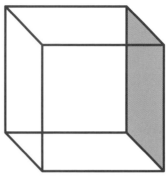

▲ 네커 큐브는 정육면체의 방향이 뒤집히는 듯이 보이는 착시를 만들어 낼 수 있다. 그레고리는 이 현상이 감각 입력과 보게 될 것에 대한 예측 사이의 상충된 가설이 마음 속에 있기 때문이라고 주장했다.

◀ 이 사람의 얼굴은 정면처럼 보이는가, 측면처럼 보이는가? 이는 상충하는 지각을 보여주는 예다.

그레고리는 움푹하게 패인 얼굴 모양으로도 이 지각 효과를 증명했다. 얼굴 모양을 오목하게 새긴 조각을 볼 때 이를 볼록한 모양으로 보지 않기란 거의 불가능하다. 이는 우리가 마음에 품고 있는 현실을 저장한 지식이 '얼굴을 보는' 경향을 만들고, 이런 경향이 감각으로 받아들이는 깊이 지각에 관한 정보를 무시하기 때문이다. 이 현상은 사람들이 달의 표면에서 자주 얼굴 같은 형상을 보는 이유도 설명할 수 있다.

그레고리는 지각이 우리 마음이 세우는 가설이라고 본다. 뇌는 사전 지식을 바탕으로 외부 환경을 추론해야 한다. 이렇게 해서 우리는 감각이 제공하는 정보와 기억에 저장된 정보를 합친 결과를 바탕으로 적극적으로 현실 지각을 구축한다. 하지만 이 이론은 대부분 인공 환

얼굴을 오목하게 새긴 조각. 하지만 우리 마음은 튀어나온 얼굴을 볼 것이라고 기대하므로, 이를 볼록한 조각으로 지각할 수도 있다.

경에서 관찰되는 착시를 근거로 하며, 실제 환경에서는 시각을 보완하는 다른 감각들이 오해를 바로잡는 역할을 한다.

깁슨의 장場 이론

1996년, 제임스 깁슨James Gibson은 지각이 마음의 가설에 지나지 않는다는 그레고리의 개념에 반대하면서 지각은 감각으로 수집하는 직접 정보에서 비롯된다고 주장했다. 깁슨은 제2차 세계대전 중에 조종사들에게 항공기 착륙 훈련을 시키면서 직접 지각 이론을 세웠다. 그는 조종사가 항공기를 착륙시키는 데는 수평선과 활주로 윤곽, 지면 질감, 땅의 가현 운동만 있으면 된다는 사실을 밝혔다. 이런 의미에서 우리가 환경에서 받는 정보는 현실 지각을 구성하기에 충분하다. 보는 대로 얻는다.

깁슨은 시각 입력을 '광학 배열optic array'로 해석하는 기제를 언급했다. 우리가 환경을 따라 이동할 때 바로 앞에 있는 물체는 정지한 듯 보이면서 고정점을 나타내지만 측면에 있는 물체는 우리를 향해 움직이는 듯 보이면서 광학 흐름optical flow을 만든다(아래 그림).

광학 흐름의 변화는 환경에 관해 중요한 단서를 제공한다. 표면에 반사된 광선이 눈으로 들어올 때 물체의 겉보기 밝기 및 그 크기는 물체가 얼마나 멀리 떨어져 있는지를 알려줄 수 있다. 가까이 있는 물체

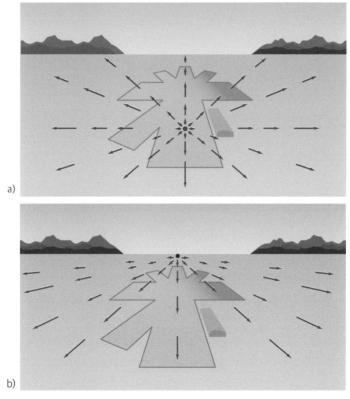

a)

b)

조종사가 a) 착륙할 때와 b) 이착륙장 상공을 비행할 때 광학 흐름이 변화하는 양상.

가 더 멀리 떨어진 물체의 영상을 차단하는 것과 같은 단서들도 지각에 도움이 된다. 시각 환경을 따라 움직이는 동안 이런 측면들은 우리 위치에 따라서 변한다.

또한 깁슨은 변하지 않는 몇 가지 측면(불변소invariant)이 있으며 이런 측면도 정확한 지각에 똑같이 중요하다고 생각했다. 대부분의 물체에는 시각 질감이 있지만 이는 그 물체가 얼마나 가까이, 또는 멀리 떨어져 있는지에 따라서 달라진다. 물체로부터 멀어지면 결이 고와지는 듯 보이고 물체로 다가가면 결의 밀도는 거칠어진다. 이 방법으로 우리는 물체가 얼마나 떨어져 있는지 판단할 수 있다. 따라서 관찰자가 환경에서 이동할 때 환경의 특징이 변한다.

원근감과 수평 비율 관계horizon-ratio relation 역시 시지각과 관련된 불변소 중 하나다. 초점에는 원근감을 나타내는 선들이 지평선에서 수렴하는 소실점이 있다. 멀리 사라져 가는 철도 선로를 바라볼 때 이런 현상을 보게 된다. 이런 배경 시각 단서들을 활용해 물체의 크기나 그 물체와의 거리 등을 판단할 수 있다. 하지만 이 때문에 크기가 다른 물체들이 같은 크기로 보이는 현상이 나타나기도 한다. 그 물체들의

수평 비율 관계.
이 그림에 보이는 세 사람은 모두 크기가 같지만 수평선 비율로 인해 키가 다르게 보인다. 왼쪽 사람이 제일 작게 보인다.

알아두면 쓸모 있는 심리학 상식 사전

에임스 방 착시는 방이 교묘하게 왜곡된 탓에 한 사람이 작아 보이게 한다. 겉보기에는 바닥이 평평해 보이지만 실제로는 경사가 있어서 왼쪽에 있는 사람은 크게 보이고 오른쪽에 있는 사람은 작게 보인다. 세클과 클라크(1997)는 이 현상이 수평 비율 관계 때문에 발생한다고 주장했다.

수평 비율이 똑같기 때문이다. 따라서 이 효과는 저장된 지각이 아니라 감각 입력에 의해 만들어진다고 깁슨은 주장했다. 이 현상을 잘 보여주는 재미있는 예가 에임스 방 착시Ames room illusion다. 에임스 방 착시는 이 효과를 이용해 한 방에 있는 사람들의 외관상 크기를 바꾼다.

에어뉴질랜드 901편 추락사고

1979년 11월 28일, 에어뉴질랜드 901편 항공기가 오클랜드 공항에서 이륙했다. 승객 237명과 승무원 20명이 남극으로 가는 관광 항공편에 타고 있었다. 비행기는 관광객들이 사진을 찍고 멀리 떨어진 화산과 산을 볼 수 있도록 비교적 낮고 평평한 빙판 지대인 맥머도만 상공을 몇 바퀴 돌 예정이었다. 하지만 비행기 컴퓨터에 입력된 비행경로는 조종사들이 보고받은 비행경로와 달랐다. 항공기는 맥머도만이 아니라 로스섬을 가로질러 높이가 3794미터에 달하는 에레부스 화산으로 향했다.

승객들이 밖을 좀 더 잘 볼 수 있도록 조종사들은 자주 관광 지역 위를 낮게 날았다. 이는 맑은 날 비행 제약을 충분히 지키는 기술이었다. 마지막으로 남극대륙을 저공비행하는 동안에 조종사들은 3050미터까지 고도를 낮추고 항법장치를 사용하는 대신 눈으로 보면서 비행을 진행하도록 허가가 난 상태였다. 그런데 비행기가 고도를 낮춰 위험에 처한 상황에서 얼음의 하얀색과 산의 하얀색이 뒤섞여서 보이는 '화이트아웃whiteout' 현상이 발생했다. 땅의 경사를 보여주는 명암 대비가 전혀 없는 상황에서, 조종사들은 바로 앞에 산이 있는데도 산의 측면으로 곧장 날아가고 있다는 사실을 전혀 알아차리지 못했다. 조종사들은 이 위치로 이끈 항공 경로 컴퓨터를 신뢰했고, 시각으로 밖을 살필 때 맥머도만에 대한 자신들의 기억에 의존했다. 그들은 이전 경험을 바탕으로 평지를 보게 될 것이라고 기대했고, 따라서 평지라고 지각했다.

피할 수 없는 충돌이 일어나기 12초 전에 저고도 충돌 경보가 울렸다. 조종사들은 금세 실수를 깨달았지만 그때는 이미 너무 늦었고 비행기의 운명은 정해졌다. 탑승한 승객과 승무원 257명 전원이 사망했다. 이 사고는 에어뉴질랜드 역사상 최악의 추락사고로 남아 있으며 국가 전체에 큰 충격을 안겼다. 추락의 원인은 조종사들이 부정확한 항공 경로에 의존했고, 착시를 경험하면서 산을 피할 만큼 일찍 조치를 취할 수 없었다는 점이었다. 이 사고로 많은 교훈을 얻었고 항공 시스템과 조종사 훈련이 개선됐다.

우리가 환경을 직접 시각으로 지각한다는 깁슨의 이론은 도로표

조종사들이 발견한 착시인 '화이트아웃'은 1979년 에어 뉴질랜드 901편이 추락한 주요 원인이었다. 날씨는 맑았지만 조종사들은 자신이 산을 보고 있다는 것을 인지하지 못했고, 이 때문에 비행기는 에레부스산(사진) 측면에 추락했다.

지판 디자인과 운전자 안전부터 조종사 훈련까지, 광범위한 분야에 적용된다. 시야 상황이 분명하고 명확할 때는 깁슨의 이론이 지각을 잘 설명한다. 하지만 901편 추락사고 같은 사건은 시지각 형성에 영향을 미치는 기억의 역할을 강조한다. 우리가 볼 것이라고 기대하는 것이 현실 세계를 지각하는 데에도 영향을 미친다는 사실 말이다.

　다행히도 901편 승무원들이 겪었던 착시는 현실 세계에서는 드문 일이다. 하지만 이런 착시는 우리가 보는 것과 볼 것이라고 예측하는 것 모두가 시지각을 구성한다는 그레고리의 이론을 뒷받침한다.

05

비판과 각광 사이

정신 역동 이론

정신과 의사 진료실이 나오는 영화라면 으레 지그문트 프로이트의 흉상이 등장한다. 시가를 들고 안경을 쓴 프로이트의 모습은 어머니와의 관계를 묻는 오스트리아 억양을 떠올리게 한다. 그의 저서는 대부분 독일어로 쓰이고 출판됐지만 그가 만든 문구들은 일상 언어에까지 영향을 미쳤다. 심지어 무심결에 속마음을 드러내는 실언을 가리켜 '프로이트식 말실수Freudian slip'라고 부른다. 프로이트는 정신 역동(정신 역학) 이론을 창시했다.

지그문트 프로이트

프로이트Sigmund Freud는 오스트리아의 빈대학교 의과대학에서 과학자로서 경력을 시작했다. 그가 의대에 입학해서 초기에 들었던 수업 중 하나가 '일반 생물학과 다윈주의'였다. 프로이트는 확실히 다윈주의 개념에 영향을 받았고, 생명 작용이 심리 작용의 '기반'이며, 심리 작용의 상당 부분은 무의식적인 생

지그문트 프로이트는 모라비아(현재 체코공화국에 속한 지역)에서 유대인 부모 사이에서 태어났다. 그는 빈에서 자랐지만 나치 정부의 박해를 피해 1933년 런던으로 도피했다.

물적 충동과 이를 관리하는 방식의 결과이고, 이 과정은 어린 시절에 시작된다고 믿었다.

카를 융

심리학에 대한 정신 역동 접근법 역사에서 주목할 만한 다른 인물로는 카를 융Carl Jung을 들 수 있다. 융은 프로이트의 이론을 확장해 '엘렉트라 콤플렉스Electra complex' 같은 개념을 추가했다. 융과 프로이트는 몇 년 동안 서로 긴밀하게 협력했고, 프로이트는 융을 수제자로 여겼다. 하지만 1912년 미국으로 떠난 강연 여행에서 융은 프로이트의 오이디푸스 콤플렉스Oedipus complex 개념을 공개적으로 비판했고, 두 사람의 관계는 돌이킬 수 없을 정도로 틀어졌다.

나아가 융은 분석심리학이라는 심리학의 새로운 분야를 창시했다. 융은 프로이트보다 심리학을 좀 더 철학적인 관점에서 바라봤고, 스스로 과학자라고 여겼지만 일부 연구 영역에서는 영적인 접근법을 취했다. 예를 들어 융은 인류가 집단 무의식을 공유한다고 주장했다. 즉 조상의 과거에서 비롯된 타고난 기억이 행동에 영향을 미친다고 보았다. 융은 이런 보편적인 인류의 주제를 '원형archetypes'이라고 불렀고, 이 개념을 사용해 인류가 공유하는 도덕적 가치나 민담의 유사성처럼 여러 문화권에 걸쳐 반복해서 나타나는 주제를 설명했다.

분석심리학의 창시자 카를 융.

무의식

정신 역동 접근법에 속하는 이론들은 무의식적인 정신 과정이 이끄는 행동 요소가 있다고 가정한다. 이런 요소들은 타고난 생물학적 추동이나 과거의 경험에 영향을 받을 수 있다. 예를 들어 어린 시절에 일어난 사건, 특히 부모와의 상호작용은 성인으로 이어지는 성격을 형성한다. 빙산과 마찬가지로 추동의 일부분은 분명하고 표면 위인 의식에 나타나지만 우리 행동을 추동하는 많은 부분은 표면 아래에 숨어 있다. 자유 연상이나 꿈의 분석과 같은 방법을 사용하여 이런 무의식 과정을 조사할 수 있지만, 아직 알려지지 않은 부분이 많다.

비판

정신 역동 이론은 생애 초기 발달이 이후 행동과 성격에 미치는 영향을 설명할 수 있으므로 여전히 인기가 있다. 또한 생물 작용, 타고난 무의식적인 추동의 영향뿐만 아니라 어린 시절에 주고받은 상호작용이 우리가 어떤 사람이 될지를 결정한다는 맥락에서 환경의 영향도 설명한다. 그러나 이런 접근법은 지나치게 결정론적이라는 비판을 받을 수 있다. 만약 생물 작용과 어린 시절의 경험이 우리가 어떤 사람이 될지를 결정한다면, 우리가 통제할 수 없는 힘이 우리의 행동을 미리 결정한다는 뜻일까?

정신 역동 이론이 다루는 많은 영역은 무의식에서 일어나는 작용이므로 연구하기가 매우 어렵다. 또 정신 역동 이론의 대부분은 검증할 수 없으므로, 어떤 검사나 실험을 설계하여 그 이론이 틀렸다는 것을 증명할 수도 없다. 어떤 것이 잘못이라는 것을 증명할 수 없다고 해서 그것이 옳다거나 옳을 수 있다는 뜻은 아니다. 사실 정반대로 그 이론을 면밀히 검토해서 옳음을 증명할 수 없다는 뜻이기도 하다. 이런 단점이 있기는 하지만 정신 역동 이론은 여전히 현대 심리학과 심리 치료에 계속 영향을 미치고 있다.

06

그렇게 어른이 된다
심리 성적 단계

지그문트 프로이트는 인간의 성격이 아동기에 5단계의 심리 성적 단계 psychosexual stages를 거치며 발달한다고 보았다. 우리는 이런 사실을 의식하지 않지만, 성인이 됐을 때 하는 행동으로 미루어 그 단계를 얼마나 성공적으로 넘겼는지 추측할 수 있다.

리비도와 고착

각 단계에서 '리비도libido', 즉 쾌락 추구는 신체의 여러 부위로 표현된다. 다음 단계로 성공적으로 나아가려면 반드시 리비도를 충족해야 하고, 이 과정에서 부모가 자녀를 뒷받침하는 데 큰 역할을 한다. 프로이트는 이러한 단계를 수월하게 통과하여 잘 적응하는 성인은 리비도와 프시케psyche(정신) 사이에서 발생하는 갈등을 해소할 것이라고 생각했다. 하지만 리비도를 만족시키지 못해 해당 단계를 통과하기 어려울수록 그 단계는 성인기 행동에 더 많은 영향을 미치게 된다.

각 단계에서 리비도에 대한 자극이 지나치거나 부족하면 '고착'이 일어나 이후 불건전한 행동을 유발할 수 있다. 예를 들어 아기가 처음으로 거치는 단계는 구강기다. 구강기에는 리비도, 즉 쾌락 추구 본능이 입에 집중되어 있으므로 아기는 빨거나 깨물거나 손에 닿는 물건을 닥치는 대로 입에 넣으면서 쾌락을 얻는다. 초보 부모들은 이런 아이의 모습을 보면서 겁에 질리곤 한다. 아기의 주요 목표는 부모에게 음식을 얻는 것이고, 젖을 빠는 데 집착하지 않으면 영양실조에 빠질 위험이 있으므로, 이렇게 구강에 초점을 맞추는 행위는 생물학적으로 타당하다.

심리 성적 단계
프로이트는 아동기에 구강기, 항문기, 남근기, 잠재기, 생식기라는 5단계에 걸쳐서 성격이 발달한다고 주장했다.

리비도
본능과 연관된 정신 에너지로 대개 성적 충동이나 쾌락 추구 충동과 관련이 있다.

하지만 (젖을 너무 일찍 떼거나 너무 늦게 떼서) 구강기에 고착되면 성인이 되어서도 입에 집착하는 모습을 보인다. 프로이트는 손톱 깨물기, 흡연, 엄지손가락 빨기, 과식 같은 행동이 구강기 고착을 보여주는 증거라고 생각했다.

아동기의 심리 성적 5단계.

마찬가지로 각 단계마다 성인이 되어서도 명백하게 드러나는 고착의 신호가 있다. 단 그중에서 잠재기는 예외로, 이 시기에는 리비도가 활동을 중단하고 어린이는 쾌락 추구 에너지를 학습과 우정을 발달시키는 데 집중할 수 있다(47쪽 표 참조).

오이디푸스 콤플렉스

특히 흥미로우면서도 논란의 여지가 있는 심리 성적 단계가 바로 남근기다. 이 시기에 리비도의 초점은 남근, 즉 음경에 맞춰져 있다. 이 단계에서 아이들은 남자와 여자의 신체가 어떻게 다른지 알아차리기 시작하고, 남자아이는 프로이트가 신화에 등장하는 그리스 왕의 이름을 따서 '오이디푸스 콤플렉스'라고 명명한 상태를 경험한다고 한다.

남근기에 남자아이는 무의식적으로 아버지를 경쟁상대로 보고 아버지의 자리를 빼앗으려고 한다. 동시에 쾌락 추구 욕망을 어머니에게 집중하고, 어머니를 소유하고자 한다. 또한 남자아이들은 아버지가 이런 감정을 알아차리고 그 시기에 자신에게 가장 소중한 물건인 음경을 거세해서 처벌할 것이라고 걱정한다. 이는 '거세 불안castration anxiety'이라고 하는 또 다른 콤플렉스로 이어진다.

아이는 자기와 성별이 같은 부모와 자신을 동일시하고 부모의 행동을 따라 하면서 이 단계를 통과한다. 남자아이의 경우 남성 역할을 모방하고 남성다운 행동을 보이곤 한다.

이 이론은 프로이트의 연구가 여성 심리학을 무시한다는 일반적인 비판을 뒷받침한다. 1963년에 카를 융은 엘렉트라 콤플렉스를 넣어서 프로이트의 이론을 확장했다. 융은 남근기에 여자아이는 자신에게 음경이 없다는 점이 남자아이와 신체적으로 다르고, 어머니에게도

리틀 한스(프로이트, 1909)

프로이트가 심리 성적 단계 이론을 발전시킨 데에는 리틀 한스라고 알려진 어린 소년에 대한 연구가 영향을 미쳤다. 한스는 말을 무서워했고, 프로이트는 그 원인이 무엇인지 조사하기 시작했다. 프로이트는 한스가 음경에도 관심을 보인다는 사실을 발견했다. 그 과정에서 말의 큰 음경과 한스의 공포증 간에 연관성이 있다는 이론을 세웠다.

한스의 공포증 증세가 나아지면서 코에 검은 마구를 쓴 말들만 무서워하기 시작했다. 한스의 아버지는 한스에게 마구가 콧수염처럼 보이는지 궁금해했고, 프로이트는 한스의 말 공포증이 콧수염을 기른 아버지에 대한 두려움을 상징할 수도 있다고 결론지었다.

프로이트는 오이디푸스 콤플렉스 이론을 가져와서 한스가 큰 음경을 가졌고 어머니와 결혼하는 상상을 하면서 아버지와 자신을 동일시하고, 거세 불안을 극복함으로써 아버지와의 무의식적인 갈등을 해결할 것이라고 주장했다.

단계	연령	리비도의 초점	주요 발달	성인기 고착 예시
구강기	0~1	입, 혀, 입술	모유 또는 분유 떼기	흡연, 과식
항문기	1~3	항문	배변 훈련	질서 정연, 지저분함
남근기	3~6	성기	오이디푸스/엘렉트라 콤플렉스 해결	일탈, 성기능 장애
잠재기	6~12	없음	방어 기제 개발	없음
생식기	12+	성기	성적으로 완전히 성숙함	모든 단계를 성공적으로 완료했다면 그 사람은 성적으로 성숙하고 정신적으로 건강할 것

음경이 없다는 사실을 알아차린다고 주장했다. 여자아이는 남자아이와 달리 거세 불안을 겪지는 않지만, 대신에 어머니가 이미 자기를 거세했다는 결론에 이른다. 여자아이는 샘을 내고 남근 선망을 느끼면서 아버지에게 성적으로 매력을 느끼고 어머니에게 적대심을 느낀다.

일단 여자아이가 엘렉트라 콤플렉스를 성공적으로 해결하면 분노를 억압하고 음경 없이 살아가게 된다는 사실을 받아들이며, 자신을 어머니와 동일시하면서 음경을 갖고 싶다는 소망을 아기를 갖고 싶다는 소망으로 대체한다.

비판

융은 이 이론을 펼치면서 균형을 바로잡고 여성의 성적 발달에 대한 설명을 넣으려 했지만, 남성 성기를 질투하는 존재로 여성을 정의했고, 심리적 발달을 남성 중심 관점에서 전파했다고 비판받는다. 물론 심리 성적 단계 개념에 대한 비판은 그뿐이 아니다. 프로이트의 이론은 무의식 속에서 일어나는 과정을 다루며, 이는 당사자조차 접근할 수 없는 영역이므로, 검사하기가 어렵다. 하지만 이런 단점이 있다고 해도 심리학의 역사와 마음에 대한 이해에서 그의 이론은 커다란 역할을 했으며 그 가치는 여전히 매우 크다.

07

자신과의 끊임없는 싸움
성격의 삼원 구조 이론

지그문트 프로이트는 정신 역동 이론을 설명하면서 인간의 마음이 원초아id, 자아ego, 초자아superego라는 세 부분으로 나뉜다고 주장했다. 성격의 삼원 구조를 이루는 각각의 세 부분은 대개 무의식 속에서 자신의 욕구를 충족하고자 싸우며, 행동은 각 부분의 욕구를 균형 있게 조정한 결과다.

성격의 삼원 구조

이렇게 마음을 구성하는 세 부분은 각각 다른 시기에 발달하며 우리 무의식에 영향을 미치는 서로 다른 욕구와 욕망을 지니고 있다. 프로이트는 신생아에게도 원초아가 이미 존재하며, 가장 먼저 발달한다고 주장했다. 원초아는 다시 두 부분으로 나뉘는데, 그리스 신화에 등장하는 인물의 이름을 따서 하나는 삶과 성 본능에 초점을 맞추는 에로스Eros(사랑의 신), 다른 하나는 죽음 본능에 초점을 맞추는 타나토스Thanatos(죽음의 신)라고 불렀다.

원초아는 음식을 손에 넣거나 즐거운 경험을 추구하는 것처럼 본능적인 생물적 충동을 즉시 충족하라고 부추긴다. 원초아는 무의식

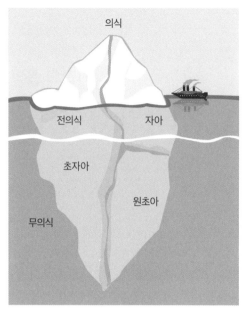

빙산의 물에 잠긴 부분은 무의식을 나타낸다.

속에서만 활동하므로 우리는 원초아가 행동에 미치는 영향력을 전혀 알아차리지 못한다. 원초아는 충동적이고 쾌락을 추구하는데, 이는 살아남으려면 부모에게 자원을 구해야 하는 신생아에게 유리한 특징이다.

　프로이트는 초자아가 원초아의 정반대라고 여겼다. 초자아는 우리 어깨 위에 앉아서 만족할 줄 모르고 쾌락을 추구하는 원초아의 요구에 대항하는 천사다. 초자아는 시간이 흐르면서 가족, 친구들, 사회와 상호작용한 결과 형성된다. 원초아와 마찬가지로 초자아도 '양심'과 '이상적 자기'라는 두 부분으로 나뉜다. 이상적 자기는 우리가 자기 자신을 판단할 때 사용하는 기분이다. 이상적 자기의 기대에 부응하지 못할 때 우리는 죄책감과 수치심을 느낀다. 초자아는 대체로 무의식 안에서 작동하지만, 원초아와 다르고 의식을 잠식할 수 있다.

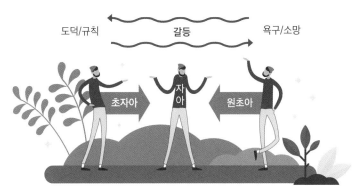

성격의 삼원 구조는 원초아, 자아, 초자아로 이뤄져 있다.

마지막으로 자아는 의식적인 자기를 나타낸다. 자아는 원초아의 요구에 부응하고자 애쓰는 동시에, 사회적으로 적절하게 행동하면서 원초아와 초자아 사이를 중재한다. 강한 자아는 원초아와 초자아가 적절한 때에만 의사 표현을 하도록 허락한다. 자아가 약하면 원초아가 행동을 지배하면서 충동적이고 자기 파괴적인 행동을 초래할 수 있다. 초자아가 사람을 지배하면 지나치게 자기 비판적이고 융통성 없을 정도로 도덕적으로 굴면서 불안 장애와 신경증을 초래할 수 있다.

자아 방어 기제

프로이트는 원초아와 초자아가 자아에 영향을 미치려고 끊임없이 서로 충돌하며, 자아는 이런 끝없는 요구에 억눌릴 위험에 처해 있다고 믿었다. 자아는 스스로를 보호하고자 방어 기제를 사용한다. 이런 방어 기제는 무의식적으로 작동하므로 우리는 자아가 방어 기제를 사용하고 있는지 아닌지는 알지 못하지만, 그 자체로 심리적 이상을 일으킬 수 있다. 누군가가 자신에게 일어난 어떤 일을 '부정'하는 말을 들어

본 적이 있다면 그것이 바로 자아 방어 기제다.

가장 잘 알려진 방어 기제로는 부정denial, 억압repression, 퇴행regression, 투사projection를 들 수 있다.

- 부정 : 사랑하는 사람의 죽음과 같은 사건이나 경험이 일어났거나 일어날 것이라는 사실을 받아들이지 않으려고 하는 상태.
- 억압 : 어린 시절에 학대받은 사실을 기억하지 못하는 경우처럼, 불안하거나 충격적인 생각을 무의식에 머무르게 하면서 의식 속으로 들어오지 못하도록 막는 방법.
- 퇴행 : 스트레스에 직면했을 때 예전에 했을 법한 행동을 하는 것. 성인이 심하게 스트레스를 받으면 무책임한 10대 시절에 했던 행동으로 되돌아가곤 하는 경우를 말한다.
- 투사 : 자신의 불안한 생각이나 행동을 다른 사람의 탓으로 돌리는 것. 누군가를 싫어하지만 그 감정이 사회적으로 받아들여지지 않는다는 사실을 안다면, 실은 상대방이 자기를 좋아하지 않는 것이라고 생각한다.

무의식의 소망을 이루다
꿈의 분석

지그문트 프로이트는 꿈을 무의식에 이르는 '왕도'라고 불렀다. 그는 꿈이 무의식적인 소망을 이루는 방법이며, 따라서 무의식에 가려진 소망이 무엇인지 밝힐 수 있다고 믿었다.

무의식 밝히기

프로이트는 꿈을 '해석'하려고 나섰다기보다는 꿈을 이용해서 무의식적인 생각을 밝히고자 했다. 꿈을 분석하는 치료법의 목적은 환자가 기억하는 표출 내용을 분석하여 꿈에 잠재되어 있는 의미를 밝히는 것이었다.

꿈의 분석은 다음과 같은 방식으로 심리학에 대한 정신 역동 접근법의 다른 영역들과 이어진다.

- 성격의 삼원 구조 : 원초아는 우리의 소망과 환상의 원천이다. 의식에서는 이런 소망과 환상이 용납될 수 없다고 간주되고, 자아와 초자

아가 이를 억압한다. 그렇게 억압된 소망과 환상이 꿈으로 나타난다.

- 방어 기제 : 우리는 심하게 충격적인 사건이나 기억을 억압해 무의
  식으로 보낸다. 그렇게 억압된 사건이나 기억은 꿈에서만 다시 나
  타난다.

프로이트는 잠이 들면 자아의 방어 수준이 낮아지기 때문에 무의
식의 욕망과 두려움이 표면으로 떠오를 수 있다고 생각했다. 이는 억
압된 내용의 일부가 왜곡된 형태로나마 의식으로 떠오른다는 뜻이다.
프로이트는 꿈이 무의식 속 소망의 성취를 의미하며, 이런 꿈의 의미
는 상징과 꿈 작업dreamwork으로 감춰져 있다고 생각했다.

> "꿈의 해석은 마음의 무의식적인 활동을 알 수 있는 왕도다."
>
> — 지그문트 프로이트

> 표출 내용 : 꿈에서 기억나는 내용.
> 잠재 내용 : 꿈에서 일어난 일 이면에 숨은 의미.

소망 충족

프로이트는 자아와 초자아가 무의식적 욕망(소망)을 억압한다고 주장
했다. 그는 〈꿈의 검열The Censorship of Dreams〉(1915)에서 "꿈은 환각적
만족이라는 방법으로 잠을 방해하는 (심리적) 자극을 제거하는 것"이
라고 정의했다. 이 경우 심리적 자극은 무의식에서 충족되지 않은 소

망이나 욕망을 의미할 수 있다.

상징

만약 꿈에 오소리가 나온다면 이것
이 의미하는 바는 무엇일까? 꿈 해
석 사전에서는 오소리가 상대방에
대한 승리를 나타낸다거나 권력을
가진 사람이 당신을 얼마나 괴롭히
는지 나타낸다고 설명한다.

사실 프로이트는 꿈에 등장하는
상징을 해석할 때 무척이나 신중했
다. 그는 보편적인 상징이 있다고 믿
지 않고 그에게 '꿈 사전'은 짜증을
부르는 원천이었다. 각각의 상징은
사람들이 살면서 겪은 경험에 따라
서로 다른 의미를 지니며, 프로이트

는 환자의 과거를 조사해서 꿈으로 표출된 내용의 이면에 숨은 잠재
적 의미를 밝히는 것이 치료사의 일이라고 믿었다.

꿈 작업

꿈 작업은 꿈을 꾸는 사람이 진짜 의미를 알지 못하도록 무의식이 꿈
의 표출 내용을 바꾸는 과정이다. 프로이트는 무의식적인 소망과 욕
망이 잠을 방해하므로 꿈 작업이 금지된 소망을 덜 위협적인 형태로
바꿔, 우리가 언뜻 보기에 터무니없는 욕망에 방해받지 않고 잠을 잘

수 있도록 해준다고 보았다.

꿈을 분석하는 목적은 꿈의 의미를 해독하고 꿈 작업 과정을 되돌리려는 데 있다. 프로이트는 이 과정에서 환자에게 꿈의 의미를 설명하려 하지 않았다. 대신에 자유 연상 같은 기법을 사용하여 환자가 꿈에 나타난 내용과 그 내용이 나타내는 무의식적인 생각을 직접 연관지을 수 있도록 격려했다.

자유 연상

자유 연상을 진행하는 동안 치료사는 환자에게 마음의 중심에 떠오르는 생각을 아무런 비판 없이 말하도록 격려한다. 치료사가 환자의 생각을 자극하기 위해 한마디 거들 수도 있지만, 환자는 생각한 것을 곧바로 이야기해야 한다. 물론 사회적으로 용납되지 않거나 충격적인 생각을 떠올렸다면 이를 털어놓기를 주저하는 환자도 있겠지만, 프로이트는 자유 연상 중에 긴 침묵이 이어지는 것조차 유의미하다고 믿었다. 이는 환자가 중대한 기억이나 욕망에 다가가고 있다는 징후일수 있다.

현대적 응용

꿈이라는 주관적 경험을 연구하고 프로이트의 이론을 뒷받침하는 증거를 내놓기는 어렵지만, 치료사들은 지금도 꾸준히 꿈을 분석한다. 2000년에 독일 심리 치료사들을 대상으로 조사한 결과, 상담 중 약 28퍼센트는 어떤 형태로든 꿈을 분석한다는 답변이 나왔다. 이처럼 꿈을 분석하는 것은 심리 치료에서 여전히 중요한 위치를 차지하고 있었으며, 심리 치료사들도 꿈의 분석 기법이 환자에게 유용하다고 대답했다(슈레들Schredl 외, 2000).

프로이트가 본 꿈의 기능

프로이트의 꿈(1895)

1895년 7월 24일, 프로이트는 자기 이론의 기반을 형성하는 꿈을 꿨다. 그는 기대한 만큼 치료가 순조롭지 않았던 이르마라는 환자를 걱정하고 있었다. 프로이트는 파티에서 이르마를 만나서 진료하는 꿈을 꿨는데, 그 꿈에서 다른 의사가 이르마에게 준 약의 화학식이 프로이트의 눈앞을 스쳐 지나갔고, 이르마의 상태가 더러운 주사기 때문에 발생했음을 깨달았다. 그렇게 해서 프로이트는 죄책감을 덜었다.

프로이트는 그 꿈이 자신의 '무의식적 소망 충족'을 나타낸다고 결론지었다. 그는 이르마가 나아지지 않는다는 사실에 자기 자신을 탓했고, 죄책감을 느끼고 있었다. 그의 무의식적 소망은 이르마의 나쁜 상태가 자기 잘못이 아니라는 것이었고, 꿈을 통해 다른 의사에게 잘못이 있었다는 사실을 알게 되어 이 소망을 충족했다.

이 꿈을 바탕으로 프로이트는 꿈의 주요 기능이 소망 충족이라고 주장하게 됐다.

실존하는 인간
인본주의 심리학

1960년대와 1970년대에 걸쳐 미국에서 발달한 인본주의 심리학은 행동주의 이론가와 인지심리학자들 사이에서 끊임없이 이어지던 싸움에 대한 대응이었다. 인본주의 심리학의 관점은 환경이 행동에 미치는 영향이나 인지의 기계론적 측면에만 초점을 맞추지 말고, 인간의 경험을 중심으로 심리학 연구를 실시해야 한다는 것이었다.

인본주의 심리학의 뿌리는 19세기 후반에 유럽에서 등장한 실존주의 철학에서 찾을 수 있다. 철학자들은 인간이 세상을 살아가면서 종종 겪게 되는 고통스러운 실존을 받아들일 수 있도록 도우려 했다. 이런 의미에서 인본주의 심리학은 순전히 이론적인 접근법과는 달리 치료에 대단히 유용한 접근법이며, 인간 행동을 완전히 이해하려고 노력하기보다는 사람들이 삶에 좀 더 효율적으로 대처할 수 있도록 돕고자 애쓴다.

매슬로의 욕구 위계

에이브러햄 매슬로Abraham Maslow는 인본주의 심리학을 이끈 이론가였다. 그는 인간의 욕구와 동기의 범위를 설명할 수 있는 이론을 세우고자 했다.

매슬로는 '욕구의 위계 이론hierarchy of needs'으로 가장 잘 알려져 있다. 그는 이 이론으로 인간에게는 기본 욕구들이 있고, 특정한 순서로 이 욕구들을 충족해야 한다고 주장했다. 욕구의 위계는 대개 피라미드로 나타내며, 생존에 필요한 가장 기본적인 욕구는 맨 밑에, 가장

미국의 심리학자 에이브러햄 매슬로는 주로 동기와 인간의 타고난 자기실현 욕구에 관심을 가졌다.

높은 수준의 심리적 욕구인 자아실현은 꼭대기에 위치한다. 매슬로는 한 사람이 욕구 피라미드에서 더 높은 단계로 올라가려면 그 이전 단계를 반드시 충족해야 하며, 이 과정은 개인의 일생에 걸쳐 지속된다고 믿었다. 나중에 그는 개인이 윗단계로 나아가기 위해 각 단계의 모든 욕구 조건을 꼭 충족해야 하는 것은 아니라고 밝혔다. 또 가능한 한 최고의 부모가 되고 싶은 욕망처럼 한 사람의 삶을 이루는 다양한 영역에 욕구 위계를 따로따로 적용할 수 있다고 말했다.

매슬로는 자기가 볼 때 건전하고 창의적이며 생산적이라고 생각한 사람들의 성격을 연구하여 그들이 어떤 특성을 지녔기에 자아실현self-actualization을 달성할 수 있었는지 이해하려 했다. 매슬로가 연구한 대상은 엘리너 루스벨트, 알베르트 아인슈타인, 에이브러햄 링컨, 토

머스 제퍼슨 등이었다. 매슬로는 자아를 실현하는 사람이야말로 인간의 삶에서 최고의 성취를 거둔 사람이라고 믿었고 그들이 창의성, 개방성, 자발성, 애정, 동정심, 타인에 대한 염려 등 비슷한 특질을 공유한다는 사실을 발견했다. 또한 이렇게 자아를 실현한 사람들 대부분은 현실에 뿌리를 두고 있어 바꿀 수 없는 것은 받아들이고, 해결할 수 있는 문제에는 적극적으로 부딪친다는 공통점이 있었다.

자아실현자는 자신의 존재를 초월하는 강렬한 '절정 경험'을 하고, 그때 느낀 의미 있는 감정을 계속해서 추구하게 된다. 자아 실현자들 중에는 소수의 사람들과 건강한 관계를 유지하면서 상호작용하는 경우가 많았다. 이어서 매슬로는 자아실현을 달성한 사람들이 '일관성 있는 성격 증후군'을 나타내고 최적의 심리적 건강과 기능을 보여준다고 말했다.

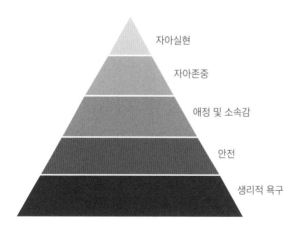

매슬로의 욕구 위계는 인간 욕구를 5단계 모델로 나타내는 심리학 동기 이론이다. 개인은 자아실현을 달성하기 위해 각 단계를 거친다.

하지만 사람에 따라서는 낮은 수준의 욕구를 충족하는 데 실패해, 안타깝게도 진행이 중단되는 경우도 많다. 모든 사람이 위계를 따라 위로 올라가고 싶은 욕망을 가지지만 서로 다른 단계 사이를 오락가락할 수도 있다. 이혼이나 소득 상실, 주거 상실 같은 사건을 겪을 때 이런 일이 일어날 수 있다. 따라서 모든 사람이 윗단계로 올라갈 수 있는 것은 아니며, 개인의 욕구 변화에 따라 단계 사이를 오가기도 한다.

비판

매슬로의 욕구 위계 이론은 증거와 과학적 엄밀성이 부족하다는 비판을 받아왔다. 이 연구는 전체론적 접근 방식이고 주관적인 특성을 지니므로 개인 간에 상당한 차이가 있을 수 있다. 게다가 이 이론은 서구 사회의 가치와 이념을 반영하는데, 이는 바꿔 말해 보편적으로 적용할 수 있는 정확한 자아실현 달성 공식이 없다는 뜻이다. 하지만 매슬로는 심리학의 연구 분야를 정신적 문제가 있는 사람들뿐만 아니라 문제 없이 제 기능을 하는 사람들을 포함하는 영역으로 넓혔고, 그 과정에서 성격 심리학에 좀 더 긍정적인 빛을 비췄다. 매슬로는 "프로이트가 심리학의 병든 절반을 제공했다면 이제 우리는 나머지 건강한 절반을 채워야 한다"라는 말로 자신의 접근법을 잘 표현했다.

칼 로저스

칼 로저스Carl Rogers는 매슬로와 더불어 인본주의 운동을 창시한 일원 중 한 명이다. 그는 저명한 심리학자였고 건강한 개인의 성장 잠재력에 초점을 맞춰 자아와 성경을 이해하는 데 크게 기여했다. 로저스와 매슬로는 자유 의지free will와 자기 결정을 받아들여서, 사람에게는 가능한

한 좋은 사람이 되고자 하는 욕망이 있다고 믿었다.

칼 로저스는 성격 발달 이론으로 인본주의 심리학 분야를 발전시켰다. 그는 가능한 한 최고의 능력을 달성하려고 하는 기본 동기를 의미하는 '실현 경향성actualizing tendency'이라는 용어를 만들었다. 그는 인간이 적극적이고 창의적이며 경험하는 존재로서 현재를 살아가며, 자유 의지

칼 로저스는 인본주의 심리학자로서 매슬로가 내세운 주요 가정에 동의하면서도 '훌륭한 삶'을 살아가려면 무조건적인 사랑과 올바른 환경, 공감이 필요하다고 덧붙였다.

를 실천하고 자신이 지각한 주변 세상에 주관적으로 대응한다고 강조했다. 또 사람들이 선하게 태어나며, 만약 환경 조건이 맞는다면 식물이 꽃을 피우듯이 번영하여 잠재력을 달성할 수 있다고 믿었다.

로저스는 지나치게 비판적이거나 가혹하지 않게, 자기 자신을 무조건적이고 긍정적으로 받아들이는 치료 기법을 처음으로 개발한 사람이다. 그는 이 접근법을 '무조건적 긍정적 존중'이라고 칭하고 이 기법을 통해 환자들을 건강한 상태로 이끌었다. 이런 '환자 통제'는 치료접근법을 비약적으로 발전시켰고, 당시 인본주의 심리학 분야에 혁명을 일으켰다.

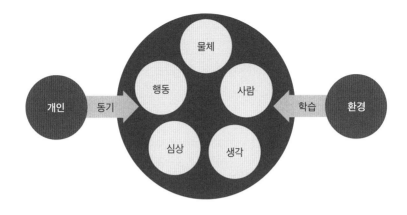

현상적 장은 개인의 자기 발달에 영향을 미치는 사람의 환경과 동기에서 비롯
되는 주관적 현실이다.

이상적 자기 대 실제 자기

로저스 이론의 핵심은 어떤 사람이 자아실현을 달성하려면 '이상적 자기'와 '실제 자기' 사이에 일관성이 있어야 한다는 것이다. 이상적 자기란 당신이 되고 싶은 사람이고, 실제 자기란 현재 있는 그대로의 당신을 말한다. '일치'는 실제 자기와 이상적 자기에 대한 생각이 비슷해서 자기 개념이 정확한 상태다. 실제 자기와 이상적 자기가 일치하는 정도가 높을수록 자존감이 높으며 생산적이고 건강한 삶을 살아갈 수 있다. 반면에 실제 자기와 이상적 자기의 차이가 클 경우 우리는 로저스가 '불일치'라고 말한 상태를 경험하게 된다. 불일치를 경험하면 정상적인 생활에 필요한 여러 가지 상황에 대처하기가 어려울 수 있다.

훌륭한 삶

로저스는 삶을 발달 단계가 아니라 원리라는 관점에서 생각했다. 그는 이런 원리가 정적인 상태가 아니라 유동적인 방식으로 작동한다고 주장했다. 완전하게 기능하는 사람은 끊임없이 잠재력을 실현하겠다고 마음먹는다. 하지만 이는 최종 목표에 도달하기 위한 단계가 아니라 끊임없이 변화하면서 '되어가는' 과정이다. 로저스는 이를 가리켜 '훌륭한 삶'이라고 불렀다.

> "훌륭한 삶이란 존재 상태가 아니라 과정이다. 이는 목적지가 아니라 방향이다."
>
> — 칼 로저스(1967)

로저스는 완전하게 기능하는 사람들에게서 비슷한 성격 특질을 다섯 가지 찾을 수 있다고 밝혔다.

1. 경험에 대한 개방성 : 방어적인 태도에서 벗어나 긍정적인 감정과 부정적인 감정을 모두 받아들이고 문제를 해결한다.
2. 실존적 생활방식 : 성격의 자기 개념에 맞게 과거나 미래 사건을 왜곡하기보다는 사건이 일어나는 그 순간에 완전하게 경험한다.
3. 느낌을 신뢰함 : 사람들이 직접 내린 결정은 옳은 결정이고, 사람들이 올바른 선택을 한다고 믿으면서 느낌과 본능, 직감을 신뢰한다.
4. 창의성: 순응할 필요는 없으며 창의적인 생각과 위험을 감수하는 것은 인생을 이루는 특징이다.
5. 풍요롭고 완전한 삶 : 언제나 새로운 도전과 경험을 찾고, 매우 행복하며 삶에 만족한다.

로저스는 문제 없이 제 기능을 하는 사람들은 균형이 잘 잡혀 있고 알아가기에 흥미로우며, 그런 사람들이 사회에서 높은 성취를 달성한다고 생각했다.

매슬로와 마찬가지로 로저스의 이론과 치료 접근법은 이를 뒷받침할 경험적 증거가 빈약했다. 비평가들은 '문제 없이 제 기능을 하는 사람'이란 서구 문화의 개념이라고 반박할 것이다. 다른 문화권에서는 집단의 성취가 어떤 한 개인의 성취보다 더 높은 가치를 지닌다.

인본주의의 전체론적 접근법은 대체로 개인에 대해서는 상당한 통찰력을 가져다주었다. 하지만 정말로 정확하게 연구할 수 있을 만큼 충분하고 불변하는 변인을 찾아 핵심 이론을 뒷받침할 경험적 근거가 희박하다. 그렇지만 이 접근법은 심리학이 새로운 영역으로 나아가도록 뒷받침해 심리학적 개입이 필요한 사람뿐 아니라 건강한 개인들까지 살폈다. 이런 의미에서 인본주의 접근법은 심리학의 관심 영역을 넓혔고, 우리 모두에게 '좋은 삶'을 살아갈 동기와, 그런 삶을 위해서는 무엇이 필요한지 좀 더 잘 이해할 수 있도록 이끌었다.

10

자극과 반응에 주목하는
행동주의 접근법

행동주의자들은 심리학을 정신 역동 이론보다 좀 더 순수하고 주관적인 과학으로 되돌리려 했다. 행동주의 접근법의 창시자인 존 왓슨John B. Watson은 "행동주의는 과학의 시험관에서 의식을 찾을 수 없다"라고 말했다. 행동주의자들은 원인과 결과를 측정하는 데 초점을 두어 실험 대상이 처한 환경에서 자극을 바꾸고 직접 관찰할 수 있는 반응만 측정한다. 그러나 그 사이에서 일어나는 과정이나 인지는 설명하려 하지 않는다.

비교심리학

행동주의자들은 인간과 인간이 아닌 동물들이 아주 유사한 방식으로 학습하므로 동물을 연구함으로써 인간 행동에 대한 통찰을 얻을 수 있다고 믿었다. 예를 들어 파블로프가 개를 대상으로 실시한 고전적 조건 형성 연구나 스키너가 비둘기와 쥐를 대상으로 보상과 처벌의 효과를 연구한 실험에서 볼 수 있듯이 유명한 행동주의 연구에서는 동물을 많이 이용했다.

이런 종류의 연구를 시작한 사람은 에드워드 손다이크Edward Thorndike였다. 그는 퍼즐 상자를 사용해서 동물의 학습을 연구했다. 동물은 손잡이를 당겨야 상자에서 탈출해 음식을 얻을 수 있었다. 손다

스키너 같은 행동주의 심리학자들은 퍼즐 상자를 사용해 쥐 같은 동물의 학습을 체계적으로 조사했다.

이크는 동물, 주로 고양이가 손잡이의 목적을 알아내는 데 얼마나 오래 걸리는지 관찰했다. 그는 퍼즐 상자로 같은 동물을 계속 반복해 검사했고, 시행할 때마다 시간을 기록하면서 여러 차례 거듭함에 따라 시간 기록이 어떻게 향상되는지 살펴봤다. 이렇게 관찰하면서 손다이크는 행동이 반복될지 그렇지 않을지의 여부는 행동이 초래하는 효과에 따라 달라진다는 '효과 법칙'을 세웠다. 음식을 얻는 경우처럼 결과가 즐겁다면 행동은 반복될 것이다. 결과가 즐겁지 않다면 행동은 반복되지 않을 것이다.

"신체 건강한 유아 열두 명을 내게 주고 내가 정한 세상에서 키울 수 있게 한다면, 그중에서 누구를 무작위로 고르든 간에 그 아이의 재능, 취향, 성향, 능력, 소명 의식, 조상의 인종에 상관없이 의사, 변호사, 상인 등 내가 선택한 어떤 분야의 전문가가 되도록, 심지어 거지와 도둑이 되게 훈련할 수도 있다."

— 존 왓슨(1924)

빈 서판

행동주의자들은 인간이 심리적으로 텅 빈 서판blank slate 같은 상태로 태어나고, 경험을 하면서 그 서판이 채워진다고 가정한다. 따라서 우리 행동은 일생을 살아가는 동안 환경과 상호작용하여, 주로 '조건 형성'이라는 과정을 통해 학습된다고 본다.

이 접근법이 주장하는 학설이 바로 환경이 우리 행동을 결정한다고 믿는 '환경 결정론'이다. 만약 우리 통제를 벗어난 요인이 우리 행동을 결정한다고 가정하면 어디까지가 개인의 책임인지에 대해 심각한 의문이 생기게 된다.

1924년에 존 왓슨은 행동을 매우 엄격하게 보는 이 관점을 소개했고 이를 가리켜 '방법론적 행동주의'라고 한다. 1930년대에는 B. F. 스키너B. F. Skinner가 '급진적 행동주의'를 소개했다. 급진적 행동주의는 직접 관찰할 수 없고 분석할 수 없는 정서가 행동에 영향을 미칠 수 있다고 제안한다. 또한 스키너는 우리가 단순히 자극에 반응하는 것이 아니라 '조작operants'이라는 요인이 반응에 영향을 미치고 행동을 반복할 가능성에 영향을 준다고 주장했다. 조작은 어떤 행동을 했을 때 경험하는 보상일 수도 있고 처벌일 수도 있다.

비판

심리학의 접근법은 환원론이라고 비판받는 경우가 많다. 이는 인간 행동이라는 대단히 복잡한 현상을 다른 요소들을 무시한 채 하나의 규칙이나 이론으로 축소한다는 의미다. 하지만 행동주의처럼 과학적이고 경험적인 방식으로 행동을 연구하려는 심리학 분야에서는 어느 정도 필요한 과정이다. 변인이 행동에 미치는 영향을 측정하고 반복 검사를 통한 설명으로 그 타당성을 조사하려면 그 변인에만 초점을 맞춰야 한다. 스키너의 급진적 행동주의는 그런 불균형을 어느 정도 바로잡으려 노력했다.

한계가 있기는 하지만 행동주의 심리학은 경험을 통한 학습과 아동기에 공포증이 생기는 과정, 이후 성인기에 공포증을 치유할 수 있는 방법을 이해하는 데 도움을 주었다. 현재 행동주의 심리학의 내용은 학교에서 학생들에게 긍정적인 행동을 장려하고 직장에서 생산성을 향상하는 데에도 일상적으로 사용되며, 심지어 소셜 미디어에서 계속해서 '좋아요' 버튼을 클릭하도록 하는 데까지, 효율적으로 적용되고 있다.

11

행동의 근거를 밝힌다
고전적 조건 형성

'고전적 조건 형성classical conditioning'은 심리학자가 아니라 러시아 생리학자 이반 파블로프Ivan Pavlov가 수립한 핵심 행동주의 이론이다. 고전적 조건 형성이란 아주 단순하지만 가장 효과적인 학습 형태인 연합을 통한 학습을 말한다.

파블로프의 개

파블로프는 소화 계통을 연구하고 있었는데, 나중에 노벨상을 수상한한 실험에서 개의 침 분비에 대해 연구했다. 파블로프는 실험 절차로 개들에게 먹이를 주고 외과 수술로 개의 침샘에 부착한 작은 병에 침을 모았다. 침 분비는 반사 작용이므로 개들이 스스로는 통제할 수 없다. 파블로프는 그 반응을 통제할 수 있는지 확인하고자 했고, 실제로 개들이 먹이를 줬을 때만 침을 흘리는 것이 아니라는 사실을 발견했다. 개들은 먹이를 주는 조교들을 보거나 그들이 오는 소리를 듣는 등 먹이가 온다는 사실을 떠올리게 하는 자극을 보거나 들으면 침을 흘렸다. 실험 조교들을 자극, 즉 먹이와 연합하는 법을 배웠던 것이다. 반려동물을

알아두면 쓸모 있는 심리학 상식 사전

키우는 사람이라면 다들 비슷한 반응을 겪을 것이다. 예를 들어 목줄을 넣어두는 서랍을 열면 개는 벌써 신나서 짖는다. 하지만 이 현상을 검토하기 위한 통제 연구를 최초로 실시한 것은 파블로프다.

파블로프는 개의 침샘에 관을 삽입해 침을 모았다.

파블로프는 처음에 조교들에게 개들에게 먹이(무조건 자극)를 주도록 했고, 동시에 메트로놈 작동(중립 자극)을 시작했다. 개들은 먹이에 반응(무조건 반응)해서 침을 흘렸다. 파블로프는 개들이 메트로놈 소리(이제 조건 자극)를 먹이 급여와 연합하기 시작했다고 느껴질 때까지 이 과정을 반복했다. 다음으로 파블로프와 조교들은 개들에게 메트로놈 소리(조건 자

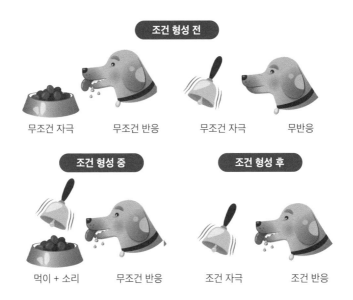

파블로프는 개들이 먹이(자극)와 연합하도록 조건 형성된 소리를 들으면 침을 흘리도록(반응) 가르쳤다.

극)만 들려주고 먹이를 주지 않아도 침을 흘리기 시작(조건 반응)한다는 사실을 관찰했다. 개들은 메트로놈 소리를 먹이와 연합하도록 조건을 형성했다.

무조건 자극 : 자연스럽게 반사 반응을 일으키는 자극.

무조건 반응 : 반사 작용 또는 자연스러운 행동.

중립 자극 : 사람이 사용된 무조건 자극과 (아직) 연합하지 않은 자극.

조건 자극 : 일단 반복적인 노출로 무조건 자극이 중립 자극과 연합되면 중립 자극은 조건 자극이 된다.

조건 반응 : 일단 조건 자극만으로 무조건 반응이 유발되면 무조건 반응은 조건 반응이 된다.

인간의 고전적 조건 형성

조건 형성은 동물에게만 해당되는 것이 아니다. 과거에 특정한 음식을 먹고 탈이 난 적이 있을 때 그 음식을 피하는 이유, 텔레비전에 광고가 나올 때 먹고 싶은 충동을 느끼는 이유, 공포증을 일으키는 이유 등도 조건 형성을 통해 설명할 수 있다.

심리학자 존 왓슨과 로잘리 레이너Rosalie Rayner는 '앨버트 B'라는 아기에게 조건 형성으로 공포 반응을 일으켜, 인간에게도 고전적 조건 형성을 적용할 수 있다는 것을 증명하려 했다.

조건 정서적 반응(왓슨과 레이너, 1920)

왓슨과 레이너는 고전적 조건 형성을 사용해서 어린아이에게 공포 반응을 조건 형성하겠다는 목표를 세웠다. 이는 비윤리적인 실험이라고 생각되지만, 왓슨과 레이너도 아이에게 장기적인 심리적 손상을 입히려는 의도는 없었고 일단 연구를 마치면 조건 형성을 되돌리려 했다.

두 사람은 근무하던 병원 간호사의 아이를 피실험자로 모집하여 아기를 '앨버트 B'라고 불렀다. 각 단계를 거치면서 왓슨과 레이너는 절차를 통제하고 문서로 기록했으며, 일부는 촬영하기도 했다. 절차는 다음과 같은 단계로 진행됐다.

정서 검사
생후 9개월인 앨버트에게 다양한 물체를 보여주고 반응을 관찰하면서 아이가 새로운 물체를 접할 때 정서적으로 안정되어 있는지 확인했다. 왓슨과 레이너는 여러 물건과 함께 흰 쥐, 토끼, 개, 원숭이 같은 동물을 보여줬다.

1차 세션 : 조건 정서 반응 확립
앨버트가 생후 11개월 3일이 됐을 때 왓슨과 레이너는 앨버트에게 흰 쥐를 보여주고 앨버트가 쥐를 만지려고 할 때마다 뒤에서 금속 막대를 시끄럽게 두드려서 흰 쥐를 무서워하도록 조건 형성을 시작했다. 그들은 이 과정을 '합동 자극joint simulation'이라고 불렀고, 앨버트가 쥐와 불쾌한 소리를 연합하는 조건을 형성하기를 바라면서 이를 두 차례 반복했다.

2차 세션 : 조건 정서 반응 검사
쥐를 무서워하는 조건을 형성하고 일주일이 지난 뒤, 앨버트에게 무서운 소리를 들려주지 않으면서 흰 쥐를 보여줬고, 가지고 놀 나무 블록을 줬다. 앨버트는 쥐를 만지려고 조심스럽게 손을 뻗다가 다시 손을 치웠다. 이는 앨버트가 쥐를 만지는 것을 무서워하게 됐다는 뜻이었다. 하지만 나무 블록을 가지고는 즐겁게 놀았고, 이는 단순히 왓슨과 레이너가 준 물건을 두려워하는 것은 아니라는 뜻이었다.

3차 세션 : 일반화
앨버트가 생후 11개월 15일이 됐을 때 왓슨과 레이너는 흰 쥐를 무서워하는 앨버트가 다른 복슬복슬한 동물과 물체까지도 무서워하게 됐는지 검사했다. 흰 쥐와 토끼를 보여주자 앨버트는 무서워하는 반응을 보였고, 개와 모피 코트에는 이보다 약한 두려움 반응을 보였으며 탈지면이나 왓슨의 머리카락에는 무서워하는 반응을 보이지 않았다.

4차 세션 : 환경 변화
이들은 앨버트가 생후 11개월 20일이 지났을 때 흰 쥐와 시끄러운 소음을 이용해 좀 더 다양한 합동 자극으로 공포 조건을 갱신했다. 공포 반응이 처음 조건 형성이 일어난 방(병원에서 엑스레이 사진을 현상용 암실에 조명을 밝혀서 사용했다)에서만 일어나는지, 아니면 다른 곳에서도 같은 반응을 나타내는지 확인하기 위해 앨버트를 새로운 공간으로 데려갔다. 아이는 넓고 밝은 강당으로 가서 3차 세션에서 봤던 동물과 물체를 다시 봤다. 새로운 환경에서는 쥐와 토끼, 개에 대해 덜 극단적인 반응을 보였지만 공포 반응은 여전히 분명하게 나타났다.

5차 세션 : 시간 효과
마지막으로 왓슨과 레이너는 시간이 흐르면 공포 조건 형성이 사라지는지 확인하려 했다. 그들은 앨버트가 생후 12개월 21일이 될 때까지 기다렸다가 다시 검사를 실시했다. 그 결과 털로 덮인 물체에 대한 앨버트의 공포 반응은 전보다는 덜했지만 여전히 존재했다. 이 연구는 아이들이 조건 형성으로 공포를 학습할 수 있다는 것을 보여줬고, 유아기에 생기는 공포증에 대해 흥미로운 통찰력을 제공했다. 하지만 이 연구로 앨버트 B가 치른 대가보다 심리학계가 얻은 이득이 더 크다고 할 수는 없을 것이다. 왓슨과 레이너는 약속한 대로 아이의 조건 형성을 되돌릴 기회를 얻지 못했다. 앨버트의 어머니는 마지막 세션이 끝난 지 얼마 지나지 않아 아이를 데리고 병원을 떠났고, 이 연구에 참여한 것이 앨버트에게 얼마나 장기적 영향을 미쳤는지는 알 수 없었다.

알아두면 쓸모 있는 심리학 상식 사전

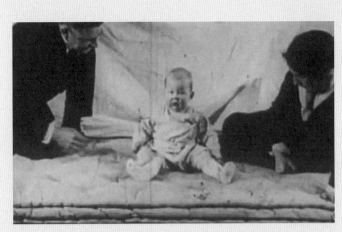

유아의 조건 형성을 조사하고자 '앨버트 B'를 데리고 실험 중인 왓슨과 레이너.

체계적 둔감화

고전적 조건 형성은 인간이 거미 같은 특정한 자극을 공포와 같은 반응과 연합하는 법을 어떻게 학습하는지 알려준다. 어렸을 때 어떤 사람 어깨에 갑자기 거미가 나타났거나 가족이 거미를 보고 소리를 지르는 바람에 놀랐다고 하자. 이런 일은 사람이 거미에 대해 조건 공포증을 일으키는 첫 단계가 될 수 있다. 조건 형성에 대한 지식을 유용하게 사용하는 방법으로는 '체계적 둔감화systematic desensitization'라는 과정을 이용해서 공포 조건 형성을 되돌리는 것을 들 수 있다.

체계적 둔감화는 바람직하지 않은 행동(공포)을 좀 더 바람직한 행동(이완)으로 대체해 없애려는 것이다. 둔감화 과정은 거미를 무서워하는 경우처럼 공포증을 가진 사람에게 두려움의 강도를 서서히 높이는 시나리오를 제시하면서 시행한다. 예를 들어 처음에는 거미 그림

거미 공포증을 치료하는 둔감화 과정이 끝나면 참여자에게 살아 있는 거미를 손으로 들어보라고 권하기도 한다.

을 보다가 그다음에는 거미 사진을 보고, 그다음에는 거미 인형과 같은 방에 있다가 거미 인형을 만져보는 등 점차 강도를 높여가다가 마지막에는 살아 있는 거미를 손으로 만지는 것까지 이른다.

동시에 각 단계에서 호흡 조절이나 점진적 근육 이완 같은 방식으로 긴장을 푸는 법을 배운다. 이 개념은 한 사람이 동시에 서로 상충하는 정서를 느낄 수는 없으므로, 이완이라는 느낌과 거미를 보는 것을 연합하게 되면 더 이상 두려움을 느끼지 않으리라는 것이다. 이 현상을 가리켜 '상호 억제reciprocal inhibition'라고 한다.

12

도박꾼이 슬롯머신을 떠나지 못하는 이유
조작적 조건 형성

1930년대 말에 스키너는 조작적 조건 형성이라는 새로운 학습 이론을 내놓았다. 스키너는 연합을 통한 학습을 최초로 체계적으로 연구한 유명 학자 이반 파블로프를 매우 존경했고, 그의 연구를 기반으로, 연합만이 아니라 행위의 결과도 행동을 바꾼다는 사실을 밝혔다.

결과를 통한 학습

스키너는 우리가 강화reinforcement와 처벌punishment을 통해 학습한다고 주장했다. 보상을 받은(강화) 행동은 반복할 가능성이 높고, 처벌을 받은 행동은 반복할 가능성이 낮다. 하지만 조작적 조건 형성은 바람직한 행위를 한 동물이나 사람에게 단순히 보상을 주는 것보다 더 복잡한 과정이다. 스키너는 "정적positive 강화를 실행하는 방식은 실행하는 횟수보다 더 중요하다"라고 말했는데, 강화와 처벌은 다양한 형태로 시행되고 다양한 일정으로 적용될 수 있다.

스키너에 따르면 강화와 처벌 모두 정적일 수도 있고 부적negative일 수도 있다. 사람이 정적 처벌을 받을 수 있다는 말이 모순처럼 들릴

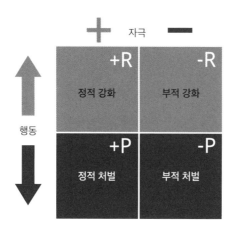

수도 있지만 이 경우에 정적이라는 말은 '좋다'거나 '즐겁다'는 뜻이 아니다. 이는 어떤 물체나 행동이 상황에 더해진다는 뜻이다. 부적 처벌이나 강화는 무엇인가 없어지는 상황이다. 정적 강화는 예를 들어 반복하기를 바라는 행동에 대한 보상으로 사탕을 주거나 칭찬하는 것이다. 부적 강화는 불쾌한 자극을 제거하여 행동을 보상하는 것으로, 아침에 일어나서 짜증 나는 알람 소리를 멈추기 위해 알람 시계를 끄는 경우를 예로 들 수 있다.

스키너의 실험 상자

《유기체의 행동The Behavior of Organisms》(B. F. 스키너, 1938)

스키너는 하버드대학교에서 강화와 처벌이 행동에 미치는 영향을 연구하고자 '조작적 조건 형성 장치'를 개발했다. 학생들은 이 장치를 '스키너 상자'라고 불렀지만 정작 스키너 본인은 이 이름을 달가워하지 않았다고 한다.

스키너 상자에는 동물이 누르면 강화를 위해 먹이 같은 보상을 받을 수 있는 지레나 스위치가 있었다. 연구자는 먹이가 나오도록 지레나 스위치의 조작 속도를 바꿀 수 있었다. 또한 이 상자는 빛이나 심상, 소리 같은 자극을 심어서 동물이 반응하게 했고, 상자 바닥에 전기가 흐르게 해서 어떻게 부적 강화(불쾌한 감전 제거)가 행동을 강화하는지 보여주었다. 스키너의 연구 결과는 1938년에 내놓은 책《유기체의 행동》에 발표됐다.

스키너는 이 상자를 사용해 주로 쥐나 비둘기 같은 동물이 지레나 스위치를 누르는 속도는 파블로프가 주장한 것처럼 고전적 조건 형성에서 선행하는 자극이 아니라, 스위치를 누른 뒤에 무엇이 따라오는지에 달려 있다는 사실을 증명했다.

또한 스키너는 스키너 상자를 이용해 다양한 강화에 대한 비율의 효과를 조사했다. 만약 동물이 행위를 완료할 때마다 강화를 받으면(연속적 강화), 보상에 익숙해져서 싫증을 내고 더 이상 행위를 반복하지 않고 중단할 수 있다. 이 현상을 가리켜 '소거extinction'라고 한다. 스키너는 강화가 어떤 영향을 미치는지 알아보기 위해 다양한 강화를 시도했다.

- 고정 비율 계획 : 동물은 특정한 횟수만큼 행위를 실행한 다음에 먹이를 받는다. 예를 들어 비둘기가 스위치를 다섯 번 쫄 때마다 먹이를 받는다.
- 변동 비율 계획 : 동물은 임의의 횟수만큼 반응한 다음에 강화를 받는다.
- 고정 간격 계획 : 동물은 정해진 시간이 흐른 다음에 강화를 받는다.
- 변동 간격 계획 : 동물은 임의의 시간이 흐른 다음에 먹이를 받는다.

스키너는 강화를 예측할 수 없는 변동 비율 계획에서 소거 현상이 가장 늦게 일어난다는 사실을 발견했다.

이 지식은 우리 일상생활에 중요하게 적용된다. 동물 훈련사들은 이런 정보를 사용하여 보상을 주는 시기나 종류를 조절하는 등 대상 동물에게 주는 강화를 바꾸어 원하는 결과를 얻을 수 있다. 예를 들어 만약 개가 자기 이름을 부를 때 반응하면 반드시 치즈를 받는다는 사실을 알게 되면, 어느 날 자기가 쫓으려 했던 다람쥐보다 치즈가 덜 흥미롭다고 판단할 수도 있다. 그러나 만약 자기 이름을 불러서 갔을 때 어떤 보상을 받을지 정확히 모른다면 뭔가 흥미로운 보상을 얻을지도 모른다는 생각에, 기꺼이 다람쥐를 포기하는 선택을 할 것이다.

이런 도박과의 연관성은 사람에게도 적용할 수 있다. 슬롯머신은 변동 비율 계획과 같은 원리로 작동한다. 도박꾼은 아무것도 받지 못하기 일쑤지만 가끔씩 작은 보상을 받고, 드물게는 상당한 보상을 받기도 한다. 그런 불확실성 때문에 도박꾼들은 계속해서 손잡이를 당긴다.

비둘기 프로젝트

제2차 세계대전 당시 미국의 행동주의자 B. F. 스키너는 비둘기가 유도하는 미사일을 개발하는 프로젝트 '비둘기[이는 나중에 프로젝트 '오르콘Orcon(유기 조종organic control의 줄임말)'로 바뀌었다]'를 시도했다.

이 프로젝트에서는 비둘기를 스크린 앞에 세워두고 목표물을 쪼도록 가르쳤고, 비둘기는 목표를 쫄 때마다 씨앗을 받았다. 목표물이 경로에서 벗어나면 스크린의 옆으로 이동하고, 비둘기는 이를 쪼아서 화면 중심으로 되돌리고 그 대가로 보상을 받았다. 이 프로젝트의 의도는 미사일이 목표물을 향하도록 유지해서 격추를 성공시키는 것이었다. 하지만 더욱 정교해진 전자 유도 시스템을 선호하게 되면서 이 프로젝트는 중단됐다.

13

개인은 집단 속에서 역량을 발휘할까
사회심리학

사회심리학은 사회에서 우리의 위치가 행동에 어떻게 영향을 미치는지를 연구한다. 우리가 집단행동에 동조할 가능성에 영향을 미치는 요인, 권위 있는 인물에게 복종하는 이유, 소규모 집단과 개인이 사회 변화에 영향을 미칠 수 있는 방법 같은 주제를 조사하면서 사회적 상호작용과 그것이 우리를 어떻게 형성하는지에 초점을 맞춘다.

개인이라는 개념은 서구 사회에 깊게 뿌리 박혀 있다. 중국처럼 공동체의 중요성과 각 개인이 집단에 기여하는 것을 강조하는 집단주의 문화와 달리, 개인주의 사회의 문화는 개인에게 자기만의 목표와 욕구가 있고, 행동할 때 자율성을 지닌다고 인식하는 것을 중요시한다. 그런 맥락에서 볼 때 사회심리학과 개인 정체성과 자율성의 상실을 다룬 연구 대부분이 개인주의 사회에서 이뤄졌다는 사실은 무척 흥미롭다.

노먼 트리플릿과 사회적 촉진

1898년, 심리학자 노먼 트리플릿Norman Triplett은 사회심리학 분야에서 최초로 공식적으로 여겨지는 연구를 수행했다. 트리플릿은 사이클 선수들이 정해진 시간 기록을 깨려고 할 때보다 주로 다른 선수들과 경쟁할 때 더 좋은 기록을 달성한다는 사실을 알아차렸다. 그는 아이들을 대상으로 경쟁 상황(낚싯줄 감기)을 만들어 이 관찰을 시험한 다음, 아이들에게 1) 혼자서 과제를 수행하거나 2) 똑같은 과제를 수행하는 또래 옆에서 과제를 수행하는 두 가지 시나리오 중 하나를 시켰다. 그 결과 또래와 경쟁한 아이들이 혼자서 한 아이들보다 실제로 더 뛰어난 성과를 거뒀다.

'공동행동 효과co-action effect'라는 이 현상은 '사회적 촉진social facilitation'이라는 상위 연구 분야에 속하는데, 사회적 촉진은 다른 사람이 있거나 심지어 다른 사람이 있다는 암시만 있어도 어떤 과제를 좀더 열심히 하게 된다는 개념이다. 피트니스 클럽이나 스포츠 클럽에 다녀본 적이 있는 사람이라면 분명히 이 효과를 알고 있을 것이다.

쿠르트 레빈과 현대 사회심리학

제2차 세계대전 중에 많은 게슈탈트 심리학자들이 나치 독일을 떠나 미국으로 망명했다. 현대 사회심리학 연구에 크게 기여한 쿠르트 레빈Kurt Lewin도 이들 중 한 명이었다. 레빈은 집단에 속해 있다는 사실이 어떻게 개인들의 행동에 영향을 미치는지 설명하는 '집단 역동group dynamics'이라는 용어를 만들었다.

레빈과 같은 이 시대 심리학자들은 독일에서 나치당이 부상하는 동안 집단행동이 개인에게 미치는 중대한 영향을 직접 경험했다. 그들은 동포가 한때 이웃이고 친구였던 사람들을 공격하고, 심지어 조직적으로 말살하는 과정을 목격했다. 그런 시대적 배경 때문에 20세기

사회적 촉진 이론에 따르면 혼자서 달리는 사이클 선수는 다른 선수들과 경쟁하며 달리는 선수보다 개인 기록을 달성할 가능성이 훨씬 낮다. 사진은 투르 드 프랑스 17구간에 도전하고 있는 영국의 사이클 선수 마크 캐번디시다. 이 경주에서 그는 사진 밖의 수많은 다른 선수들과 경쟁했을 것이다. 투르 드 프랑스에 참가하는 사이클 선수들은 지원 팀과 함께 달린다. 이런 방법의 이점 중 하나는 다른 선수들과 함께 사이클을 타면 적절한 시간과 속도로 달리는 데 도움이 된다는 점이다.

초 사회심리학자들은 자연스럽게 집단이 개인행동에 미치는 영향을 연구하는 데 관심을 가졌다. 집단 역동, 동조, 복종을 다룬 연구들은 모두 집단이나 권위 있는 인물이 영향을 미칠 때 우리 행동이 어떻게 바뀌는지 답하고자 했다.

그 이후로 사회심리학은 다양한 방향으로 나뉘었다. 우리가 수행하는 사회적 역할, 관계와 친사회적 행동 같은 주제를 다룬 연구가 나왔다. 연구자들은 사회 운동이 어떻게 시작하는지, 뚜렷한 권위가 없는 소수자들이 어떻게 다수의 행동에 영향을 미칠 수 있는지도 조사했다.

비판

사회심리학을 연구하기는 쉽지 않다. 어떤 사람에게 집단 의견에 동조할 것인지, 또는 무조건 명령에 복종할 것인지 살펴보기 위해 관찰할 것이라고 미리 말하면, 그 말을 들은 사람은 당연히 반대로 하려고 애쓸 것이다. 따라서 이런 조건을 통제하며 연구하려면 참가자를 속여야 하고, 그 결과 때로는 연구의 윤리성 문제가 제기될 수 있다.

어떤 요인이 특정한 행동을 일으키는 원인인지 조사하려면 잘 통제된 실험이 유일한 방법일 경우가 많다. 이런 실험은 내적 타당도가 높다. 이는 연구자들이 조절한 변인이 관찰되는 행동을 유발하는 변인일 가능성이 매우 높다고 확신할 수 있다는 뜻이다.

하지만 많은 심리학 연구가 그렇듯, 이렇게 통제된 실험에는 외적 타당도가 부족하다. 이런 실험은 실생활의 조건을 정확하게 대표하기 어려우며, 따라서 사람들이 실생활에서 어떻게 행동할지 반영하는 것도 쉽지 않다. 시위 중이나 대규모 축제에서 일어날 수 있는 자발적 집단 동조처럼, 조건을 통제하며 연구하기가 불가능한 사회적 행동도 있다. 실생활에서 이런 행동을 관찰하는 방법도 있겠지만, 동조나 복종을 유발하는 상황이 언제 발생할지 연구자가 어떻게 예측할 수 있겠는가?

이런 단점들도 있지만, 우리는 사회심리학 연구를 통해 사회와 사회에서 우리가 맡은 역할이 우리 행동에 어떻게 영향을 미치는지 살펴보는 유용한 통찰력을 얻게 되었다. 또한 친사회적 행동을 장려하기 위해 사회적 성향을 이용하는 법, 다른 사람의 영향을 이용해서 스스로 발전할 수 있도록 동기를 부여하는 법을 가르쳐 줬다. 나아가 우리가 개인적으로는 잘못된 행동이라고 느끼면서도 집단에 동조하거나 다른 사람에게 복종하는 경우처럼, 어떤 요인이 사회적 행동에 영향을 미칠 수 있는지도 알려줬다. 이런 연구와 그 결과에서 도출한 이론들을 통해 우리는 더 나은 개인이자 사회의 일원이 될 수 있다.

14

집단 속에서 개인은 끝까지 신념을 지킬까

동조

인간은 사회적 동물이다. 우리는 집단으로 살아가고 개인으로서 우리를 넘어서는 사회의 일부로 생존하기 위해 여러모로 서로 의지한다. 우리는 수천 년 동안 사회를 이루어 집단으로 살아왔고, 그 결과 집단을 유지하려는 심리적 경향성이 생겨났다. 그중 하나가 바로 집단이 틀렸거나 내가 동의하지 않는 일을 한다 해도 집단의 의지에 동조하려는 의향이다.

사람들은 대부분 우리 자신이 압력에 굴하지 않고, 의지가 강하며, 자기가 믿는 바를 옹호할 것이라고 생각하고 싶을 것이다. 하지만 연구 증거에 따르면 그렇지 않은 경우가 많다.

사회적 영향

1932년, 아서 제네스Arthur Jenness는 집단 동조에 대한 최초의 연구를 발표했다. 연구 제목은 〈사실에 관한 의견을 바꾸는 데 논의가 수행하는 역할The role of discussion in changing opinion regarding a matter of fact〉이었다. 제네스는 규모가 크든 작든 사람들로 이뤄진 집단 간의 논의가 어떤 문제에 대한 개인의 반응에 영향을 미칠지 알고 싶었다. 그는 개인 참가자들에게 병에 들어 있는 콩이 몇 개인지 추정해 보라고 했다. 그 다음에 그들이 모여 집단으로 콩의 개수에 대해 논의하고 다시 추정한 다음, 마지막으로 다시 개별적으로 추정하도록 했다. 제네스는 자기 의견을 집단의 추정치에 가깝도록 바꾸려는 충동에 넘어가지 않은 이들은 극소수이며, 남성보다 여성에게서 평균적인 의견 변화가 더 크게 나타났다고 밝혔다.

동조를 다룬 초기 연구에 이어 이런 현상을 설명하려는 이론들도 등장했다. 1955년, M. 도이치와 H. B. 제러드는 사람들이 신념 및 동기와 관련하여 동조하는 납득할 만한 두 가지 이유를 밝혔다.

사회적 영향 이론

1958년 허버트 켈만Herbert Kelman은 사회적 영향 이론social influence theory이라는 개념을 소개했다. 켈만은 도이치 및 제러드와 비슷하게 동조는 집단과의 사회적 관계 및 그 관계를 유지하려는 동기가 무엇인지에 달려 있다고 주장했다. 그는 이런 요인에 의존하는 동조 유형을 세 가지로 제안했다.

규범적·사회적 영향	정보적·사회적 영향
집단에게 승인받고 싶은 욕구로 동기가 부여된다.	자기 신념에 확신을 갖고 싶은 욕구로 동기가 부여된다.
개인은 집단이 자기를 감시하고 있다고 믿으므로 '어울리기' 위해 행동을 조정한다.	직접 정보를 찾기가 어렵거나 집단에 전문가가 있으면 이런 유형의 영향력을 받아들일 가능성이 더 크다.
개인 소견으로는 집단의 신념에 동의하지 않더라도 공공연하게는 그렇게 보인다.	사적으로나 공개적으로나 신념이 변화한다.
행동 변화가 언제까지나 지속되지는 않는다.	변화가 일평생 지속되는 경우가 많다.

1. 응종compliance : 어울리기 위해 집단의 의향을 받아들이는 경우. 사람들이 집단의 영향력을 받아들이는 이유는 그렇게 해야 보상을 받고, 그렇지 않으면 처벌을 받을 것이라고 예상하기 때문이다. 행동 변화는 대개 일시적이며 집단 압력이 끝나면 멈춘다. 공공연한 장소에서는 응종하지만 개인 소견은 바뀌지 않는다.

2. 정체화identification : 집단의 일원이 되기 위해 동조하는 경우. 사람들은 그 집단에 속하기 위해서 집단의 행동이나 신념을 채택한다. 공공연한 장소에서는 행동/신념의 변화를 보이지만 개인 소견은 바뀌지 않는다.

3. 내면화internalization : 집단 신념을 진심으로 수용하는 경우. 사람들은 집단의 영향력이 자신의 가치 체계와 일치하기 때문에 받아들인다. 집단의 신념에 맞춰 자신의 신념을 진심으로 바꾼다. 공공연한 장소에서 행동/신념 변화를 나타낼 뿐 아니라 다른 동조 형태와 달리 개인 소견도 바뀐다.

이 이론들은 동조가 일어나는 것이 편하게 살아가거나 사회적 지위를 높이고 싶어서 집단에 찬성하려는 결과일 수도 있고, 우리가 진심으로 집단과 동일시하면서 신념을 공유한 결과일 수도 있다는 것을 보여준다. 이유가 무엇이든, 살아가다 보면 우리는 모두 언젠가는 사회적 영향을 받는다.

⟨**집단 압력이 판단 변경 및 왜곡에 미치는 영향**Effects of Group Pressure Upon the Modification and Distortion of Judgement⟩(애시, 1951)

솔로몬 애시Solomon Asch는 동조에 영향을 미치는 요인을 연구했다. 그는 참가자들에게 시력에 관한 실험에 참여하게 될 것이라고 말하고, 실제로는 동원된 배우 집단('실험 협조자'라고 한다)과 함께 서로 길이가 다른 선분 세 개 중에서 기준으로 제시된 선분과 길이가 같은 선분을 고르게 했다. 처음 몇 차례는 모두가 정답을 말했지만, 이후 실험 협조자들이 전부 오답을 선택하기 시작했다. 참가자들이 자기 대답에 충분히 확신을 가질 정도로 쉬운 과제였으므로, 오답은 틀림없이 집단에 속한 다른 사람들의 신념에 동조한 결과였다.

실험 결과 참여한 시행 중 100퍼센트 동조한 참가자는 아무도 없었고, 실제 참가자 50명 중 13명은 전혀 동조하지 않았다. 하지만 참가자 중 75퍼센트는 적어도 한 번은 동조하여 오답을 말했다. 동조 비율이 가장 높은 참가자는 12차례 중 11차례 동조했다. 이후 애시는 매번 특정한 요인을 바꾸어 그 효과를 측정하며 연구를 반복했다.

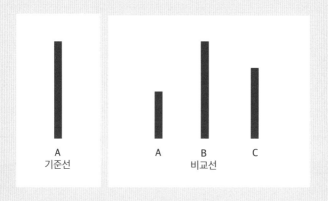

요인	설명과 동조
집단 크기	실험 협조자가 한 명일 때 동조하는 비율은 3퍼센트까지 떨어졌다. 두 명일 때 동조 비율은 14퍼센트였고 세 명일 때는 동조 비율이 32퍼센트로 정점에 이르렀다. 실험 협조자가 더 늘어난다고 해서 동조가 증가하지는 않았다. 집단 크기가 매우 커지면 오히려 동조하는 비율이 떨어지기 시작했다.
지지자	실험 협조자 한 명이 나머지에게 동의하지 않고 정답을 말하면 동조는 80퍼센트까지 떨어졌다. 따라서 지지자가 있으면 동조할 가능성이 줄어든다.
과제 난이도	애시는 비교하는 선분의 길이를 좀 더 비슷하게 해서 과제 난이도를 높이고 정답을 더 모호하게 만들었다. 그 결과 동조가 증가했다. 이는 자신의 판단에 자신이 없을 때 동조할 가능성이 더 높다는 뜻이다.
사적 자유	참가자들이 남몰래 답변할 수 있을 때 동조 비율은 떨어졌다. 아마 집단 압박이 줄어들어서 참가자들이 자신의 판단을 고수할 수 있었던 듯하다.

15

다수의 마음을 사로잡고 싶다면
소수 영향

우리는 현상을 유지하거나 주목받지 않으려고 다수 집단의 행동에 순응한다. 전체와 어울리려는 충동은 강하므로 다수는 별다른 노력 없이도 다른 사람들의 행동을 이끌 수 있다. 동조는 개인이 자기 소견이나 신념을 바꾸지 않아도 일어날 수 있다. 하지만 소수가 다수의 행동을 바꾸려 한다면 마음을 사로잡기 위해 노력해야 한다. 사람들이 공공연하게 내보이는 행동뿐만 아니라 개인적인 신념도 바꿔야 한다. 이를 위해서는 신중한 의사소통과 조정이 필요하다.

소수의 행동 양식

다수에게 영향을 미치려면 소수는 매우 신중하게 주장을 펼쳐야 한다. 세르주 모스코비치Serge Moscovici 같은 심리학자는 소수의 노력이 성공을 거두는 데 영향을 미치는 몇 가지 주요 행동 요소가 있다고 주장한다.

- 일관성 : 소수는 주장을 일관되게 제시하고 이탈하지 않아야 한다. 이렇게 하면 소수가 자기주장에 흔들리지 않는 듯이 보이므로 다수가 자신의 신념을 재평가하게 된다.
- 자신감 : 소수는 자기편으로 끌어들일 만한 사람들에게 자신감을

알아두면 쓸모 있는 심리학 상식 사전

불어넣을 수 있도록 자기 입장이 옳다고 단호하게 믿으면서 자기주
장에 자신감을 가져야 한다.

- 편견 없는 태도 보이기 : 편견 없는 주장은 추론을 바탕으로 하며,
  주관적이고 정서적인 대응이 아니라는 뜻이다.

1969년, 모스코비치는 일관성 있는 소수의 주장이 다수에게 미치
는 영향력을 조사했다. 이 연구에서는 각 조건마다 참가자 네 명에게
실험 협조자 두 명을 배치했다. 이들에게 채도가 다양한 파란 슬라이
드들을 보여준 다음, 그 슬라이드가 무슨 색인지 물었다. 한 조건에서
는 실험 협조자 두 명이 슬라이드가 녹색이라고 일관되게 진술했다.
다른 조건에서는 실험 협조자들이 질문 시간 중 3분의 2는 녹색이라
고 대답하고, 나머지 시간에는 파란색이라고 진술했다. 통제 조건에서
는 실험 협조자가 없었고, 참가자들은 슬라이드가 파란색이라고 올바

여성 참정권 운동을 지지하는 시위자들은 일관성 있게 주장을 펼쳤다.

르게 진술했다. 모스코비치는 이 실험에서 일관성이 없는 소수는 다수에게 거의 영향을 미치지 못하지만, 소수가 일관성을 나타내는 경우 다수는 전체 질문 시간 중 8퍼센트에서 파란색 슬라이드를 녹색이라고 진술할 정도로 영향을 받았다고 보고했다.

사회 변화에 영향 미치기

소수가 사회를 바꾸려면 모스코비치 같은 연구자들이 인지한 몇 가지 단계를 거쳐야 한다. 먼저 소수는 당면 쟁점에서 관심을 끌고, 현재 다수의 신념과 소수가 다수에게 주입하고 싶은 신념 사이에 '인지 충돌cognitive conflict'을 일으켜야 한다. 이는 사회의 현재 위치와 소수가 달성하고자 하는 바를 분명하게 강조하는 시위와 캠페인으로 이룰 수 있다.

그다음으로 소수는 자기 관점이 올바르다는 자신감을 보여주기 위해 일관된 입장을 고수해야 한다. 예를 들어 1800년대 초에 시작한 여성 참정권 운동은 청원과 시위, 광고 같은 수단으로 쟁점에 관심을 모았고, 이는 1928년 7월 2일에 21세 이상의 모든 여성이 투표할 기회를 얻을 때까지 끝나지 않고 이어졌다. 그들은 이 오랜 세월 동안 일관성 있게 메시지를 전달했다.

일부 소수 집단은 자신들이 주장하는 대의에 얼마나 진심인지 증명하기 위해 위험을 자초하기도 하고, 대중의 인식을 높이려고 커다란 고통을 겪기도 한다. 이를 가리켜 '증분 원리augmentation principle'라고 한다. 가장 유명한 예로는 소극적 저항의 한 형태로 단식 투쟁을 했던 간디, 여성 투표권을 얻기 위해 투옥을 불사했던 여성 참정권 운동가들을 들 수 있다. 좀 더 최근 사례로는 아버지의 권리에 대한 인식을 높이기 위해 분장을 하고 고층빌딩을 오르는 파더스 포 저스티스Fathers 4 Justice를 들 수 있다.

하지만 모든 소수 집단에게는 인간은 남들과 다르게 받아들여지고 싶지 않아 한다는 장벽이 있다. 우리는 날 때부터 받아들여지기를 바라며, 소수의 주장이 현상에서 지나치게 멀리 벗어나면 일탈이라는 꼬리표가 붙을 위험이 있다. 불법이거나 남들에게 불편을 초래하는 행동을 한다면 이런 위험은 더욱 커진다. 예를 들어 환경운동단체 그린피스는 종종 비판받는 행동으로 그들이 전달하려는 메시지에 집중하기 어

소수 집단은 인식을 높이기 위해 위험을 감수하면서까지 자신이 내세우는 대의의 진정성을 증명하려 한다. 사진은 파더스 포 저스티스 소속 시위자 두 명이 영국 총리 관저 2층 외벽을 점거하고 있는 모습.

렵게 한다. 이를 잘 보여주는 사례가 바로 유로 2020 축구선수권대회 스폰서였던 폭스바겐에 항의한 시위였다. 당시 한 시위자가 뮌헨 축구 경기장에서 열린 경기를 방해하려다, 자신이 타고 있던 모터 패러글라이더를 제어하지 못하면서 두 사람이 부상당하는 사건이 있었다.

16

홀로코스트의 뒷모습
복종

제2차 세계대전이 끝난 후, 강제 수용소의 끔찍한 만행이 일어났던 이유와 경위를 두고 수많은 추측이 나왔다. 아돌프 아이히만이 재판을 받은 후로 독일 군인과 장교들이 자신들은 '그저 명령에 따랐을 뿐'이라고 진술한 것을 둘러싸고 문제가 제기됐다. 아이히만은 강제 수용소로 보낼 사람들을 전략적으로 식별하고 이송할 계획을 세운 핵심 인물이었지만 재판을 받는 동안 "어쩔 수 없었다. 나는 명령에 따랐을 뿐 그 일과는 아무런 관계가 없다"라고 주장했다.

아돌프 아이히만은 강제 수용소를 효율적으로 운영하는 임무를 충실히 수행한 죄로 1962년 처형됐지만, 자신은 그저 명령에 따랐을 뿐이라는 주장은 사람들을 흔들었다. 아이히만을 검사한 정신과 의사 여섯 명은 그가 완전히 제정신이고 '정상'이라고 결론 내렸다. 그렇다면 그는 어떻게 그토록 잔인한 행동을 할 수 있었을까?

이 의문을 풀기 위해 심리학자 스탠리 밀그램Stanley Milgram은 평범한 사람들이 권위 있는 인물이 내린 명령에 따를 때 실제로 어디까지 무조건 따르는지 실험했는데, 그가 발견한 사실에 대중은 큰 충격을 받았다.

권위에 대한 복종

복종은 개인이 다른 개인이 내리는 직접 명령에 반응해서 행동한다는 점에서 동조와는 다른 사회적 영향의 한 형태다. 명령이 아니었다면 그 사람은 그런 식으로 행동하지 않았을 것이라고 추정한다. 권력이나 지위에 따른 위계는 복종에 영향을 미치며, 이에 따라 권위를 지닌 인물은 자신에게 복종하는 사람에게 지시를 내린다. 반면에 동조는 집단에서 비롯되는 사회적 압력의 결과다.

밀그램의 연구에서 다수의 실험 참가자는 권위가 있다고 여겨지는 인물(흰색 실험복을 입은 연구원)의 지시에 따라 복종하면서, 자기가 볼 수 없는 다른 사람이 소리를 내뱉고, 비명을 지르다가 마침내 완전히 조용해질 때까지 강한 전기 충격을 가했다. 즉 공식적인 설정, 뭔가 공식적으로 보이는 사람, 피해자가 다른 방에 있다는 것만으로도, 보통 사람이 평소라면 절대 저지를 수 없었을 행동을 수행했다.

밀그램은 이 연구를 다양하게 변형하여 진행했다. 권위 있는 인물이 없거나, 설정이 번듯하지 않거나, 참가자가 피해자와 같은 방에 있을 때는 복종이 감소했다. 이로써 밀그램은 사람들이 스스로 부도덕하다고 느끼는 경우에도 명령에 따른다는 사실을 증명했으며, 그런 명령에 따르도록 영향을 미치는 뚜렷한 요인도 밝혔다.

1982년 빕 라타네Bibb Latané는 밀그램과 같은 연구자들이 발견한 사실을 설명할 수 있는 조건을 제시했다. 그는 사람들이 어떤 상황에서는 동조하지만 다른 상황에서는 동조하지 않는 이유를 설명하는 이론을 내놓았다.

〈복종 행동 연구Behavioural Study of Obedience〉(밀그램, 1963)

1963년 스탠리 밀그램은 예일대학교 실험실에서 지금은 잘 알려진 권위에 대한 복종 연구를 실시했다. 그는 지역 신문에 광고를 내고 20세에서 50세 사이의 남성 참가자 40명을 모집했다.

- 참가자들에게는 학습에 관한 연구에 참가하게 될 것이라고 말했다. 그들은 '월리스 씨(실제로는 밀그램과 함께 일하는 실험 관계자)'를 소개받았다. 월리스 씨와 참가자들은 제비를 뽑아서 각각 교사 역할과 학습자 역할을 정했지만 실은 월리스 씨가 학습자 역할을 맡도록 정해져 있었다.

- 월리스 씨는 다른 방으로 갔고 참가자들에게는 장비를 보여줬다. 참가자는 월리스 씨에게 여러 질문을 하게 될 것이고, 월리스 씨가 답을 틀리면 전기 충격을 주라는 설명을 들었다. 교사 역할을 맡은 참가자에게는 45볼트의 충격을 시험하여 장비가 진짜라는 것을 보여줬지만, 사실 그 장비는 진짜가 아니었고 최대 45볼트의 충격까지만 줄 수 있었다. 그러나 참가자에게는 월리스 씨가 틀린 답을 할 때마다 이전보다 15볼트씩 높은 전기 충격을 받게 될 것이라고 말했다. 연구자는 '계속하세요'와 '일어난 일에 대한 책임은 내게 있습니다' 등 미리 정해놓은 메시지를 띄워 교사 역할을 맡은 참가자에게 전기 충격을 가하도록 부추겼다.

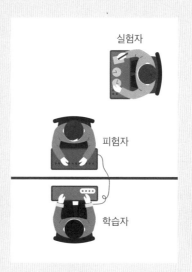

관찰하는 동안 월리스 씨는 미리 계획한 대로 다양한 소리, 예를 들어 고통스러운 신음 소리를 냈다. 전압이 높아지면서 월리스 씨는 "실험자님, 여기서 내보내 주세요" 같은 말을 했고 315볼트에서는 격한 비명을 질렀으며, 330볼트부터는 아무 소리도 내지 않았다. 관찰은 450볼트의 전기 충격을 가했을 때까지, 그리고 참가자가 연구를 그만두겠다고 했을 때까지 이어진 뒤 종료됐다. 이 연구는 참가자에게 고통스러웠겠지만, 모든 참가자는 절차에 따라 보고를 받았고 학습자를 다시 만나 건강하고 무사한지 확인했다.

참가자 전원은 300볼트까지는 계속해서 충격을 가했지만, 이 수준을 넘어서자 다섯 명(12.5퍼센트)이 계속하기를 거부했다. 그러나 참가자 중 65퍼센트는 최고 수준인 450볼트까지 계속 전기 충격을 높였다.

밀그램은 참가자의 행동을 관찰하여 기록했다. 참가자 다수는 이것이 실제 상황이며 월리스 씨가 전기 충격을 받고 있다고 확신했다. 많은 참가자가 불안과 긴장을 나타내는 징후를 보였다. 땀을 흘리고 몸을 떨고 말을 더듬는가 하면, 입술을 깨물고 신음 소리를 내고 손톱으로 살을 찔렀다. 참가자 세 명은 발작을 일으켰고, 한 명은 격렬한 경련 발작을 일으켜 실험을 중단해야 했다.

이 실험을 통해 밀그램은 높은 복종 수준을 유발하는 몇 가지 요인이 있다고 결론지었다.

1. 번듯한 장소(예일대학교)
2. 흰색 가운을 입은 연구원(전문가의 상징)
3. 분리된 방에 있는 학습자(완충장치의 역할)
4. 현장에 존재하면서 말로 재촉하는 연구원

복종에 영향을 미치는 요인

첫째, 밀그램은 복종이 사회력social force에 달려 있다고 주장했다. 이는 명령하는 사람의 권력이 어느 정도라고 여기는지, 명령이 얼마나 직접적인지(예를 들어 직접 얼굴을 보면서 명령하는지, 아니면 며칠 전에 내린 명령인지), 명령을 내리는 사람이 몇 명인지에 따라 달라진다.

둘째, 밀그램은 심리 사회적 법칙 개념을 제시했다. 이는 권위 인물의 수가 증가할 때 명령의 영향력이 그에 비례해서 똑같이 증가하지는 않는다는 생각이다. 예를 들어, 권위 있는 인물 한 명이 뭔가를 하라고 했을 때 당신이 그 명령에 따르지 않으면 상당히 어색하지만, 그 상황에서 권위 있는 인물이 늘어나더라도 이에 비례해서 어색한 정도가 증가하지는 않는다. 때로는 권위 있는 인물이 적을 때 더 효과적일 수도 있다.

마지막으로 밀그램은 영향력이 분열된다고 가정했다. '책임 분산'이라고도 하며, 명령을 받는 사람이 많으면 명령의 영향력이 줄어드는 현상이다. 사람들 각자는 명령에 따라야 한다는 사회적 책임을 상대적으로 적게 느끼게 된다. 밀그램은 실제로 복종하지 않는 파트너가 있을 때 다른 참가자의 복종 수준도 떨어진다는 사실을 발견했다.

17

자리가 사람을 만든다
사회적 역할

인간 사회의 일원으로 살아가면서 모든 이는 어떤 형태로든 사회적 역할을 수행한다. 우리는 교사, 부모, 창작자 등 역할에 따르는 기대를 알아차리고 잠재의식 속에서 이를 자신의 역할로 채택한다. 1973년 필립 짐바르도Philip Zimbardo는 악명 높은 스탠퍼드 교도소 실험으로 이 효과를 증명하려 했다. 이 연구는 중간에 중단됐고 방법론에도 많은 결함이 있지만, 사회에서 수행하는 역할이 우리 행동에 어떻게 영향을 미치는지 보여주는 흥미로운 사례로 여전히 남아 있다.

스탠퍼드 교도소 연구

짐바르도 연구팀은 스탠퍼드대학교 해군연구소가 진행하던 대규모 프로젝트의 일환으로 교도소와 같이 이른바 '전체 제도total institution' 라는 환경에서 나타나는 공격성의 기저를 이루는 심리 기제를 연구하려 했다. 연구팀은 교도소의 조건을 재현하고 백인 남성 참가자 22명을 모집했다. 참가자는 모두 대학생이었으며 서로 모르는 사이였다. 참가자에게는 무작위로 수감자 또는 교도관 역할이 주어졌고, 착용하는 교도관 복장과 수인복, 수감자에게는 이름 대신 수인번호로 불러 비인격화하는 등의 조치로 두 역할 사이의 관계를 명확하게 정의했다.

이 실험에서 짐바르도 연구팀은 각 참가자가 자기 역할에 어울린다고 생각하는 특성을 무척 빠르게 받아들인다는 사실을 발견했다. 수감자는 순종적이고 고분고분해진 반면, 교도관들은 공격성을 나타냈다. 참가자들이 이처럼 극단적인 심리 반응을 드러내면서, 애초에 2주간 실시하기로 예정했던 이 연구는 6일 만에 중단되고 말았다.

스탠퍼드 교도소 연구에 대한 비판

이 연구에 대한 비판 중 하나는 참가자들이 연구에 참여한다는 사실을 완전히 알고 있었고, 연구원들의 기대에 부응하는 방향으로 행동했을 가능성이 다분하다는 지적이다. 하지만 연구가 끝난 뒤 실시한 인터뷰에서 수감자를 맡은 사람과 교도관을 맡았던 사람들 모두가 자신이 행동했던 방식에 놀랐다고 말했다.

　방법론에 분명 단점이 있었지만 짐바르도의 연구는 사회적 역할이 행동에 미치는 영향에 대해 심도 있는 논의와 인식을 촉진했고, 사람들이 특정한 사회적 역할과 관련된 고정관념에 동조할 수 있다는 사실을 보여줬다. 실제 교도관과 수감자들이 그렇게 행동하는지 아닌지의 여부와는 상관없이, 참가자들은 그런 역할을 하는 사람이라면 그렇게 행동한다고 '믿었고', 스스로 그에 맞춰 행동했다.

몰개인화

이런 행동을 설명하는 개념 중 하나는 몰개인화다. 몰개인화는 1895년 귀스타브 르 봉Gustave Le Bon이 처음으로 소개한 개념으로, 뒷부분에서 다시 논의하겠지만, 짐바르도는 자신이 관찰한 바를 설명하기 위해 이 개념을 적용했다. 교도관 역할을 맡은 사람들이 개인의 정체성

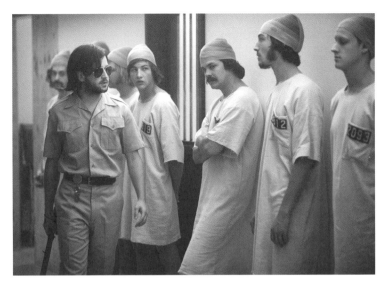
짐바르도 연구를 재현한 2015년 다큐멘터리 드라마 〈스탠퍼드 교도소 실험The Stanford Prison Experiment〉 스틸 사진에 담긴 교도관과 수감자들. 이 연구는 전통적인 실험이 아니라 통제 관찰이었다는 점에서 적절하지 않은 제목이다.

과 책임을 상실하면서 평소라면 하지 않았을 행동을 했다는 뜻이다.

또한 짐바르도는 이런 상황에서 특히 수감자와 그들이 권위에 대해 복종하는 모습을 보여준 것과 관련하여 '학습된 무기력learned helplessness'이 영향을 미쳤다고 언급했다. 학습된 무기력은 스트레스가 심하거나 끔찍한 경험을 반복해서 겪은 사람이, 그러한 상황을 바꾸거나 막을 능력이 없다고 느끼고 이를 변할 수 없는 현실로 받아들일 때 발생한다.

〈**모의 교도소 내 수감자와 교도관 연구**A Study of Prisoners and Guards in a Simulated Prison〉(짐바르도 외, 1973)

짐바르도는 동료들과 함께 신문 광고로 백인 남자 대학생 22명을 모집했다. 참가자들 모두는 서로 모르는 사이였다. 이들에게는 무작위로 수감자나 교도관, 두 역할 중 하나를 부여했다.

'수감자'들에게는 개인 생활의 권리는 제한되겠지만 적절한 음식을 제공하는 등 기본권은 누릴 수 있다고 통지했다. 그들은 속옷을 착용하지 않고, 헐렁한 수인복을 입고 한쪽 발목에는 족쇄를 찼으며, 머리카락을 가리는 모자를 써야 했다. 또한 수인번호가 주어졌다.

'교도관'들은 카키색 셔츠와 바지를 입고 반사 선글라스를 썼으며 교도봉을 지니고 다녔다. 그들은 여덟 시간씩 교대로 근무했고 근무가 끝나면 실험용 교도소를 떠날 수 있었다.

어느 일요일에 경찰차가 '수감자'들의 거처에 도착해 피험자들을 구속했다. 그들은 수감자가 되는 기분을 체험하기 위해 눈을 가리고 지문 채취에도 응해야 했으며, 실험용 교도소에서 위험물을 소지했는지 확인하는 동안 알몸으로 몸수색을 받았다. 수감자들은 연구 기간 내내 교도소에 있어야 했고 작업 할당, 휴식, 화장실에 가는 시간이나 식사 시간까지 엄격하게 지켜야 했다.

이 실험은 2주에 걸쳐 실시할 예정이었지만 6일 만에 중단해야 했다. 짐바르도 연구팀은 교도소 환경이 각 집단에 미친 영향을 관찰한 내용을 다음과 같이 요약했다.

수감자 — 병리적 수감자 증후군	교도관 — 권력의 병리
• 불신 뒤에 따르는 반항. • 기가 꺾이는 기분을 비롯해 다양한 부정적 정서와 행동이 보고됨. • 일부 수감자들은 대단히 복종적인 태도를 보이고, 수동성을 나타냄. • 직접 지시가 없으면 거의 활동을 시작하지 않는 등 교도관에게 의존. • 수감자 절반이 우울증 증세, 울음, 분노 및 급성 불안 발작을 보여 일찍 석방됨. • 연구가 조기에 끝나서 안심함.	• 다수가 자기가 경험하는 권력과 통제력을 즐기는 듯 보임. • 화장실 이용과 같은 수감자의 권리를 특권으로 재정의하기 시작. • 정당한 이유 없이 수감자를 처벌하고 말로 모욕함. • 일부 교도관은 추가 수당을 받지 않고도 추가 근무를 하겠다고 자원함. • 관찰하는 사람이 없다고 생각할 때도 계속해서 권위적으로 행동함. • 연구가 조기에 끝나서 실망함.

18

유능한 전문가들이 모이면
잘못된 의사결정을 내린다?

집단 사고

철학자 프리드리히 니체는 광기란 개인에게는 예외이지만 집단에서는 규칙이라고 말했다. 합리적인 결정을 내릴 수 있는 개인이라도 집단의 일원이 되는 순간 사회적 압력이 증가하면서 이 능력에 지장이 생긴다. 집단에 속하게 된 개인은 정당한 의견이라도 집단에 논란을 일으킬 수 있다면 검열해야 하거나, 위계질서에 따라 다른 구성원에게 복종해야 한다고 느끼곤 한다. 집단은 지식과 경험을 공유하고 협력하며 이득을 얻을 수 있지만 집단 사고 현상이라는 위험에 빠질 수 있으며 이는 비합리적인 의사 결정, 나아가 재앙으로 이어질 수 있다.

어빙 재니스

'집단 사고groupthink'라는 용어는 1972년에 어빙 재니스Irving L. Janis가 처음으로 사용했다. 재니스는 집단 사고란 사람들이 응집력이 강한 내집단에 속할 때 발생하는 사고방식이며, 만장일치와 '어울림'을 바라는 욕구가 상황을 합리적이고 현실적으로 평가하는 능력을 뛰어넘는다고 설명했다.

게슈탈트 심리학자 쿠르트 레빈도 1940년대에 걸쳐 집단 결정과 딜레마를 연구하면서 집단 응집성과 동조를 조사했다. 그는 집단이

전투에서 부상을 당하거나 사망할 위협(또는 나중에 살펴볼 우주왕복선 발사)처럼 심한 외부 스트레스를 경험했을 때 집단에 동조할 가능성이 더 높아진다는 사실을 발견했다.

재니스는 집단 사고의 징후를 여덟 가지로 제시했다.

1. 무적의 환상 : 집단은 성공 여부에 지나치게 자신감을 갖고 낙관적이다. 이 때문에 집단은 구성원 개인의 입장이라면 감수하지 않을 위험을 감수하곤 한다.

2. 집단 합리화 : 하고 있는 결정이나 다른 사람들이 특정한 결정에 동의하지 않는 것에 대해 합리적인 이유를 댄다. 이런 식으로 집단의 공동 의견에 반대하는 논쟁을 해명할 수 있다.

3. 집단에 내재하는 도덕성에 대한 믿음 : 집단은 자신의 도덕적 입장이 옳다고 믿으며, 자신들의 결정에 대한 도덕적 반대를 모두 무시한다.

4. 외집단 고정관념 : 자기 집단에 동의하지 않는 사람들이 모인 다른 집단을 일컫는 외집단에 대해서는 그들의 의견을 무시할 수 있도록 고정관념을 형성한다. 예를 들어 정보가 부족하다거나 게으르다고 생각한다. 이렇게 하면 외집단에 유리한 이의를 쉽게 무시할 수 있다.

5. 반대자에 대한 직접적 압박 : 집단 결정에 의문을 제기하는 개인에게는 배신하는 듯한 기분을 느끼게 하고, 원한다면 집단에서 나가도 된다고 상기시킨다.

6. 자기 검열 : 구성원들은 배척당할지 모른다는 두려움이나 집단이 제일 잘 안다는 믿음에 빠져 집단의 결정에 반하는 목소리를 내지 않기로 선택한다.

7. 만장일치의 환상 : 반대 의견이 없는 것을 바람직한 의사 결정의 증거로 본다.

8. 자칭 마음 경비대 : 집단 구성원들이 집단 결정에 반하는 정보나 아이디어를 적극적으로 숨기고자 노력하면서 검열관 역할을 수행한다.

집단 사고라는 함정에 빠지기 쉬운 집단의 본성과 관련된 요인이 몇 가지 있다. 예를 들어 집단 구성원들이 강한 정체성을 가지고 있을 때, 카리스마가 넘치는 지도자가 있을 때, 집단 구성원들이 당면 과제에 대한 지식이 부족하거나 적어도 다른 구성원들이 자기보다 더 전문 지식을 갖고 있다고 믿을 때, 집단이 막중한 스트레스를 받을 때 집단 사고에 빠지기 쉽다.

챌린저호 참사 : 집단 사고의 예시

1986년 1월 28일 오전, 집단 사고를 유발하는 여러 가지 요소가 복합적으로 작용했던, 유명한 상황이 벌어졌다. 크리스타 매콜리프는 이날 오전 우주왕복선 챌린저호에 탑승했다.

두 아이의 엄마였던 36세의 매콜리프는 미국 항공우주국(NASA)이 우주로 보낼 최초의 민간인으로 1만 1000명의 지원자 중에서 선발됐다. 그는 열정과 정열이 넘쳤으며 NASA가 추진하던 '우주 교사' 프로그램에 더할 수 없이 적합한 후보였다. 매콜리프가 우주비행사가 되기 위해 훈련하고 우주와 교육에 대해 정열적으로 말하는 모습을 수백만 명이 지켜보았고, 우주 프로그램에 대한 미국 대중의 관심도 다시 불타올랐다.

이번은 챌린저호의 열 번째 발사 시도였으며, 이제는 우주 비행이

함께 우주 교사 프로젝트에 참가했던 크리스타 매콜리프와 예비 요원 바버라 모건. 모건은 2007년 8월에 우주왕복선 인데버호(STS-118)를 타고 우주 비행에 성공했다.

일상적인 일이 되었다는 것을 공개적으로 보여주려 했다. NASA는 시작부터 높은 비용과 정치적 개입에 시달리면서 이번 기회에 침체한 우주 왕복 프로그램을 되살리고 싶어했다. 그들 입장에서는 이번 발사 성공에 막대한 금액이 달려 있었다.

오전 11시 38분, 플로리다주 소재 케네디 우주센터에서 발사된 챌린저호에 세계의 이목이 쏠렸다. 73초 후, 수백만 명의 어른과 아이들은 모두 비행 도중 챌린저호가 폭발해 산산조각이 나는 광경을 텔레비전으로 목격했다. 우주선이 대서양으로 추락하자 미국인들은 경악했고, 우주비행사 일곱 명 전원이 사망했다.

이 사고를 목격하면서 끔찍한 비극이지만 어쩔 수 없이 우주 비행에 뒤따르는 위험이라고 여기는 사람이 많았다. 하지만 진상을 밝히는 과정에서 이 사고는 피할 수 있었으며, 피해야 했다는 사실이 분명하게 드러났다.

　레이건 대통령은 추락사고의 원인을 조사하도록 특별 위원회를 지명했다. 증언과 증거를 수집하며 넉 달이 넘게 조사한 결과, 로켓 부스터의 두 부품을 잇는 연결 부위가 제대로 밀폐되지 못한 탓에 뜨거운 가스가 빠져나가면서 로켓이 폭발했다는 사실을 밝혔다. NASA는 발사 전부터 이 문제를 알고 있었지만 의사 결정 접근법에 문제가 있었고, 결국 그대로 발사를 진행했던 것이다.

　사회심리학자 어빙 재니스는 이토록 유능한 전문가들이 모인 집단이 어떻게 그렇게 형편없는 결정을 내렸는지 매우 흥미를 느꼈다. 재니스는 그런 잘못된 의사 결정이 이번 사건에 한해 일어난 일이 아닐 거라고 확신했고, 다른 비극에서도 비슷하게 결함이 있는 의사 결정 패턴을 발견할 수 있다고 믿었다.

　재니스는 특히 백악관의 의사 결정에 관심이 많았다. 1972년에 발표한 〈집단 사고의 희생자들 : 외교 정책 결정과 대실패Victims of Groupthink : A Psychological Study of Foreign-Policy Decisions and Fiascoes〉라는 연구에서 재니스는 진주만 공격 이전에 루스벨트가 보였던 무사안일주의, 트루먼의 북한 침략, 케네디의 피그스만 대실패, 닉슨의 워터게이트 스캔들, 레이건의 이란—콘트라 스캔들 은폐 등 최근 미국에서 일어난 정치 및 군사 재난에서도 그와 같은 집단 역동이 작동하고 있는지에 초점을 맞췄다. 재니스는 대통령이나 보좌관, NASA의 최고 책임자들이 멍청하거나 게으르거나 악독해서 그런 일이 일어났다고 생각하지 않았으며, 오히려 그들을 집단 사고의 희생자로 보았다.

　챌린저호 참사에 적용할 수 있는 집단 사고 이론에는 몇 가지 측면이 있다.

우주왕복선 챌린저호는 미국 케이프 캐너버럴 해안에서 폭발했다. 이후 이 사고는 예방할 수 있었던 비극임이 밝혀졌다.

- 강한 집단 정체감 : 챌린저호 팀은 여러 임무를 함께 수행했다.
- 전문 지식에 대한 믿음 : NASA의 엔지니어들은 발사를 연기해야 한다고 주장했지만 그들은 결정을 내리는 핵심 집단이 아니었다. 집단의 전문 지식을 믿었기에 팀원들은 더 심도 있는 논쟁을 하지 않았을 것이다.
- 스트레스의 영향 : 우주왕복선 챌린저호는 악천후로 이미 발사가 연기된 상황이었다. 전 세계가 크리스타 매콜리프의 역사적 우주 비행을 기다리는 상황에서, 챌린저호를 발사하라는 정치인들과 세계 언론의 압력이 있었다.
- 무적의 환상 : NASA는 그때까지 비행 중 인명사고를 한 번도 겪은 적이 없었고, 1970년 아폴로 13호 승무원을 구조한 후 자신감이 하늘을 찔렀다. 엔지니어들이 챌린저호의 부품 결함을 지적했을 때, 이

전에 쏘아 올린 모든 비행에도 부품 결함은 있었다는 분위기였다. 다른 로켓들도 부품에 결함이 있었지만 임무는 성공했다는 뜻이었다.

- 집단에 내재하는 도덕성에 대한 믿음 : 1960년대에 걸쳐 우주 경쟁이 진행되면서 NASA는 공산주의를 타파하는 미국의 도덕적 우주 탐사 상징의 최전선에 서 있었다. 집단 사고의 영향을 받은 NASA의 엔지니어들은 계속해서 이런 도덕적 목적의식을 품었고, 전체의 목표에 맞게 규칙을 바꿨다.

챌린저호 참사를 계기로 많은 미국인이 우주에 대한 관심을 접었다. 미국은 우주비행사 일곱 명 전원이 사망한 것에도 충격받았지만, 발사를 앞둔 몇 달 동안 보여준 열정으로 많은 것을 알게 된 크리스타 매콜리프의 죽음에 특히 충격을 받았다.

집단 사고의 영향력에 대한 지식은 이처럼 예방할 수 있었던 비극이 왜 일어나는지 설명할 뿐 아니라, 다시는 이런 일이 일어나지 않도록 계획하고 대비하는 데도 도움이 될 수 있다.

19

아무도 도와주지 않는다
방관자 효과

도움이 필요한 사람을 봤을 때 당신은 그냥 지나칠 것인가? 대부분이 자기는 그렇지 않을 거라고 생각하고 싶겠지만, 연구 결과는 그 반대다. 공동체 속에서 살아가는 우리는 때때로 주변 사람들에게 책임을 미루는 경향을 보인다. 명백히 도움이 필요한 상황에서 우리는 행동하지 않고, 침묵하는 관찰자로 남는다. 이런 행동을 가리켜 '방관자 효과bystander effect'라고 한다.

키티 제노비스 사건

'방관자 효과' 연구에 불을 붙인 것은 악명 높은 키티 제노비스 사건이다. 제노비스는 1964년 3월 이른 아침, 아파트 밖에서 무참히 칼에 찔렸다. 비명을 들은 이웃이 가해자에게 "그 여자를 놔줘"라고 소리치자 가해자는 도망쳤고 제노비스는 아파트 건물 뒤편으로 기어갔다. 그러나 가해자는 다시 돌아와 그녀를 공격하고 강탈한 다음 죽게 내버려 뒀다. 다른 이웃이 발견해 병원으로 옮겼지만, 결국 그녀는 도중에 사망했다.

《뉴욕타임스New York Times》는 '살인을 목격하고도 경찰에 신고하지 않은 37명'이라는 제목의 기사에서 많은 사람이 제노비스가 공격당

'방관자 효과' 연구는 키티 제노비스가 살해당한 사건으로 시작됐다.

하는 모습을 보았지만 아무도 도우려는 노력을 하지 않았다고 주장했고, 이 기사는 격렬한 반응을 불러일으켰다. 그러나 이후에 이 주장은 사실이 아니었다는 것이 밝혀졌다. 사실 제노비스가 공격받은 것을 알면서도 도우려고 나서지 않았던 이웃은 두 명뿐이었으며, 그중 한 명은 "휘말리고 싶지 않았습니다"라고 말했다고 한다.

당시 언론의 선정적인 보도에 대해 비판할 수 있겠지만, 어쨌든 이웃이 공격당하는 것을 알면서도 돕지 않을 수 있다는 사실은 많은 사람에게 충격을 준다. 우리는 자신이 그렇게 행동할 것이라고는 믿지 않는다. 하지만 이 현상은 여러 차례에 걸쳐 실제로 나타났고, 심리학자들은 우리가 이런 행동을 하는 이유를 설명하기 위해 오랫동안 연구해 왔다.

방관자가 개입하는 조건은?

〈착한 사마리아인 주의 : 지하 현상인가?Good Samaritanism : An Underground Phenomenon?〉(필리아빈, 로딘과 필리아빈Piliavin, Rodin & Piliavin, 1969)

필리아빈은 어떤 사람에게 반드시 도움이 필요한 이유가 있다면 방관자가 개입하도록 영향을 미치는지 다른 연구원들과 함께 조사하고자 했다.
그들은 연구가 최대한 현실성을 띨 수 있도록 뉴욕 공공 지하철에서 조사를

알아두면 쓸모 있는 심리학 상식 사전

실시했고, 평일 점심 시간대에 특정 지하철 노선으로 이동한 남녀 총 4450명을 관찰했다. 그들은 연구를 위해 충분한 시간을 확보할 수 있도록 7분 30초 동안 정차하지 않는 구간이 있는 두 열차를 선택했다.

연구원 네 명이 서로 다른 출입문을 이용해 열차에 탑승했으며, 남성 연구원 한 명이 도움이 필요한 피해자를 연기하고 나머지 세 명이 관찰하는 것으로 진행되었다. 피해자는 차량 중앙에 서 있다가 열차가 첫 번째 역을 지날 때 앞으로 휘청거리면서 쓰러졌다. 피해자는 두 가지 상태 중 한 가지를 연기했다.

1. '음주' 상태 : 술 냄새를 풍기면서 종이봉투로 감싼 병을 들고 있다.
2. '지팡이' 상태 : 술에 취하지 않은 모습으로 지팡이를 가지고 있다.

실제 상황에서 피해자 역할을 한 연구원을 도우려고 나서는 비율은 비교적 높았다. 하지만 이는 방관자가 피해자에게 도움이 필요한 이유를 어떻게 인식하는지에 따라 영향을 받았다.

피해자가 지팡이를 들고 있었던 경우에는 65차례 시도해서 62차례 도움을 받은 반면, 음주 상태로 보였던 피해자는 38차례 시도해서 19차례 도움을 받았다. 흥미롭게도 방관자가 도움을 제공한 전체의 60퍼센트는 한 명이 아니라 더 많은 사람이 도우려고 나섰다.

방관자 효과

1970년, 심리학자 빕 라타네와 존 달리John Darley는 방관자 효과 현상을 설명하는 의사 결정 모델을 제안했다. 두 학자는 주변에 사람이 있을 때 각 개인은 책임감을 덜 느끼는 경향이 있다고 설명했다. 이런 경우 책임을 공유하게 되고, 우리는 자기 대신에 다른 누군가가 도와줄 것이라거나 도와야 한다고 느낀다. 이 현상을 가리켜 '책임 분산diffusion of responsibility'이라고 한다. 또한 우리는 심리학 용어로 '평가 우려evaluation apprehension'라는 사고방식에 시달리기도 한다. 이는 문제를 잘못 평가해서 남들에게 비판받을지도 모른다는 두려움이다. 마지막으로 '대중의 무지pluralistic ignorance'도 작용한다. 만약 도와줘야하는 상황이라면, 왜 아직 아무도 돕는 사람이 없을까? 어쩌면 애초에 도울 필요가 없거나 도움을 바라지 않는 상황일 수도 있다고 생각하는 것이다.

이것은 라타네와 달리가 1968년에 수행한 조사 이후에 제시된 모델이다. 이 연구에서는 남학생들을 각자의 방에 배치했다. 그들은 마이크를 이용해 별도의 방에 있는 다른 학생들과 토론에 참가할 예정이었다. 토론 주제는 '스트레스가 심한 환경에서 이뤄지는 학습'이었다. 토론을 하던 중에 학생인 척하던 실험 협력자가 발작을 일으키는 소리를 냈고, 라타네와 달리는 참가자가 도움을 요청하기까지 걸리는 시간을 쟀다. 그 결과 가상의 집단이 클수록 도움을 요청하기까지 걸리는 시간이 길었다. 이는 어려움에 처한 사람에게 도움을 제공할 가능성에 방관자 집단의 크기가 중대한 영향력을 미친다는 뜻이다.

라타네와 달리는 다른 연구에서 다른 집단 구성원의 반응도 영향을 준다는 사실을 발견했다. 학생 참가자들은 자기가 있던 방에 연기가 가득 찼는데도 아무런 반응을 보이지 않는 사람들이 있으면, 연기가 난다고 보고할 가능성이 혼자 있을 때(75퍼센트가 연기가 난다고 보고했다)보다 낮았다(10퍼센트가 연기가 난다고 보고했다). 즉 참가자들은 다른 사람들이 수동적 태도를 취하는 모습을 보면 연기가 위험하지 않다고 판단하게 된다고 라타네와 달리는 결론지었다.

20

자극에도 착각할 수 있다
생물학적 접근법

1984년 독일 라이프치히에서는 에른스트 베버Ernst Weber라는 해부학자가 감각에 관한 실험을 진행했다. 베버는 실험 참가자들에게 추를 두 개 들도록 하고, 참가자가 무거워졌다는 사실을 알아차릴 때까지 추 하나의 무게를 서서히 늘렸다. 이 연구로 베버는 식별할 수 있는 자극(예를 들어 무게)의 변화는 최초 자극에 비례한다는 '베버의 법칙'을 발견했다.

영국 심리학자 에드워드 티치너는 후에 이 연구를 '실험심리학의 주춧돌'이라고 평가했다. 이 연구는 실험심리학의 아버지로 인정받게 된 라이프치히대학교의 동료 학자, 1장에서 다뤄 우리에게 익숙한 빌헬름 분트에게 확실히 영향을 미쳤다. 베버는 생리학 연구와 지각 연구를 연결하여 생명 작용과 심리 사이의 관계를 다룬 초기 연구를 수행했다.

이제 현대 생물심리학은 다양한 접근법을 망라한다. 진화와 유전학, 뇌 구조의 영향과 같은 주제를 다루는 연구와 이론을 설명하는 데 생물심리학을 사용한다. 이 모든 이론의 공통점은 바로 우리가 하는 행동에는 생물학적 원인이 있다고 가정한다는 것이다.

진화심리학

진화심리학은 우리 행동이 환경 조건에 적응하고 진화하는 목적에 부합한다고 가정한다. 이때 환경 조건이란 특정한 환경이나 장소를 지칭한다기보다는 종에 진화 압력을 가하는 특정한 환경의 집합을 일컫는다. 인간의 경우, 일반적으로 우리가 진화한 과거의 대부분은 지금 살아가는 환경과 상당히 다른 환경에서 보냈다고 가정한다. 우리는 지금보다 작은 공동체에 속해 살아가면서 많은 시간을 사냥과 식량 및 자원 채집으로 보냈고, 우리의 신체 및 심리 반응은 이런 생활방식에 적응하도록 진화했다.

이 접근법은 '투쟁—도피fight-or-flight' 반사를 사용할 수 없는 현대 스트레스 요인에 대한 거부 반응을 설명하고(41장 참조), 우리 지능이 어떻게 진화했는지(34장 참조), 친절과 이타주의 같은 여러 긍정적 행동의 목적이 무엇인지 설명하는 데 유리하다. 만약 우리 행동이 유전자의 생존을 보장하는 데 초점을 맞추고 있다면 유전적으로 가장 가까운 친족이 안전하고 보살핌을 받을 수 있도록 노력하는 것을 이해할 수 있다. 이는 그들의 행복을 우선시하는 것도 있겠지만 공동체 전체가 안전하고 성공적이어야 이루어질 수 있으므로, 겉보기에 이타적으로 보이는, 타인에 대한 친절과 같은 행동에 대해서도 설명해 준다.

비판

한편 인간 행동을 이렇게 결정론적이고 생물학적으로 보는 관점을 비참하다고 보는 견해도 있다. 과연 우리가 친절하게 행동하는 이유가 오로지 진화적 관점에서 유리하기 때문인 걸까? 우리를 우리답게 만드는 모든 것이 정말로 두개골 내부에 얽매여 있을까? 의학적인 심리학 모델이 환경이나 개인의 심리적 차이처럼 행동에 영향을 미치는 다른 요소들을 무시한다는 주장도 있다.

이런 염려들도 있지만 심리학에서 생물학적 접근법은 실생활에서 삶의 질well-being을 높이는 여러 가지 방법도 제공한다. 예를 들어 우울증과 불안 같은 문제를 치료하는 데 신경전달 지식을 활용해서 약물 치료법을 개발했고, 신경 수술로 간질 같은 질환을 치료하는 데 효과를 보았으며, 뇌 스캐닝 기술이 발달하면서 몸이 완전히 마비된 환자들과도 의사소통을 할 수 있게 됐다.

피니어스 게이지의 사례

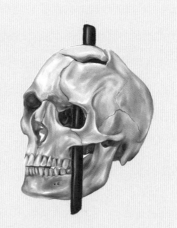

1848년, 미국 철도 공사 현장 감독이었던 피니어스 게이지는 길이 109센티미터의 쇠막대가 턱을 뚫고 들어가 정수리를 관통하는 끔찍한 사고를 겪었다. 이마엽(전두엽)이 손상되었지만 그는 다행히 살아남았는데, 기록에 따르면 그는 이 손상으로 원래 차분했던 성격과 행동이 바뀌었고, 눈에 띄게 성격이 급하고 변덕이 심한 사람이 되었다.

이 사건을 통해 뇌와 행동의 연관성, 우리 뇌를 구성하는 개별 구조물이 특정한 행동, 성격 특질 및 기능과 어떻게 연관이 있는지 이해하는 데 큰 진전이 있었다. 이를 가리켜 '기능의 국재화localization of function'라고 한다.

21

뇌가 손실되면 전부 잃을까
뇌 기능 국재화

약 2500년 전, 고대 그리스의 의사 히포크라테스는 처음으로 뇌가 사고와 의식을 담당한다고 주장했다. 이전 철학자들은 심장이 머리를 지배한다고 믿었고, 지금도 정서적 상황에서 우리는 '심장이 이끄는 대로'라는 표현을 쓴다.

뇌를 언급한 최초의 기록은 기원전 17세기 고대 이집트 문서로 거슬러 올라간다. 1862년에 이 문서를 구입한 미국 골동품 상인의 이름을 따 '에드윈 스미스 수술 파피루스The Edwin Smith Surgical Papyrus'라고 부르는 이 문서는 뇌수막과 뇌척수액 같은 뇌 구조에 대해 설명하고, 두개골 골절로 말을 할 수 없게 된 환자의 사례를 비롯해 여러 뇌 손상형태 및 이와 관련된 합병증을 기록하고 있다. 이는 수천 년 전부터 뇌와 행동 사이의 연관성이 알려져 있었다는 뜻이다. 하지만 환자를 죽이지 않고 살아 있는 사람의 뇌를 연구할 수 있게 된 것은 비교적 최근의 일이며, 기술이 발전하면서 우리는 뇌를 이루는 물리적 물질과 우리를 우리답게 만드는 눈에 보이지 않는 마음의 특성 사이에 어떤 연관성이 있는지 점점 더 많이 알아가고 있다.

뇌는 뇌를 덮어서 보호하는 가장 바깥의 결합 조직층인 뇌수막부터 운동 조절 등의 기능을 담당하는 바닥핵(기저핵)처럼 가장 안쪽의 핵 군집(뉴런 군집)에 이르기까지, 다양한 부분과 조직으로 구성된 기관이다. 하지만 '뇌'라고 할 때 우리가 흔히 떠올리고 여기에서 좀 더 자세하게 논의할 부분은 회백질grey matter과 백질white matter로 이뤄진 크고 울퉁불퉁하며 콜리플라워처럼 생긴 기관이다.

회백질과 백질

뇌의 회백질은 뉴런의 세포체로 이뤄져 있다. 뉴런에 대해서는 23장에서 좀 더 자세히 이야기하겠지만, 기본적으로 뇌에서 정보 처리의 대부분이 회백질에서 일어난다.

뇌의 백질은 회백질 아랫부분부터 뇌의 중심부를 향하는 부분에 있으며, 신경자극(임펄스)impulse이라고 하는 전기 신호를 뇌에서 척수로 전달하도록 특별히 적응한 축삭axon이라는 구조물로 이뤄져 있다.

뇌의 구조

뇌는 바깥에서 안으로 들어가면서 여러 부분으로 나눌 수 있고, 각 부분은 서로 다른 기능과 연관된다. '겉질(피질)'이란 라틴어로 '나무껍질'을 뜻하며, 나무의 외부를 덮는 나무껍질처럼 뇌의 대뇌 겉질cerebral cortex도 뇌 조직의 가장 바깥층이다. 두께는 몇 밀리미터에 불과하지만 주름이 많이 잡혀 있어 표면적이 넓으며, 실제로 뇌 질량의 약 절반을 차지한다. 대뇌 겉질은 뇌의 내부 작동을 담당하는 다른 구조물과 연결을 만들며 사고와 감각, 수의적 움직임 중 상당 부분이 조정되는 영역이기도 하다.

소뇌cerebellum는 뇌의 뒷부분에 있는 큰 전구 모양의 구조물이다. 소뇌는 수의적 움직임과 관련이 있으며, 우리가 하고 싶은 일에 대해 뇌에서 지시를 받고, 척수에서 몸의 자세와 균형을 나타내는 정보를 받아 둘을 조정한다. 이 덕분에 찻잔을 들 때 필요한 모든 미세한 근육 조정이 우리가 알아차리지도 못하는 사이에 일어난다.

바닥핵(기저핵)basal ganglia은 뇌의 맨 아랫부분에 있으며(그래서 이름에 '바닥'이 붙는다) 움직임과 협응에 관여하고 뇌의 다른 영역과 연결을 형성하기도 한다.

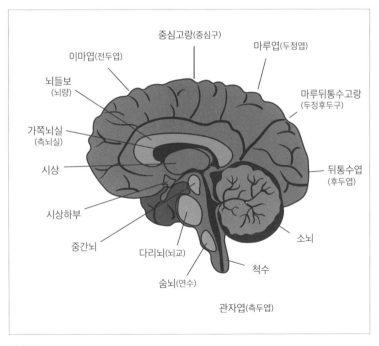

뇌 구조.

뇌줄기(뇌간)brainstem는 뇌가 척수를 통해 인체의 다른 신경계와 이어지는 부분으로, 척수는 숨뇌에서 뇌줄기와 연결된다. 뇌줄기는 인체의 나머지 부분과 연결하는 역할 외에도 여러 중요한 기능을 담당한다. 예를 들어 숨뇌(연수)medulla oblongata는 심박수 같은 필수 기능을 조절하는 데 중요한 역할을 한다. 뇌줄기에 속하는 다리뇌(뇌교)pons라는 부분에는 촉각, 통증, 삼키기 등과 관련된 핵이 있다.

마지막으로 뇌줄기에서 가장 윗부분인 중간뇌midbrain에는 안구 운동, 시각, 청각 같은 행위와 관련된 핵이 있다. 중간뇌를 이루는 영역이면서 바닥핵에 속한 부분이기도 한 흑질의 퇴화substantia nigra는 파킨슨병을 앓고 있는 사람들에게서 볼 수 있는 운동 조절 문제와 관련이 있다. 이는 이 영역들이 움직임과 협응에 중요한 역할을 담당한다는 증거이기도 하다.

뇌엽

뇌는 좌반구와 우반구로도 나눌 수 있고, 각 반구는 대뇌 겉질에 굵게 팬 홈을 가리키는 고랑을 기준으로 분리되는 뇌엽 네 개로 나뉜다. 각 뇌엽은 다른 기능과 연관이 있다. 하지만 이런 기능들 중 상당수는 겹치고 규정하기 어려우므로 각 뇌엽에 대해 일반적인 개요를 설명하기 위해 단순화하는 경우가 많다.

예를 들어 이마엽(전두엽)frontal lobe은 인지, 학습, 의사 결정, 계획과 관련이 있다. 이런 이유로 20세기 중반에는 정신질환을 앓는 많은 환자를 안정시킨다는 이유로 이마엽 절제술을 실시했다. 시간이 흐르면서 그런 관행을 비윤리적으로 보는 시선이 늘어나기 시작했고, 1970년대에 이르러서는 대부분의 국가에서 이마엽 절제술을 금지했다.

뇌들보

각 반구는 뇌들보(뇌량)corpus callosum라고 하는 두꺼운 신경 다발로 이어졌으며, 이는 한 반구에서 다른 반구로 신호를 전달하는 역할을 한다. 1940년대에 심각한 뇌전증을 앓고 있던 사람들을 치료한 이후로 이 연결 부위의 중요성이 매우 분명하게 드러났다. 이 치료법은 뇌들보를 절단해서 환자의 뇌를 '분할'하고 뇌전증 발작이 뇌의 한 반구에서 다른 반구로 확산할 가능성을 줄이는 방법이었다.

이 수술로 뇌전증 발작은 확실히 줄었지만 뇌의 좌우 반구가 서로 효과적으로 소통할 수 없었고, 예상치 못한 부작용이 따랐다. 특히 로저 스페리Roger W. Sperry라는 심리학자가 실시한 연구에서 그는 'W. J.'라는 환자에게 자극(상자나 원 그림)을 보여주고 매번 무엇을 봤는지 말해달라고 요청했다. 스페리는 W. J.에게 화면 가운데 보이는 점을 응시하도록 한 다음 W. J.의 왼쪽 또는 오른쪽 시야에 그림을 표시했다.

스페리는 각 시야가 뇌의 반대편 반구에서 처리된다는 사실을 알고 있었다. 즉 오른쪽 시야는 좌반구가 처리하고 왼쪽 시야는 우반구가 처리한다. 실험 결과 W. J.는 좌반구가 처리하는 자극에는 정상적으로 반응했고, 자기가 무엇을 봤는지 제대로 말할 수 있었다. 하지만 우반구가 처리하는 자극이 제시되자 아무것도 보이지 않는다고 말했다. 다음에는 그림을 볼 때마다 그냥 손으로 가리켜 달라고 요청했다. 이 경우에 W. J.는 좌반구에 제시된 물체를 오른손으로 가리킬 수 있었고, 우반구에 제시된 물체를 왼손으로 가리킬 수 있었다. 따라서 이 연구는 각 반구가 우리가 본 대상을 처리하고 손으로 가리키는 동작 등을 통해 기계적으로 반응할 수는 있지만, 그 대상에 대해서 말을 하려면 좌반구가 개입해야 한다는 사실을 증명했다.

이 상태가 꼭 생각만큼 부정적인 것은 아니다. 젊은 환자들이 뇌전증을 치료하기 위해 뇌의 절반을 완전히 잘라내는 반구 절제술을 받은 사례가 있다. 이들은 제거한 반구의 반대쪽 시력을 잃고 반대쪽 팔을 사용할 수 없지만, 그것만 제외하면 모든 기능을 제대로 실행하며 살 수 있었고, 더 이상 발작을 일으키지 않아 학업에서도 향상된 모습을 보였다. 뇌 기능의 국재화는 대단히 복잡하고, 뇌는 언제나 놀라운 적응 능력을 발휘한다.

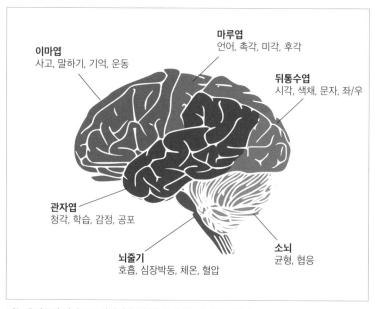

뇌는 우반구와 좌반구로 이뤄지며, 각 반구는 뇌엽 네 개로 나뉜다.

22

뇌를 이해하기 위해
뇌 스캔 기법

인류는 예로부터 뇌와 뇌수술을 연구했다. 두개골에 구멍을 뚫어 뇌를 노출한 천공의 흔적을 석기시대부터 발견할 수 있는데, 이를 가장 오래된 신경 수술의 형태로 보기도 한다. 이런 시술은 지금도 시행되지만 지금은 '개두술craniotomy'이라는 용어로 더 널리 알려져 있으며 아주 정교한 뇌 영상법을 실시한 후에만 수행한다. 이렇게 뇌를 들여다볼 수 있는 기법은 엄청난 발전을 의미한다.

인류 역사가 시작된 이래 오랫동안 우리는 사람이 죽은 다음에야 뇌의 내부 구조를 관찰할 수 있었으므로 살아 있는 뇌를 연구하기는 불가능했다. 그 이후로 뇌에 대한 이해와 함께 수술하지 않고 뇌를 연구하는 방법도 크게 발전했다. 이번 장에서는 살아 있는 사람의 뇌 구조와 활동을 살펴볼 수 있는 뇌 영상 기법을 살펴보고자 한다.

뇌파검사(EEG)
사용하기 쉽고 비교적 비용이 낮아서 가장 손쉽게 뇌 활동을 연구할 수 있는 방법 중 하나인 뇌파검사(EEG)는 두피의 전기 활동을 기록하고 이를 모니터로 표시해 뇌 표면의 활동을 측정하는 방법이다.

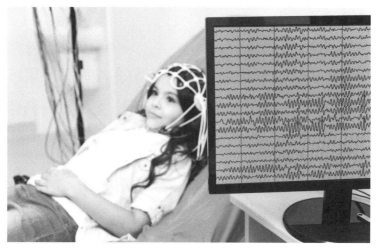
뇌파검사는 뇌의 전기 활동을 측정한다.

뇌파검사는 뇌 구조를 보여주지는 않지만 뇌의 활동 변화를 보여주므로 뇌전증, 수면 장애, 뇌 손상, 나아가 종양 같은 상태를 진단하는 데 사용할 수 있다.

컴퓨터 단층촬영(CT 스캔)

컴퓨터 단층촬영computed tomography(CT) 스캔은 1971년 전기공학자 고드프리 하운스필드Godfrey Hounsfield가 처음으로 소개했다. 하운스필드는 CT 스캔 개발에 기여한 공로를 인정받아 노벨상을 받았다.

CT 스캔은 엑스레이와 컴퓨터를 사용해 신체 내부를 자세하게 영상으로 나타낸다. 회전하는 튜브가 엑스레이를 좁은 빔의 형태로 전달하고, 이런 엑스레이는 서로 다른 수많은 밀도를 탐지해 상세한 3차원 영상을 만들어 낸다. CT 스캔은 뇌 활동을 보여줄 수는 없지만 뼈와 조직에 생긴 손상과 혈류 문제를 식별할 수 있다.

알아두면 쓸모 있는 심리학 상식 사전

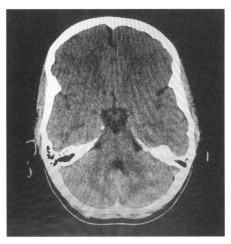

뇌의 컴퓨터 단층촬영(CT) 스캔.

양전자 방출 단층촬영(PET)

에이드리언 레인Adrian Raine이 살인자들의 뇌를 연구(46장 참조)할 때 사용했던 양전자 방출 단층촬영positron emission tomography(PET) 스캔은 뇌 안에서 일어나는 활동을 관찰하는 데 사용할 수 있다. PET 스캔을 받을 사람은 '추적자tracer'라고 하는 약한 방사성 물질을 마시거나 주사로 주입받는다. 추적자는 활동하면서 혈류가 증가하는 뇌 영역에 모이고, 분해되면서 수신기로 검출할 수 있는 감마선을 방출한다. PET 스캔은 종양을 찾아내는 데 사용한다. 종양이 생긴 부위에는 혈류량이 증가하고, PET 스캔으로 이를 찾을 수 있기 때문이다.

PET 스캔은 다른 영상 기법에 비해 구조적 상세함이 부족하고 특정 시간의 뇌 활동을 특정할 수 없으며 일정한 기간에 걸친 활동을 포착한다. 그 결과, 뇌 활동에 관한 세부 정보가 필요할 때는 PET 스캔 대신 기능성 자기공명영상법functional magnetic resonance imaging(fMRI)을

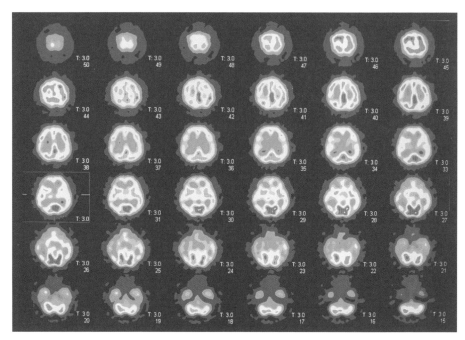

인간의 뇌를 촬영한 PET 스캔. 붉은 영역이 활동성이 높은 부분이다.

사용하는 경우가 늘어나고 있다.

이름에서 알 수 있듯이 자기공명영상법magnetic resonance imaging(MRI) 은 환자를 거대한 자석 내부에 넣는 방법이다. 자석의 힘으로 인체의 원자 안에서 발견되는 양전하를 띤 양성자가 자기장의 방향에 따라 배열되게 한다. 자기장을 끄면 양성자가 전자기파를 방출하면서 원래 위치로 돌아간다. 이때 스캐너가 전자기파를 감지해서 영상화하는데, 인체 각 조직의 양성자마다 원래 위치로 돌아가는 데 걸리는 시간이 다르므로 뇌의 다양한 구조물들을 볼 수 있다.

MRI는 CT 및 PET 스캔과 달리 영상을 생성하는 데 방사선원을 사용하지 않으므로 인체에 무해하다는 것이 장점이지만, 체내에 인공 심박조율기나 금속 구조물이 있는 환자들에게는 사용할 수 없다. 또한 MRI는 뇌 구조를 스냅사진으로 보여줄 뿐, 뇌 활동은 보여주지 않는다. 이 때문에 기능성 자기공명영상법(fMRI)을 사용하게 되었다.

fMRI 스캔은 혈류를 사용하여 뇌 활동을 관찰한다. 적혈구는 몸과 뇌의 세포에 산소를 전달하는데, 적혈구 속에는 헤모글로빈이 있다. 헤모글로빈은 산소를 운반할 때와 그렇지 않을 때 자기 특성이 달라지므로, 적혈구가 운반하던 산소를 세포에 전달하고 나면 자기 특성이 변한다. 뇌의 영역이 활발하게 작용할 때는 더 많은 산소가 필요하고, fMRI 스캔은 헤모글로빈의 자기 특성 변화를 알아내 이러한 산소 전달을 감지한다.

fMRI는 다양한 용도로 활용되지만 그중에서도 특히 겉보기에 식물인간 상태여서 달리 외부 세계와 소통할 방법이 없는 환자들과 소통하는 데 사용된다. 질문을 받은 환자는 fMRI로 감지할 수 있는 특정한 방법으로 뇌를 활성화해서 '예' 또는 '아니오'로 대답할 수 있다. 따라서 환자에게 통증을 느껴서 약물 치료가 필요한지, 어떤 음악을 듣고 싶은지 물어볼 수 있고, 의식이 있는지도 확인할 수 있다. 이런 방법을 사용하는 의사들은 환자가 의식이 있으며 자기들을 알아본다는 사실을 알게 되면, 환자를 사랑하는 가족들이 좀 더 열성적으로 면회를 오고 환자와 교류하게 된다고 보고한다. 이런 방법으로 놀라울 만큼 환자의 삶의 질을 높일 수 있다.

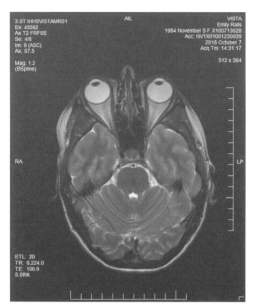

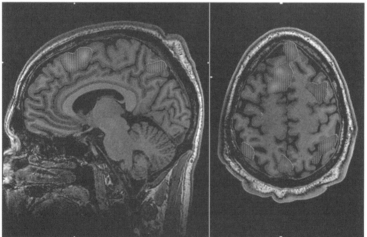

작업 기억 과제 중에 찍은 fMRI 스캔.

알아두면 쓸모 있는 심리학 상식 사전

23

우리가 움직일 수 있는 이유
신경전달

뇌와 척수는 중추 신경계를 구성하고, 이 중추 신경계가 바로 우리를 우리답게 만드는 부분이다. 신체의 나머지 부분은 뇌에 영양을 공급하고 안전을 유지하기 위해 작동하는 기계와 같다. 중추 신경계는 주로 뉴런neuron과 신경아교세포glial cell라는 두 종류의 세포로 이뤄진다. 신경아교세포는 뉴런을 뒷받침하고, 뉴런은 몸 전체에서 발생하는 전기 정보 교환을 담당한다. 이런 전기 정보 교환은 우리가 생각하고, 협응하며, 몸이 계속 작동하도록 해준다.

신경 자극

우리 몸의 통신 네트워크를 구성하는 수십억 개에 달하는 뉴런은 신경 자극(임펄스)이라고 하는 지속적인 전기 신호를 초속 약 119미터로 서로에게 전달한다. 피부나 눈 등 몸 전체에 있는 수용기 세포가 환경에 일어난 아주 작은 변화까지 감지하여 이런 변화를 전기 신호로 전환하면, 뉴런이 이를 포착해 자극 변화에 반응하는 분비샘이나 근육 같은 효과기로 전달한다.

　우리는 우리 몸이 이런 자극에 보이는 반응 대부분을 알아차리지 못한다. 우리 몸은 우리가 편안하게 하루를 보낼 수 있도록 그저 묵묵

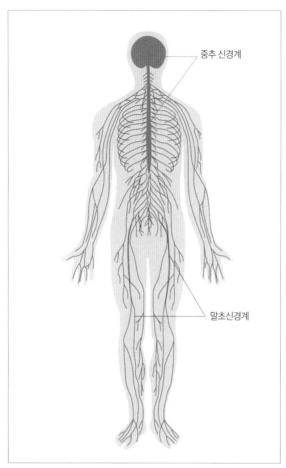

중추 신경계

말초신경계

중추 신경계는 뇌와 척수로 이뤄진다.

하게 정보를 처리해서 심장 박동이나 동공 확장 등을 변화한다.

연결

뇌에서는 이런 신경 자극이 뉴런에서 뉴런으로 이동하며 우리를 우리답게 만드는 인지 작용을 돕는다. 특수 MRI를 사용해서 뇌의 신경 경로를 표시한 지도인 '커넥톰connectome'을 만들어서 이런 복잡한 연결을 좀 더 잘 이해해 보려는 시도가 있었다.

인간 커넥톰 프로젝트Human Connectome Project는 약 1200명을 대상으로 뇌 스캔을 실시해 뇌의 다양한 영역을 연결하는 밀리미터 단위 폭의 신경 섬유 다발을 식별하려 했다. 이 프로젝트에서 내놓은 결과가 '매크로커넥톰macroconnectome'이다. 뇌 해부학에서 밀리미터 단위의 측정치는 상당히 큰 수준이어서 이런 이름이 붙었다.

인간 커넥톰 프로젝트에 참여한 과학자들은 이 기술을 활용해서 울적한 기분이나 불안을 자주 경험하는 사람들은 기억과 공포, 정서 반응과 관련된 뇌 구조물인 편도체amygdala와 주의와 상관 있는 다른 영역들 사이의 연결이 적다는 사실을 발견했고, 그 밖에도 흥미로운 통찰들을 확인했다.

뉴런은 서로 전기 충동을 주고받도록 특화되어 있다. 뉴런은 세포체가 길어서 비교적 먼 거리에 걸쳐 정보를 전달할 수 있고, 절연체 구실을 하는 수초(미엘린myelin)라는 지방층으로 덮여 있어서 전기 충동은 뉴런을 따라 빠르게 이동한다. 또한 뉴런의 양 끝은 여러 갈래로 나뉘어 있는데, 이를 가리켜 수상돌기dendrite와 축삭말단axon terminal(축삭 종말)이라고 한다. 이는 각 뉴런이 주변 뉴런들과 많이 연결할 수 있도록 돕는다.

뉴런은 서로 물리적으로 연결되어 있지 않다. 뉴런은 화학 전령인 신경전달물질neurotransmitter을 사용해 한 뉴런의 축삭말단에서 다른 뉴런의 수상돌기로 신경 자극을 전달한다. 축삭말단과 수상돌기 사이에는 간극이 있는데 이를 가리켜 시냅스 틈synapse cleft이라고 한다. 신경 자극이 축삭말단 끝의 시냅스에 도달하면, 시냅스 틈새를 이동하

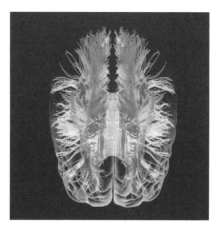

'커넥톰'은 뇌의 신경 연결을 나타낸 지도를 말한다.

는 신경전달물질이 이 자극을 포착하고, 이를 다시 인접한 수상돌기의 수용기가 포착한다. 신경 자극이 발생하면 뇌나 몸을 따라 계속 퍼져나갈 수 있다.

신경전달물질

각각의 신경전달물질은 서로 다른 행동과 관련이 있지만 각 호르몬을 서로 다른 정서와 연관시키는 것은 간단하지 않다. 예를 들어 도파민dopamine은 확실히 기분과 관련이 있지만 뇌의 도파민 경로가 지나치게 활동적이면 환각과 같은 조현병 증상을 보이기도 한다. 또한 몸에서 도파민을 충분히 만들어 내지 못하면 파킨슨병을 앓는 사람에게 떨림 같은 신체 증상이 나타날 수 있다.

신경전달물질은 그 자체도 복잡하고 신경전달물질과 우리 행동 간의 관계도 복잡하지만, 우리는 신경전달물질을 조정해서 정신 질환의 증상을 치료하는 방법을 개발해 왔다. 우울증을 앓는 사람에게는

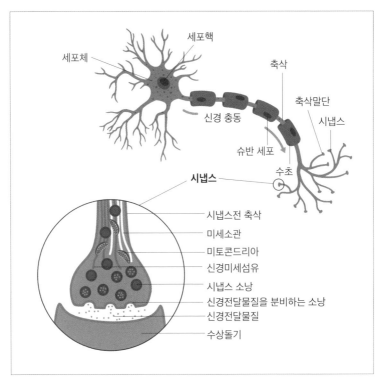

다음 뉴런의 구조.

선택적 세로토닌 재흡수 억제제selective serotonin reuptake inhibitors(SSRIs)
를 처방하여 증상을 완화할 수 있다. 이름에서 알 수 있듯이 선택적 세
로토닌 재흡수 억제제는 신경전달물질이 세로토닌을 재흡수하는 것
을 방해한다. 축삭말단에서 분비된 신경전달물질이 전부 다음 뉴런까
지 도달하지는 않는다. 일부는 분비한 뉴런이 다시 흡수하거나 효소
가 분해한다. 따라서 프로작prozac 같은 선택적 세로토닌 재흡수 억제
제는 신경 말단이 세로토닌을 재흡수하는 비율을 줄여서 주변 세포가
사용할 수 있는 세로토닌의 양을 늘린다. 세로토닌 가용성이 증가하

면 우울증을 겪는 사람의 증상을 완화하는 데 도움이 될 수 있다. 신경 전달물질을 분해하는 효소를 차단하는 약물도 있다.

이런 약물 치료는 상담 치료보다 더 빨리 효과를 나타낼 수 있고 환자의 노력을 덜어주므로 무척 유용하다. 질환으로 제 기능을 할 수 없거나 건강을 회복하고 긍정적인 변화를 이루고 싶은 사람들에게 이는 상황을 개선하는 첫 단계가 될 수 있다. 하지만 약물 치료에는 중독성과 부작용이 따를 수 있고, 신체 증상을 치료하는 데 그친다. 애초에 그 사람이 좋지 않은 건강 상태에 이르게 된 근본적인 심리적·사회적·환경적 원인을 바꾸지 않으면, 그러한 문제들이 환자에게 계속 영향을 미칠 수밖에 없다.

24

뇌의 놀라운 적응력
신경가소성

신경가소성neuroplasticity이란 우리의 뇌가 어떻게 신경 경로를 재구성할 수 있는지 설명한다. 이는 새로운 정보를 학습할 때 새로운 연결이 생기는 것처럼 평범한 경우도 있지만, 뇌가 손상을 입어 많은 부분을 다시 매핑해야 하는 극단적인 경우도 있다.

보통 신경가소성이라고 하면 두 가지 과정을 말한다. 첫 번째는 '발달가소성developmental plasticity'으로 어린 시절 우리가 성장하고 학습할 때 뇌에 일어나는 변화를 말한다. 두 번째는 뇌 손상처럼 외상이 발생했을 때 일어날 수 있는 변화다.

샤론 파커 사례

샤론 파커는 아기였을 때 수두증 진단을 받았다. 수두증으로 샤론의 뇌 안에 뇌척수액이 축적되면서 두개골에 뇌 조직이 눌렸다. 뇌척수액을 빼내는 수술은 성공했지만 샤론의 뇌는 15퍼센트만 남게 되었다. 보통은 뇌 조직이 있어야 할 자리에 커다란 빈 공간이 생겼고, 뇌 조직의 두께가 1센티미터밖에 되지 않는 곳도 군데군데 있었다. 의사들은 샤론이 일상생활에 극심한 어려움을 겪을 것이며 다섯 번째 생일을 넘기지 못할 거라고 생각했다.

하지만 샤론은 살아남았고 꽤 정상적으로 발달했다. 게다가 장기 기억력이 뛰어났고 지능 검사에서는 평균이 넘는 점수를 받았다. 단기 기억에 손상이 있다는 점만 빼면 정상적인 삶을 꾸려가는 듯 보였고, 간호사 자격증까지 따기도 했다.

샤론이 정상적으로 발달할 수 있었던 이유는 뇌가 스스로 재배선하는 능력 때문이었다. 샤론의 뇌 손상은 유아기에 발생했으므로, 뛰어난 신경가소성 덕분에 뇌 기능을 다시 매핑하여 손상된 연결을 복구할 수 있었다.

> "어느 날 오빠가 아무 생각 없이 '넌 무뇌아야'라고 말했습니다. 나는 '어쩌라고? 그건 의학적 사실인데'라고 대답했죠."
>
> — 샤론 파커

발달 뇌가소성

세상에 태어난 아기는 새로운 감각 입력을 엄청나게 많이 받는다. 예를 들어 눈은 처음으로 빛을 받아들이고 이 새로운 정보를 뇌로 전달해야 한다. 이전에는 없었던 연결을 만들어야 하므로 뉴런은 새로운 가지(정보를 전달하는 축삭과 정보를 수신하는 수상돌기)를 뻗어내기 시작하고, 이런 가지들이 다른 뉴런에 연결된다. 이렇게 해서 뇌는 새로운 신호를 받아들이고 전달하고 해석한다.

캘리포니아대학교 교수 앨리슨 고프닉Alison Gopnik은 신생아의 대뇌겉질에 있는 뉴런들이 약 2500개의 시냅스 연결을 가지고 있으며, 3세가 되면 이 연결은 약 1만 5000개로 증가한다는 사실을 발견했다. 놀랍게도 이는 성인 뇌가 지니는 연결 수치의 약 두 배다. 나이가 들면서 뇌가 점점 더 복잡해진다고 가정하면 이치에 맞지 않는 결과다. 하지만 우리 뇌는 효율성을 추구하므로 시냅스 가지 치기synaptic pruning라는 과정을 통해 더 이상 필요하지 않은 오래된 연결을 삭제한다. 어떤 연결을 강화하고 어떤 연결을 가지치기로 정리할지에 영향을 미치는 것은 우리의 경험이다. 중복되는 연결은 세포 자살apoptosis이라는 과정으로 사라지며, 이에 따라 약한 연결은 정보를 전달하거나 수신하지 않고 소멸된다.

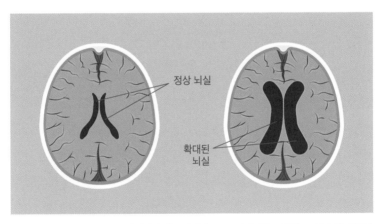

정상적인 뇌 발달(왼쪽)과 수두증의 영향을 받은 뇌 발달(오른쪽)의 차이를 보여주는 MRI 스캔. 샤론 파커는 뇌실의 확대로 뇌의 15퍼센트만 남았다.

뇌의 적응성을 다룬 초기 연구

미켈레 빈첸초 말라카르네Michele Vincenzo Malacarne는 1700년대에 뇌 가소성을 연구했다. 그는 같은 배에서 태어난 개나 같은 둥지에서 태어난 새처럼 서로 유전적으로 최대한 비슷한 동물 쌍을 연구했다. 그는 몇 년 동안 한 동물은 집중적으로 훈련하고 다른 동물은 적극적으로 훈련하지 않았다. 그다음에 말라카르네는 동물들을 안락사시켜 각 쌍의 뇌를 비교했다. 《물리학, 화학, 자연사 및 예술 저널Journal de physique, de chimie, d'histoire naturelle et des arts》(1793)에 발표한 이 실험의 결론에서 그는 훈련받은 동물의 뇌에는 훈련받지 않은 동물의 뇌보다 소뇌에 주름이 더 많았다고 주장했다. 환경에서 비롯되는 자극이 뇌의 발육에 영향을 미칠 수 있다는 사실을 발견한 것이다.

말라카르네가 이런 사실을 일찍 발견했는데도 19세기와 20세기 대부분에 걸쳐 신경과학자들은 유아기 이후로 비교적 뇌 구조가 고정되어 있다고 믿었다. 그들은 뉴런의 수가 정해져 있고 뇌세포가 죽으면 새로 생겨나지 않는다고 주장했다. 또 유아기 이후에는 뇌 발달 양상이 변하지 않는다고 가정했다. 실제로 유아기는 특히 '가소성이 뛰어나서' 뇌 발달에 확실히 중요한 시기지만, 이제는 우리 뇌가 평생에

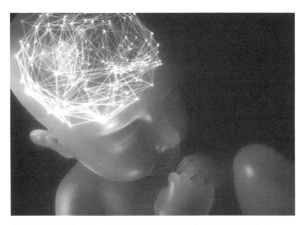

출생 이후 유아의 뇌에는 씨름해야 할 새로운 정보가 끊임없이 들어온다.

알아두면 쓸모 있는 심리학 상식 사전

걸쳐 계속 변화하고 적응한다는 사실이 알려졌다.

런던의 택시 운전사

이 현상을 다룬 가장 유명한 연구 중 하나가 바로 런던 택시 운전사 연구일 것이다. 수습 운전사는 런던 주변의 거리 수천 개를 외워야 하는 엄청난 기억력 검사인 '지식 시험'을 치러야 하는데, 여기에 합격하지 못하는 사람이 많다. 초기 연구 결과, 지식 시험에 합격한 런던 택시 운전사들은 택시 기사가 아닌 비슷한 사람들과 비교했을 때 해마 hippocampus(뇌의 아랫부분에 있는 영역으로 기억과 관련이 있다)의 회백질이 증가한 양상을 나타냈다.

이 연구에서 시험에 통과한 택시 운전사들이 원래 해마가 평균보다 컸는지(따라서 기억력이 좋은지), 아니면 시험에 합격하려고 노력하면서 뇌 구조에 변화가 일어났는지는 명확하지 않았다. 그들은 날 때부터 기억력이 좋았을까, 아니면 뇌가 적응한 결과일까?

2011년 심리학자 캐서린 울레트Katherine Woollett와 엘리너 매과이어Eleanor A. Maguire는 이 시험을 좀 더 깊이 있게 다뤘다. 두 학자는 4년이라는 기간에 걸쳐 수습 운전자 79명의 뇌를 '지식 시험'을 치르기 이전, 도중, 이후까지 MRI로 스캔해서 연구했다. 그들은 이 결과를 연령과 교육 수준이 비슷한 통제 집단 31명의 결과와 비교했다. 또한 참가자 전원은 '지식 시험' 훈련을 받기 전에 기억력 검사에서 비슷한 수행 결과를 얻는지 확인하는 검사를 받았다.

수습 택시 운전사 중 39명이 시험에 통과했고, 합격하지 못한 사람 중 20명이 연구에 계속 참여하기로 동의했다. 연구가 끝나갈 무렵 학자들은 시험에 합격한 택시 운전사들의 해마 후면부(뒷부분)가 합격하

런던에서 택시 운전사가 되려면 '지식 시험'에 통과해야 한다. 이 시험에 통과하려면 런던 전역의 운행 경로와 주요 명소를 기억하는 공간 기억력이 뛰어나야 한다.

지 못한 사람들 및 통제 집단에 비해 유의미하게 크다는 사실을 발견했다. 기억력이 많이 요구될수록 해마의 이 부분에서 더 많은 뉴런이 발견됐다.

이런 기억 연구와 MRI 사용으로 뇌에서 새로운 세포가 자라는 몇 안 되는 영역 중 하나가 해마라는 사실이 밝혀졌다. 하지만 뇌가 적응할 수 있는 이유는 여전히 분명하지 않다. 그러나 성인의 뇌에도 가소성을 유지하고 새로운 과제를 학습하도록 적응하는 능력이 있다는 긍정적인 결과라 하겠다.

그래도 뇌 가소성에는 한계가 있다. 건강한 사람들도 체력과 유연성에 한계가 있듯이, 뇌 가소성 역시 나이가 들면서 감소한다. 유니버시티 칼리지 런던에서 실시한 이 연구는 택시 운전사들의 공간 기억력이 증가하면서 대가도 뒤따랐다는 사실을 밝혔다. 즉 연구 참가자 중

택시 운전사가 아닌 사람들은 택시 운전사들보다 복잡한 시각 정보를 좀 더 정확하게 회상했다.

게다가 뇌 기능의 용도를 변경할 수 있는 용량은 특정한 처리 유형에만 적용된다. 예를 들어 시각 장애가 있는 사람들은 촉각과 후각 민감성을 높이도록 뇌 기능 일부를 다시 매핑할 수 있다. 하지만 색채를 감지하는 뇌세포는 시각 입력에만 반응하며, 그런 전문적 특성 때문에 용도를 바꿀 수 없다. 즉 뇌는 분명히 상당한 적응력을 갖추고 있지만 부상을 회복할 때 가소성이 발휘되지 않는 일부 영역도 있다.

뇌 가소성은 뇌 발달이 고정되어 있다는 생각을 바꿔놓았고, 1960년대 이후로는 뇌가 성인기에 들어서도 가소성을 유지하며 우리가 계속해서 새로운 기술을 배울 수 있다는 확실한 증거도 등장했다. 샤론 파커의 사례처럼 심각한 외상을 입은 경우에도 뇌는 기능을 다시 매핑하는 놀라운 능력을 보여주었고, 사람들이 비교적 정상적인 삶을 이어가도록 해준다.

25

인간이 세상을 이해하는 법
인지심리학

1950년, 앨런 튜링Alan Turing은 〈계산 기계와 지성Computing Machinery and Intelligence〉이라는 제목으로 논문을 발표했다. 이 논문은 "나는 '기계가 생각할 수 있을까?'라는 질문을 곰곰이 생각해 보라고 제안한다"라는 문장으로 시작한다. 동시에 우리가 인간의 사고를 고려하는 방식에도 변화가 일고 있었고, 심리학자들은 인간이 실제로 기계처럼 생각하는지 고민했다.

점점 더 복잡한 컴퓨터들이 등장하면서 심리학자들에게는 기억, 지각, 주의 같은 과정에 적용할 수 있는 새로운 모델이 생겼고, 예전에 행동주의자들이 도저히 이해할 수 없다고 여겼던 '블랙박스'를 조사할 새로운 방법이 생겼다. 이는 심리학에서 기억과 사고, 의식 과정, 지각, 문제 해결과 같은 연구 주제를 다루는 인지적 접근의 토대를 마련했다.

'블랙박스' 내부
행동주의자들은 행동 연구에 매우 과학적으로 접근했다. 그들은 정신적 과정은 직접 관찰하거나 객관적으로 측정할 수 없다는 이유로 마음을 연구한다는 개념을 부정했으며 그 대신에 경험적으로 측정할 수

알아두면 쓸모 있는 심리학 상식 사전

있는 자극의 변화에 따라 일어나는, 직접 관찰할 수 있는 반응에 관심을 집중했다. 하지만 인지심리학자들은 과학적 방법을 사용하여 자극과 반응 사이에 일어나는 '매개 과정'을 조사할 것을 제안했다. 인지심리학자들은 조건을 신중하게 통

제하고 조작하여 연구 결과를 분석하고, 마음에서 어떤 일이 일어나고 있는지 '추론'할 수 있다.

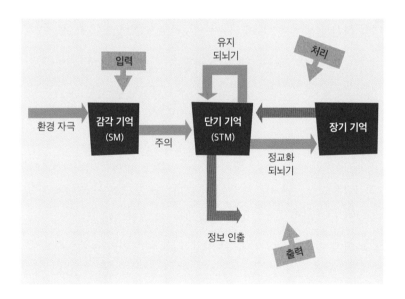

컴퓨터 유추
인지적 접근법의 핵심 특징은 인간의 마음을 컴퓨터에 비교한다는 점

이다. 예를 들어 컴퓨터는 환경과 인터페이스로 접속해 입력을 받아들이고, 그 입력을 코딩과 메모리로 처리한 다음, 영상이나 문자를 화면에 표시해 출력을 생성한다.

인지심리학자들은 인간의 마음이 이와 비슷하게 작동한다고 가정한다. 즉 우리가 감각 기관을 통해 주변에서 입력을 받아들이고, 그 입력을 주의나 기억 인출 같은 인지 기능으로 처리한 다음에 반응이라는 형태로 출력한다고 본다. 이 가정을 적용한 좋은 예가 기억의 중다저장 모형(다음 장에서 좀 더 자세하게 설명하겠다)이다. 이는 컴퓨터 유추라는 인지적 가정에 기반을 둔 심리학 모형의 한 예다.

내적 정신 과정

내적 정신 과정internal mental process은 서로 힘을 합쳐 우리가 세상을 이해할 수 있도록 돕는다. 잘 알려진 내적 정신 과정으로는 지각, 주의, 기억, 언어가 있다(다음 장의 표 참조).

도식

인지심리학자들은 경험이 정신 처리 과정에서 중요한 역할을 한다고 제시한다. 그들은 우리가 평생에 걸쳐 지식을 모으고 '도식schema'이라는 정보 꾸러미를 구축한다고 본다. 시간이 지나면서 이런 도식들은 점점 더 상세해져서 우리가 정보를 분류하고, 정리하고, 해석할 수 있게 한다. 예를 들어 우리는 무엇이 어떤 특정한 물체를 구성하는지에 대한 도식(다리가 네 개이고 윗부분이 평평하다면 탁자)이나 주어진 상황(영화관 안에서는 조용히 앉아 있는다)에 대한 도식을 세울 수 있다. 도식은 우리가 매일 마주치는 감당하기 힘들 만큼 방대한 양의 새로운 정보를 처리하는 데 무척 유용하다. 하지만 정확하게 적용하지 않으면 실수를 할 수도 있다. 이는 우리가 착시 현상에 속는 이유를 설명한다.

처리	예시
지각	개와 같은 물체나 동물을 볼 때 다리 네 개, 꼬리를 흔드는것 등 개에게 공통으로 찾아볼 수 있는 특징을 지각할 수 있다.
주의	중요하다고 생각하거나 이전에 본 적이 있는 특징에 주의를 기울인다.
기억	이런 특징에 대응하는 요소를 찾아 기억을 검색한다.
언어	언어를 사용해서 그 물체를 '개'라고 명명한다.

언어가 기억에 미치는 영향은?

〈자동차 파괴의 재구성 : 언어와 기억 간 상호작용의 예시Reconstruction of Automobile Destruction : An Example of the Interaction Between Language and Memory〉(로프터스와 팔머, 1974)

심리학자 입장에서 기억이 어떻게 작동하는지 조사하는 연구는 단순한 기억력 검사보다 훨씬 더 복잡하며, 인지심리학자들이 '블랙박스' 내부에서 어떤 일이 일어나는지 추론할 수 있도록 변수를 어떻게 조작하는지 보여주는 좋은 사례다.

우리의 기억은 사건을 일어난 그대로 정확하게 기록한 내용이라기보다, 마음이 우리를 위해 정교하게 재구성한 내용일 경우가 많다. 엘리자베스 로프터스Elizabeth Loftus와 존 팔머John Palmer는 언어가 기억 형성에 어떤 역할을 할 수 있는지, 두 부분으로 나누어 연구를 진행했다.

첫 번째 실험에서는 참가자들에게 자동차 사고를 찍은 동영상을 보여줬다. 그 다음에 사고 당시 자동차가 달리던 속력을 추정하는 중요한 질문(로프터스와 팔머가 정말로 관심을 가졌던 질문)을 비롯해 충돌과 관련된 여러 가지 질문을 했다. 참가자들을 다섯 집단으로 나누어, 다음 각 집단에게 사고를 묘사할 때 서로 다른 동사를 사용해서 그 중요한 질문을 던졌다. 한 집단에게는 "자동차가 박살 났을 때 얼마나 빨리 달리고 있었을지" 물었고, 다른 집단들에게는 '박살 났다'라는 표현을 각각 '충돌했다', '들이받았다', '부딪쳤다', '접촉했다'로 바꿔서 질문했다.

실험 결과 동사가 공격적일수록 참가자들은 속도를 더 높게 추정했다. 이는 목격자에게 사건을 질문할 때 사용하는 언어가 기억의 정확성에 영향을 미칠 수 있다는 사실을 보여준다.

중요 질문에 사용한 동사	평균 속도 추정(mph)
박살 났다	40.8
충돌했다	39.3
들이받았다	38.1
부딪쳤다	34.0
접촉했다	31.8

두 번째 실험에서도 참가자들에게 충돌 영상을 보여주고 여러 질문을 했다. 이번에는 참가자들을 세 집단으로 나눴다. 한 집단에게는 자동차들이 '박살 났을' 때, 다른 집단에게는 자동차들이 서로 '부딪쳤을 때' 속도가 어땠을지 물었고, 세 번째 집단에게는 자동차 속도에 관해 아무런 질문도 하지 않았다. 일주일이 지난 후에 참가자들에게 "깨진 유리창을 보았습니까?"라고 물었다. 동영상에서는 깨진 유리창이 명확하게 보이지 않지만 참가자 150명 중 상당수가 유리창이 깨진 것을 봤다고 대답했고, 그중 대부분은 '박살 났을 때'라는 동사로 질문한 집단이었다.

이 실험은 사건이 일어난 뒤에 하는 질문이 실제로 목격자가 일어나지 않은 세부사항을 떠올리도록 유도할 수 있으며, 실제로 일어난 일에 대한 기억의 정확성에도 영향을 미칠 가능성이 있다는 것을 증명한다.

참가자 대답	사용한 동사		
	박살 났다	부딪쳤다	통제 집단
예	16	7	6
아니요	34	43	44

이 연구는 '생태학적 타당도ecological validity'가 부족하다는 비판을 받는다. 생태학적 타당도를 갖추려면 실제 상황을 면밀하게 재현하여 연구 중에 일어난 상황이 실생활에서 사람들이 행동할 법한 방식을 정확히 대표한다고 확신할 수 있어야 한다. 그러나 이 연구의 실험 조건은 여러모로 실생활에서 벗어나 있었고, 이는 사람의 기억 능력에 충분히 영향을 줄 수 있다.

참가자들은 실제 자동차 사고 현장에 있었던 것이 아니라 동영상을 봤다. 이는 충돌을 목격한 경험이 실제 사고를 목격한 경험과는 크게 다르다는 뜻이다. 충격과 소리, 개인이 느끼는 위험성까지, 모두 사람의 기억 작용에 상당한 영향을 미칠 수 있다.

이런 단점이 있기는 하지만 로프터스와 팔머가 수행한 이런 연구는 범죄를 목격한 사람을 신문訊問할 때처럼, 반드시 정확하고 편견 없는 회상이 필요한 영역에 매우 큰 영향을 주었다. 신문이 기억에 미치는 영향을 알게 되면서 사람의 기억에 불필요한 세부 사항을 더하거나 의도하지 않게 기억을 왜곡하는 상황을 피하기 위해 인지 인터뷰가 개발됐다. 이는 질문자가 기대하거나 그에게 이익이 될 수 있는 사실을 구체적으로 유도하는 질문에 대답하도록 하는 방식이 아니라, 어떤 사건과 관련해 인터뷰 대상자가 기억하는 모든 내용을 그냥 설명하도록 요청하는 방법이다. 이렇게 하면 여전히 목격자의 기억이 틀릴 가능성은 있지만, 그들이 정직하고 완전한 정보를 제공하기 위해 최선을 다했다고 믿을 수 있다.

26

마음의 '블랙박스'에서는 어떤 일이
기억 모형

유명한 영화감독인 루이스 부뉴엘Luis Buñuel은 "기억이 없는 삶은 애초에 삶이 아니다"라고 했다. 기억이 없으면 이 글자들, 즉 글자를 구성하는 추상적 선의 모음에 담긴 개별적인 의미나 이를 배열해 만든 단어의 의미를 알아볼 수 없다. 자기 자신이 어떤 사람인지, 무엇을 즐기는지도 기억할 수 없을 것이다.

그러므로 기억에 영향을 주는 질병은 당사자뿐만 아니라 그를 사랑하는 주변 사람에게도 너무나 고통스러운 일이다. 기억을 잃으면 그 사람 자체를 잃게 된다고 느낄 수 있기 때문이다. 하지만 기억상실증은 영화에서 그려지는 것만큼 심오하지는 않다. 기억이란 단기 기억, 장기 기억, 감각 기억, 작업 기억을 포함하는 복잡한 처리 과정이며, 이 모두가 결합해서 우리가 생각하는 기억을 만든다.

기억 연구는 내적 정신 과정을 연구하는 인지심리학자들의 몫이 되는 경우가 많다. 관찰하고 측정할 수 있는 행동에만 초점을 맞추는 행동심리학자들(12장에서 살펴봤던 B. F. 스키너 등)과 달리 인지심리학자들은 참가자에게 주는 자극을 조작하고 그 결과를 관찰하여 마음의

'블랙박스' 안과 그 사이에서 어떤 일이 일어나는지 추론할 수 있다고 믿는다. 그 결과 인지심리학자들은 여러 기억 모형을 제시했고, 각 모형은 기억의 복잡성을 설명하는 나름의 장점을 지닌다.

기억의 중다저장 모형

기억의 중다저장 모형multi-store model of memory(148~149쪽 참조)은 1968년 리처드 앳킨슨Richard Atkinson과 리처드 시프린Richard Shiffrin이 처음 소개했다. 이 모형은 환경에서 비롯된 자극이 먼저 시각이나 청각 같은 신체 감각과 관련된 감각 등록기를 통과한다고 제안한다. 이런 저장소는 용량이 무척 커서 많은 정보를 처리할 수 있지만 아주 짧은 시간 동안만 이곳에 저장됐다가 단기 기억으로 이동한다.

정보는 우리가 주의를 기울일 때만 단기 기억 저장소로 넘어간다. 단기 기억 저장소는 용량과 지속 시간에 제한이 있으므로(이와 관련된 자세한 정보는 27장 참조) 정보가 조금 더 오래 머무르도록 돕거나 장기 기억으로 저장되도록 노력하지 않으면 금세 사라진다.

유지형 시연(유지 되뇌기)maintenance rehearsal은 정보가 단기 기억에 조금 더 오래 머무르도록 하는 방법이다. 예를 들어 모르는 전화번호를 듣고 나서 그 번호로 전화를 걸기까지 계속 반복하여 되풀이하는 경우다. 하지만 이를 장기 기억에 남겨두기 위해 노력하지 않는 한, 그 번호를 그날 저녁까지 기억할 가능성은 낮다. 장기 기억 저장소는 용량과 지속 시간에 제한이 없으므로 이 영역에 저장되었다면 아주 어릴 적의 경험이나 정보도 기억할 수 있다.

이 모형은 정보를 반복하고 되뇌면 기억할 가능성이 높아지는 이유를 이해하기에 좋다. 특히 학생들에게 유용한 사실이다. 또한 대화하던 도중에 딴 데 정신을 팔다가도 상대방이 화를 내며 "방금 내가 뭐라고 했지?"라고 물으면 그 사람이 마지막으로 무슨 말을 했는지 대답할 수 있는 이유도 설명한다. 하지만 일부 심리학자들은 이 모형이 지나치게 단순하다고 주장한다. 유지형 시연(되뇌기)이라는 개념은 어떤 정보가 장기 기억에 저장되는 이유는 설명하지만, 우리가 의식적으로 되뇌지 않은 일회성 사건이 영원히 기억되는 이유는 설명하지 못하기 때문이다. 또 어떤 심리학자들은 단기 기억과 장기 기억을 단일한 두 개의 저장소로 생각해서는 안 되고, 다양한 유형의 단기 기억과 장기 기억이 있다고 주장한다. 작업 기억 모형이 이 주장을 잘 설명한다.

작업 기억 모형

작업 기억 모형working memory model은 1974년 앨런 배들리Alan Baddeley와 그레이엄 히치Graham Hitch가 제안했으며 중다저장 모형으로 이야기할 수 없는 일부 현상을 설명할 수 있다. 예를 들어 작업 기억 모형은 서로 다른 두 가지 유형의 기억 저장소를 사용하는 두 작업은 동시에 수행할 수 있지만, 두 가지 작업에 같은 저장소의 용량이 필요하면 이를 동시에 완료하기가 훨씬 어려운 이유를 설명해 준다. 즉 책을 읽으면서 노래에 맞춰 단어를 외우기는 어렵다. 두 작업 모두 언어를 또렷하게 말하고 이해해야 하기 때문이다. 반면에 직소 퍼즐을 맞추면서 노래에 맞추어 단어를 외울 수는 있다. 퍼즐을 맞출 때 시각 정보를 처리하긴 하지만 이때 언어는 관여하지 않기 때문이다.

　작업 기억 모형은 기억의 구성 요소인 중앙 관리자central executive가 우리가 받는 정보를 처리한다고 가정한다. 중앙 관리자는 저장소가 아니라 우리가 어떤 정보에 초점을 맞춰야 하는지 결정하고, 이를 다른 기억 저장소로 보내 처리한다. 시각 및 공간 정보는 시공간 메모장visuo-spatial sketchpad으로 전달한다. 이 시공간 메모장은 우리가 집의 배치를 떠올리려고 할 때처럼 장기 기억에 저장된 시각 정보도 처리한다. 서면 정보를 포함해 언어 및 소리와 관련된 정보는 음운 고리phonological loop로 전달한다. 음운 고리는 우리가 듣거나 읽은 내용을 잠시 저장하는 음운 저장소phonological store와 읽거나 들은 단어를 반복해서 기억하도록 하는 조음 과정articulatory process으로 다시 나뉜다. 또한 음운 고리는 우리가 읽은 정보를 처리해 음운 저장소로 전달할 수 있도록 조음 암호로 바꾼다.

기억 상실 환자를 대상으로 실시한 수많은 연구들이 이 모형을 뒷

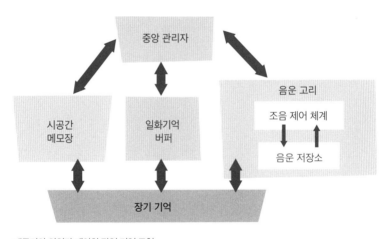

배들리와 히치가 제안한 작업 기억 모형.

받침한다. 1974년 티모시 샬리스Timothy Shallice와 엘리자베스 워링턴Elizabeth Warrington이 'KF'라는 환자를 대상으로 한 연구가 유명한 사례 중 하나다. KF는 정보가 제시된 직후에 언어 정보는 기억했지만 시각

정보는 기억할 수 없었다. 이는 실제로 서로 다른 두 유형의 정보를 다루는 각각의 단기 처리 과정이 있을 수 있다는 뜻이다. 하지만 심리학자들은 중앙 관리자와 그 역할, 그 밖에 다른 복잡한 이유로 특정 기억 과제에서 어려움을 겪는 뇌 손상 환자에 대한 연구에 지나치게 의존하는 점에 여전히 의문을 제기한다.

27

시험을 잘 보는 획기적인 방법
부호화와 단기 기억

제2차 세계대전이 끝나갈 무렵 컴퓨터와 전자 통신이 발달하면서 과학자들은 정보가 어떻게 전달되는지 좀 더 잘 이해하게 됐다. 1948년 클로드 섀넌 Claude Shannon은 암호학과 암호 해독에 열정을 느끼고 데이터가 압축, 부호화, 전송되는 방식을 더욱 깊이 있게 연구했다.

이런 획기적인 이론들은 정보를 이진법 '비트bit'로 처리하는 '정보 이론information theory'의 토대를 만들었고, 통신을 받는 쪽에서 데이터를 전송받아 정확하게 해석할 수 있는 용량에 한계가 있다는 개념이 생겨났다.

처음에는 벨 전화 회사가 기계적 전자 통신에 이런 이론들을 사용했지만, 1950년 말부터 1960년에 들어서면서 정보 이론을 인간의 기억에 적용하기 시작했다. 1956년 조지 밀러George A. Miller가 유명한 논문인 〈마법의 수 7 플러스마이너스 2Magical Number Seven, Plus or Minus Two : Some Limits on Our Capacity for Processing Information〉를 발표했다. 밀러는 섀넌과 정보 이론의 용어와 개념을 빌려 인간의 작업 기억에 경

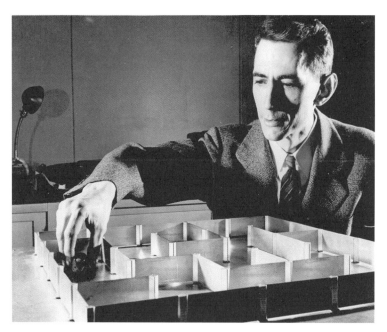

뛰어난 기억력을 가진 기계 쥐와 클로드 섀넌(1959).

로와 정보, 용량, 부호화가 있다고 설명했다.

단기 기억과 마법의 수 7

밀러는 1930년대부터 1950년대까지 20년에 걸쳐서 단기 기억 및 지각을 다룬 출판물을 검토했다. 그는 사람들이 청각과 시각, 숫자 계열 순서를 얼마나 잘 기억하는지에 비슷한 점이 있다는 것을 발견했다. 이 연구에서 밀러는 사람들이 일반적으로 정보를 다섯 개에서 아홉 개까지 단기 기억으로 저장할 수 있다는 사실을 발견했다. 그는 이 현상에 '마법의 수 7±2'라는 용어를 붙였다.

　이 분야의 초기 실험 중 하나는 1887년에 조지프 제이콥스Joseph

Jacobs가 북런던에 있는 콜리지엇 스쿨 여학생들에게 숫자의 순서를 떠올리는 숫자 폭 검사를 이용해 조사한 것이다. 그는 참가자들이 순서를 기억할 수 없을 때까지 숫자와 문자의 개수를 서서히 늘렸다. 실험 결과 학생들은 평균 7.3개의 문자와 9.3개의 숫자를 기억했다. 이는 밀러가 발견한 마법의 수 7이라는 개념을 더욱 뒷받침한다.

밀러는 인터넷 연결 대역폭이 컴퓨터에 다운로드할 수 있는 정보량을 제한하듯이, 인간의 마음이 정보를 처리하는 방식에도 용량 제한이 있다는 맥락에서 이 결과를 설명했다.

하지만 컴퓨터와 달리 인간은 데이터를 비트 단위로 부호화하지 않는다. 밀러는 인간이 정보를 '덩이 짓기chunking'해 데이터를 연결하고 회상을 돕는 요령을 사용한다는 사실을 알아챘다. 예를 들어 우리가 문장을 어떻게 읽는지 생각해 보자. 우리는 단어(덩이)를 인지하도록 훈련하고, 단어를 구성하는 개별 문자를 되뇌어서 7비트(이 경우에는 문자)가 넘는 정보를 떠올리는 전략을 세웠다. 하지만 밀러는 정보 '덩이'가 무엇을 의미하는지 정확하게 규정하지 않았고, 마법의 수는 7±2로 남아 있었다.

이후 40년 동안 이 숫자를 개선하려는 시도는 거의 없었다. 밀러의 관심사는 다른 분야로 옮겨갔고, 1989년에 쓴 글에서는 동부심리학회에서 어쩌다 하게 된 공개 연설을 바탕으로 썼던 그 논문이 왜 그렇게 대중의 관심을 얻었는지 잘 모르겠다고 말했다.

마법의 수는 최근 들어 다시 주목받고 있다. 교육, 공공 정보 전달, 마케팅에서 마법의 수가 갖는 중요성은 이전 어느 때보다 더 중요해졌다. 코로나19 팬데믹을 생각해 보자. 아홉 덩이가 넘는 정보로 구성된 긴 공중 보건 메시지 대부분은 이해하기 어렵고, 주요 메시지가 기억에 남지 않아 끔찍한 결과를 낳을 가능성이 높았다. 예를 들어 '손, 얼굴, 공간'처럼 짧고 기억하기 쉬운 문구가 훨씬 더 효과적이다.

코웬L. Cowen이 실시한 최근 연구들은 정보가 어떻게 부호화되며 이 과정에 시간이 어떤 영향을 미치는지와 관련된 상황을 조사하려 했지만, 밀러는 문헌 검토에서 이를 조사하지 않았다. 밀러는 자신의 연구는 시간의 영향과 참가자 연령 같은 요인을 포함하지 않았으므로 마법의 수는 아마 일곱 덩이보다 적을 것으로 생각한다고 말했다.

밀러가 제시한 마법의 수를 둘러싼 논쟁이 있었고, 단기 기억의 용량 한계에 대한 연구는 40년간 답보 상태였지만, 심리학에서 7±2라는 마법의 수는 비교적 확고한 위치를 지니고 있다. 어쩌면 밀러가 문헌 검토를 너무 재미있게 발표하는 바람에 그렇게 악명을 얻었을지도 모른다. 어쨌든 마법의 수는 단기 기억 연구에서 가장 중요한 개념 중 하나이고, 인간의 기억은 컴퓨터와 달리 비트 단위의 정보로 단순하게 프로그래밍할 수 없다고 가정하므로 안심할 수 있다.

단기 기억과 장기 기억의 부호화

1966년 앨런 배들리는 장기 기억과 장기 기억이 부호화되는 과정이 서로 다른지 조사했다. 단어가 유사하게 들릴 때('음향 유사성') 단어 계열 순서를 회상하는 단기 기억력이 훨씬 떨어진다는 사실은 이미 입증됐지만, 의미가 비슷할 때('의미 유사성')는 별다른 차이가 없었다. 배들리는 장기 기억도 같은 경향을 보이는지 조사하고 싶었다.

그는 참가자에게 짧은 단어 열 개가 적힌 목록을 외우도록 했다. 목록에는 네 가지 단어 뭉치가 있었다.

1. 음향이 비슷한 단어(예 : 팬, 패드, 팝).

2. 음향이 다른 단어(예 : 암탉, 낮, 소수).

3. 의미가 비슷한 단어(예 : 작은, 조그만, 적은).

4. 의미가 다른 단어(예 : 뜨거운, 오래된, 늦은).

다음으로 배들리는 참가자들에게 목록을 받은 직후 단어를 회상하게 하고, 20분 뒤에 다시 떠올리도록 시켰다. 그 결과 단어를 읽은 직후에는 참가자들이 음향이 비슷한 단어를 음향이 다른 단어보다 더 기억하기 어려워했다. 의미가 비슷하거나 다른 단어 사이에는 차이가 없었다. 20분 뒤에 검사했을 때는 음향이 비슷하거나 다른 단어를 회상하는 정도에 차이가 없었지만 의미가 비슷한 단어를 회상하는 정도가 떨어졌다.

이 결과는 단기 기억과 장기 기억이 서로 다른 부호화 체계를 사용한다는 것을 암시한다. 단기 기억은 청각 부호화, 소리 인식에 의존하므로 단어의 발음이 너무 비슷하면 기억을 방해한다. 하지만 장기 기억의 경우에는 의미의 유사성이 방해를 일으킨다. 이는 시험에 대비해 복습하거나 오랜 기간에 걸쳐 중요한 정보를 기억하려는 사람에게 대단히 쓸모 있는 정보다. 추가 연구에 따르면 기억이나 학습 과정에 의미를 부여하면 실제로 회상 수준이 향상된다는 결과가 나왔다.

28

요람에서 무덤까지
발달심리학과 학습

발달심리학은 지적 발달, 드러나는 성격, 언어 습득을 비롯해 개인이 태어나서 나이가 들 때까지 겪는 정신생리학 및 사회적 발달 과정을 다루는 학문이다.

역사적 발전

발달심리학자들은 19세기와 20세기에 걸쳐 아동 발달 이론에 초점을 맞췄고, 이 시기에 찰스 다윈은 발달심리학 분야에서 알려진 초창기 연구를 수행했다. 그는 〈유아의 짧은 전기A Biographical Sketch of an Infant〉라는 짧은 논문에서 37년 동안 쓴 일기를 되돌아봤다. 이 일기에는 어린 아들 도디의 언어 습득과 인지 발달 과정이 자세하게 담겨 있었다.

아동 발달은 인류의 언어 발달과 더불어 진화론에서 중요하게 다루는 부분이었다. 《인간의 유래와 성 선택The Descent of Man, and Selection in Relation to Sex》(1871)에서 다윈은 생후 10개월에서 12개월 사이 유아의 언어 및 이해 수준이 개와 비슷하다고 보았고, 언어는 동물과 인간

을 가르는 '넘을 수 없는 장벽'
이 아니라고 주장했다. 이후에
는 생후 3년이 인간의 발달에
서 가장 중요하다고 생각했다.
다윈의 논문에 영향받은 사람
들이 발달심리학을 연구하기
시작했고 학회지 《마인드Mind》
에도 수많은 저술이 실렸다.

찰스 다윈은 어린 아들 도디의 발달 과정을 기록
한 일기를 출판하면서 발달심리학 분야에 영감을
주었다.

발달심리학은 1882년 독
일 심리학자 빌헬름 프레이어
Wilhelm Preyer가 《아이의 마음
The Mind of the Child》이라는 책을
쓰면서 구체적인 학문으로 등장했다. 다윈의 진화론에 영감을 받은
프레이어는 아들 악셀이 생후 3년 동안 언어가 발달하는 과정을 종적
인 시간순으로 관찰해 기록하는 엄격한 과학적 방법을 사용했다. 당
시 프레이어는 뇌 발달 과정을 전기 배선 도해에 비유하면서 언어의
점진적 성장을 분석했고, 이 책은 이후 현대 인간 발달 연구의 토대를
마련했다.

1900년대 내내 행동심리학자와 인지심리학자들은 아동의 마음
과 유아기부터 청소년기에 이르기까지의 인지 성장 변인에 흥미를 느
꼈다. 이 시대에 주요 인물 세 명이 등장해 성격 발달과 양육의 관계를
다루는 이론을 세웠다. 장 피아제Jean Piaget는 아동이 지식과 세상에
대한 이해를 4단계에 걸친 발달 과정을 통해 습득한다는 인지 발달 이
론을 제안하고 확립했다.

레프 비고츠키Lev Vygotsky는 피아제의 이론을 토대로 아동의 인지 발달은 단지 발달 단계의 영향만 받는 것이 아니라, 자라는 환경도 중요하다고 주장했다. 학습 과정으로 아동을 인도하는 주요 인물의 역할이 아동의 발달에 필수적이라는 것이다.

존 볼비John Bowlby도 이와 비슷하게 아동이 생후 처음 몇 년 동안 양육자와 어떤 애착 관계를 맺는지에 따라 초기 인생이 성인이 된 이후의 성격 특질에 어떻게 중대한 영향을 미칠 수 있는지 살펴봤다. 이 세 학자는 서로 다른 관점에서 접근했지만, 이들의 세 가지 이론은 여전히 아동의 발달에 대한 최근 연구의 대부분을 뒷받침하며, 아동 발달과 발달심리학의 큰 그림을 보여준다.

발달은 연속적인가 아니면 불연속적인가?

연속적 발달은 기존의 기술과 이해가 점진적으로 변화하고 향상한다고 본다. 이 입장은 발달이 비연속적 단계로 일어나는 것이 아니라 성인이 되기까지 꾸준한 속도로 이어진다고 가정한다. 하지만 아이가 대상 영속성object permanence(물체가 시야에서 사라져도 다른 곳에 계속 존재한다는 인식—옮긴이)을 인식하는 능력처럼, 갑작스러운 단계에서 발달이 일어난다고 암시하는 증거도 있다. 또한 발달심리학자들은 모든 아동이 같은 나이에 이런 단계에 도달하는 것이 아니라 개인별로 차이가 있다고 말한다.

아동기와 청소년기에 걸쳐 우리는 중요한 발달 단계들을 통과한다. 성인기에 들어서면서 발달 과정은 더욱 연속성을 띠지만, 예외도 있다. 나이가 들어가고 남은 시간에 한계가 있다는 사실을 깨달으면 과거의 목표를 달성했는지, 아니면 실현하지 못한 상태인지 돌이켜

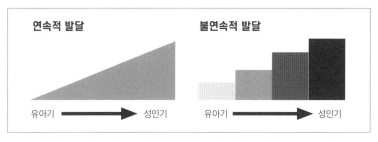

발달은 서서히 진행되어 가는 연속적 과정일까, 아니면 뚜렷한 단계를 통과해 가는 불연속적 과정일까?

보게 된다. 이 과정에서 어떤 사람들은 정서적 반항, 즉 '중년의 위기 midlife crisis'를 맞기도 한다. 여성에게는 완경을 겪으며 행동에 영향을 미칠 수 있는 호르몬 변화가 일어난다. 하지만 정신적·신체적으로 위축되는 노년기에도 다행히 지능 감퇴는 관찰되지 않는다.

유전 대 환경

성격은 유전의 영향으로 결정될까, 아니면 특정한 환경에서 자라면서 만들어질까? 인지 발달을 결정하는 데 유전자가 어떻게 중요한 역할을 하는지 이해하고자 하면서 유전 논쟁이 촉발됐다. 예를 들어 우리는 눈동자 색깔과 머리카락 색깔, 키까지, 여러 신체 특질을 부모에게 물려받는다. 그렇다면 행동 특질도 물려받을까? 양육 이론은 우리의 성격과 인지 발달이 환경의 영향을 더 많이 받는다고 가정한다. 경험이 발달을 좌우하며, 우리가 타고난 바탕을 학습으로 주변 세계에 맞게 조정한다고 본다.

유전 대 환경 논쟁을 효율적으로 연구하는 유일한 방법은 쌍생아나 입양 연구지만, 여기에도 수많은 변인이 있으며 양쪽 요인의 영향을 분리하기는 어렵다. 또한 세대를 거쳐 전달되면서 성격 발달에 영향을 미치는 후성적(유전자 변화) 영향도 있을 수 있다. 생각해 보자. 당신은 할머니 몸에서 발달한 난자에서 생겨났다. 따라서 할머니가 겪었던 전쟁이나 기근 같은 환경 스트레스가 당신의 발달에 영향을 미칠 수 있다. 이는 여러 세대에 걸쳐 행동과 성격 발달에 영향을 미친다. 후성유전학은 발달심리학을 진화론적 발달이라는 뿌리로 되돌리는 흥미진진한 새로운 연구 분야다.

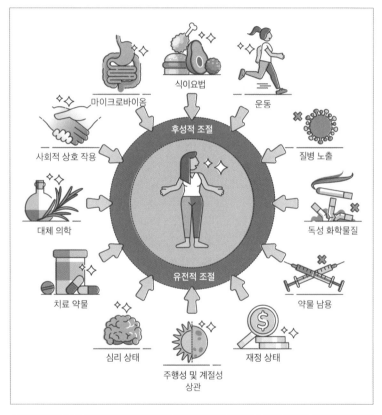

성격과 발달은 여러 세대에 걸쳐 영향을 받은 유전자에 따라 결정될 수 있다. 하지만 환경적 경험도 마음의 성장에 중요한 역할을 한다. 이런 요소들 각각이 얼마나 많은 영향을 미치는지 밝히는 것은 어렵지만, 이 모두가 지금의 당신을 만드는 데 기여한다.

29

나만의 롤모델이 필요한 이유
사회 학습 이론

앨버트 밴듀라Albert Bandura는 1963년에 사회 학습 이론social learning theory
을 처음으로 제안했다. 밴듀라는 우리가 다른 사람들의 행동을 관찰하고, 그것
을 모방하면서 행동하는 법을 학습한다고 주장했다.

모델링과 모방

사회 학습 이론에서는 아이가 본
보기의 행동을 관찰한다고 본다.
부모처럼 아이가 아는 사람이 본
보기가 될 수도 있고, 유명인처럼
멀리서 관찰할 수 있는 사람이 본
보기가 될 수도 있다. 아이들은 이
런 본보기의 행동을 관찰하고 기
억한 다음, 그 행동을 모방한다.

밴듀라는 고전적 조건 형성과

사회 학습 이론을 창시한 앨버트 밴듀라.

조작적 조건 형성 개념에 동의했지만(11장과 12장 참조), 이를 기반으로 이론을 확장했다. 그는 위의 이론들과는 달리 인간은 그저 주변에서 발생하는 자극에 반응하는 수동적 학습자가 아니라고 보았다. 그는 우리가 적극적으로 학습에 참여한다고, 즉 우리가 행동과 결과 사이의 연관성을 생각한다고 믿었다. 이런 생각이 행동을 중재하므로 우리는 자기가 관찰한 모든 행동을 자동으로 모방하지는 않는다. 이를 가리켜 '중재 과정mediational process'이라고 한다.

아이가 관찰한 행동을 모방할 가능성에는 몇 가지 요인이 영향을 미친다.

■ 아이가 그 행동이 강화되는 모습을 보는지 아닌지의 여부. 본보기가 어떤 행동을 하고 나서 보상받는 모습을 보면 아이가 그 행동을 모방할 가능성이 커진다. 이를 가리켜 '대리 강화vicarious reinforcement'라고 한다.

■ 아이가 본보기와 자신을 어떤 식으로든 동일시할 수 있는지의 여부. 예를 들어 아이와 본보기가 같은 성별일 경우 등이다.

모방으로 공격성이 학습될까?

〈공격적인 본보기의 모방을 통한 공격성 전이Transmission of Aggression Through Imitation of Aggressive Models〉(밴듀라, 로스와 로스Bandura, Ross and Ross, 1961)

이 실험은 '보보 인형' 연구로 널리 알려진 여러 실험 중 하나다. 이 실험은 모방으로 공격적인 행동을 학습할 수 있는지를 조사한 것이다.

이 연구는 스탠퍼드대학교 부설 유아원에서 생후 36개월에서 52개월 사이의 남아 36명과 여아 36명을 모집했다. 아이들은 비공격적인 본보기를 관찰하거나, 공격적인 본보기를 관찰하거나, 통제 조건을 관찰하는 세 가지 실험 조건 중 하나에 참여했다. 본보기는 아이들이 모르는 성인 실험자였고, 공기를 넣어 부풀리는 보보 인형과 상호작용했다.

- 공격적 조건 : 방에 들어가서 1분 정도 장난감을 가지고 차분하게 놀던 본보기가 보보 인형을 가지고 공격적으로 놀기 시작한다. 인형을 주먹으로 치고 발로 차기도 하며 고무망치로 때린다.
- 비공격적 조건 : 본보기가 장난감을 가지고 차분하게 놀면서 보보 인형을 무시한다.
- 통제 집단 : 본보기가 등장하지 않는다.

밴듀라 연구팀은 공격적인 본보기를 관찰한 아이들이 실제로 보보 인형에게 더 공격적으로 행동할 가능성이 크다는 결과를 얻었다. 공격적인 집단에 참가한 아이들은 신체적, 언어적 공격성을 모두 모방한 반면, 비공격적 집단과 통제 집단 중 약 70퍼센트는 전혀 공격성을 드러내지 않았다. 공격적인 조건에서 남아가 여아보다 신체적으로 더 공격성을 나타냈고, 언어적 공격성은 남아와 여아가 모두 비슷하게 모방했다.

또 남아와 여아 모두, 남성 본보기가 보인 신체적 공격성을 더 많이 모방했다. 밴듀라 연구팀은 그 원인이 성차별 및 성역할 때문일 수 있다는 이론을 세웠다. 어린이들은 남성이 공격성을 보였을 때는 "그 남자는 싸움을 잘해요"와 같은 말을 했지만, 여성이 공격성을 보였을 때는 "여자는 그렇게 행동하면 안 돼요" 같은 말을 했다고 지적했다.

연구팀은 후속 연구에서 본보기가 공격성을 보이는 모습을 녹화한 자료로 비슷한 실험을 되풀이했다. 사람들이 공격성을 드러내는 텔레비전 프로그램을 보면 카타르시스를 느껴 공격 성향이 줄어든다는 유명한 이론을 검증하려는 것이었다. 하지만 아이들은 실제로 관찰한 공격성을 모방하는 만큼 영상 속의, 심지어 만화에 나타난 공격성까지도 모방했다.

또 본보기가 보상이나 처벌을 받는 모습을 보게 되면, 아이가 공격적인 행동을 모방할 가능성에 영향이 있는지 알기 위해 비슷한 실험을 반복했다. 그 결과 역할 본보기가 처벌 받는 것을 보았을 때는 모방 가능성이 낮아졌다. 하지만 본보기의 행동에 아무런 보상이나 처벌이 없었을 때에도 여전히 모방할 가능성이 있었다.

응용

이 이론은 범죄 행위를 어떻게 학습하는지와 같은 여러 인간 행동을 설명하는 데 적용할 수 있다. 범죄를 저지르는 또래 집단이나 가족이 있는 환경에서 자란 사람은 이런 역할 본보기를 보고 배운다. 범죄자들이 자기가 원하는 부나 소유물을 얻는 모습을 보면서 그런 행동이 강화되기도 하고, 이런 대리 강화가 그 행동을 모방하도록 부추기기도 한다.

알아두면 쓸모 있는 심리학 상식 사전

30

아이가 세상을 받아들이는 데는
순서가 있다
인지 발달과 도식

스위스에서 태어난 장 피아제는 인지 발달 및 어린이의 지식 습득 방법에 대한 연구를 이끈 인물이다. 그는 생물학과 심리학을 통합해 기본적인 학습 이론을 세웠고, 그 이론들은 오늘날에도 여전히 영향력을 발휘하고 있다.

장 피아제

피아제는 어렸을 때 생물학과 자연에 흥미를 느꼈고 처음에는 인식론에 특별한 관심을 가지고 뇌샤텔대학교에서 동물학과 철학을 공부했다. 이런 분야에 관심을 가졌던 피아제는 곧 취리히대학교로 가서 지그문트 프로이트의 동시대 학자로 유명한 카를 융과 유명한 정신 질환 전문가 오이겐 블로일러Eugen Bleuler 밑에서 일했다. 1920년 피아제는 학교에서 어려움을 겪는 어린이들을 도울 방법을 조사하고자 프랑스 정부가 자금을 지원하는 파리 소재 실험교육학 연구실인 알프레드 비네 연구소에서 일하게 됐다. 1905년 알프레드 비네Alfred Binet와 테오도르 시몽Théodore Simon은 나이가 같은 아이들이 추론할 때 비슷한

스위스의 심리학자 장 피아제.

오류를 저지르는지 알아보기 위해 초기 표준화 지능 검사(비네−시몽 검사)를 개발했다. 피아제는 이런 읽기 검사를 실시하다가, 실제로 오류에 패턴이 있다는 사실을 알아차렸다. 하지만 아이들이 오류를 일으키는 논리적 원인에 더 큰 관심을 가진 피아제는 아이들에게 특정한 대답을 하게 된 추론 과정을 설명해 달라고 요청했다.

피아제는 연구를 통해 아이들이 논리적으로 추론하여 결론을 얻기는 하지만 정확한 답을 내놓기에는 지식과 이해력이 부족하다는 사실을 알아차렸다. 아이들은 그런 상황에서 상상력을 동원해 지식의 결함을 채우고 현실을 재창조하는 것이었다. 이로써 피아제는 성인의 사고와 어린이의 사고가 나타내는 중요한 차이점과 인간의 논리적 추론이 어떻게 발달하는지 알게 됐다.

피아제는 계속해서 아이들이 어떻게 추론하는지 연구했다. 1921년에 그는 비네와 시몽이 개발한 방법을 기반으로, 과학적으로 접근하려 했던 연구를 출판했다. 자신의 아이 셋을 포함해 아이들을 유아기부터 관찰하고, 아이들에게 인터뷰를 실시하는 자연적 접근법도 활용했다. 이런 관찰을 바탕으로 그는 아이들이 '발생적 인식론genetic epistemology'을 어떻게 발달시켜 나가는지 설명하는 이론들을 세웠다. 그는 지식을 습득하는 주요 영역을 세 가지로 구분했다.

1. 물리적 물체에 관한 지식(물리적 지식).

2. 추상적 개념에 관한 지식(논리−수학적 지식).

3. 문화에 따라 특정되는 개념에 관한 지식(사회−임의적 지식).

단계	나이	특징
감각운동기	0~2세	이 시기 아이들은 환경과 상호작용하면서 학습한다. 주로 감각을 사용해서 배운다. 인과관계를 이해하기 시작하고(물건을 떨어뜨리면 소리가 난다) 대상 영속성(물체를 볼 수 없더라도 여전히 존재한다는 생각)이 발달하기 시작한다.
전조작기	2~7세	이 시기 아이들은 언어와 상징을 사용하기 시작한다. 여전히 자기중심적이고 주로 자기 자신의 욕구에만 초점을 맞춘다. 보존 개념(물체의 형태나 배열이 바뀌더라도 그 용량이나 가치가 똑같을 수 있음을 아는 것)을 이해하면 이 시기가 끝났다고 볼 수 있다.
구체적 조작기	7~11세	이 시기 아이들은 보존 개념(전 단계 참조)을 이해할 수 있고 인과관계에 대한 이해도가 발달한다.
형식적 조작기	12세 이상	이 시기 아이들은 추상적인 사고를 발휘할 수 있다. 가설을 세우고 적용하며 연역 추리를 사용할 수 있다.

피아제의 인지 발달 단계

피아제는 지능은 고정되어 있지 않으며 아이들이 감각운동기, 전조작기, 구체적 조작기, 형식적 조작기라는 4단계 발달 과정을 겪으며 세상에 관한 지식을 습득한다고 믿었다.

피아제의 아동 인지 발달 이론은 우리가 생물학적으로 성숙하면서 이런 단계를 거쳐 발달한다고 제시한다. 모든 아이가 이 같은 순서로 단계를 밟아가지만, 각 단계를 습득해야 하는 절대적 연령을 정하지는 않았다. 인지 발달에는 문화, 환경과의 상호작용, 생물학적 성숙

등 여러 요인이 영향을 미치기 때문이다. 어떤 아이들은 발달의 마지막 단계까지 완전하게 도달하지 못하기도 한다.

도식

피아제는 신생아가 유전적으로 지니고 있는, 즉 습득한 생득적 행동을 할 수 있는 기본적 정신 구조를 가지고 태어난다고 주장했다. 살아가면서 우리는 도식이라고 하는 작은 정보 꾸러미를 만든다. 피아제는 도식을 "핵심 의미에 따라 밀접하게 상호 연결되고 좌우되는 성분 행위로 구성된 응집력이 있고 반복할 수 있는 행위 계열"이라고 정의했다. 우리는 새로운 상황을 경험할 때 조직organization, 적응adaptation, 동화assimilation, 조절accommodation이라는 과정을 사용해 끊임없이 도식을 적용한다.

조직이란 기존 도식을 결합하여 좀 더 정교한 행동을 만들어 내는 능력이다. 아기들은 발달하면서 장난감을 움직이는 행동 등으로 자신이 환경에 영향을 미칠 수 있다는 사실을 배우고, 이 정보를 사용해 좀 더 복잡하게 도식을 적용하여 먹을 음식을 붙잡으려고 한다.

우리는 새로운 정보를 수집하면서 이를 기존 도식과 동화하고 주변 세상에 대한 이해를 키운다. 새로운 정보가 개인이 지니고 있는 현재 모형과 모순되면 불균형을 경험하기도 하고, 새롭고 상충하는 정보를 조절하려 애쓰다 방향 감각을 잃기도 한다. 새로운 정보를 이해하게 되면서 우리는 다시 균형감을 느끼고 현실 모형은 평형을 되찾는다. 도식은 물체와도 관련될 수 있지만 경험과도 관련될 수 있다. 예를 들어 우리는 영화관에서 어떻게 행동해야 하는지에 대한 도식을 갖고 있으며, 이는 아마도 파티에서 행동하는 방식에 대한 도식과는 크게 다를 것이다.

우리는 이 이론에 맞는 아이들의 행동을 보곤 한다. 난생처음 박쥐를 본 아이는 박쥐를 가리켜 새라고 할 것이다. 그 아이는 자기 경험을 새(작고 날개가 있으며 날 수 있는 생물)라는 도식에 동화했다. 우리가 아이에게 "아니, 이건 새가 아니라 박쥐야"라고 말하면 아이는 불균형을 경험한다. 자기가 생각하는 새의 도식이 틀렸거나 불완전하다는 뜻이다. 아이는 이 새로운 정보를 조절해 몸이 털이나 깃털로 덮여 있지 않고, 부리가 없는 점 등 박쥐의 뚜렷한 특징을 알아차린다. 그러면 이제 아이는 박쥐를 알아보는 법을 알게 됐고, 다시 균형 상태에 이를 수 있다.

31

인간은 상호작용을 통해
앞으로 나아간다
근접 발달 영역

레프 비고츠키는 사회 발달 이론으로 가장 잘 알려진 구소련의 심리학자였다. 그는 마르크스주의 신념과 독일의 게슈탈트 운동에 영향을 받았다. 그는 지식이 풍부한 사회 구성원들이 언어와 유도 학습으로 문화적 가치와 문제 해결 전략을 주입하는 인간 경험 전체에서 아동의 발달이 이루어진다고 생각했다.

비고츠키와 피아제

비고츠키는 생전에 연구 업적을 거의 인정받지 못했고 38세라는 젊은 나이에 결핵으로 사망했다. 당시 러시아 정부는 비고츠키의 연구 대부분을 억압했지만, 사후에 영어로 번역되면서 그의 생각은 널리 인정받았다. 파블로프와 피아제 같은 동시대 학자들과 함께 비고츠키의 연구

레프 비고츠키는 근접 발달 영역이라는 개념을 제시했다.

알아두면 쓸모 있는 심리학 상식 사전

는 인지와 아동 발달에 대한 중요한 이해를 제공해 준다.

	피아제	비고츠키
사회 문화적 맥락	간과	강조
구성주의	인지 구성주의자	사회 구성주의자
단계	발달 단계를 강조함	일반적 발달 단계를 제안하지 않음
학습과 발달의 주요 과정	평형, 도식, 적응, 동화, 조절	근접 발달 영역, 비계 설정, 언어/대화, 문화적 도구
언어의 역할	최소한으로 봄―언어는 아이의 경험을 명명한다. (자기중심적 언어)	중대하게 봄―언어는 생각을 형성하는 데 강력한 역할을 수행한다.
교육상 함의	아이들이 세상을 탐색하고 지식을 발견하도록 뒷받침한다.	아이들이 교사 및 능숙한 또래들과 함께 배울 수 있는 기회를 마련한다.

비고츠키가 생각한 발달은 아이들이 여러 발달 단계를 통과하며 발달이 학습보다 선행한다고 내세운 피아제와 달랐다. 비고츠키는 발달이 사회적 학습에서 비롯되고, 아이들은 부모와 교사들에게 조금씩 배워나간다고 생각했다. 나아가 그는 발달이란 문화권마다 다를 수 있으며 사회가 사람들에게 영향을 미치듯이 사람들도 사회에 영향을 미친다고 말했다. 예를 들어 문자를 사용하지 않는 사회의 아이들은 스토리텔링이나 직접 경험으로 학습이 이루어지지만, 서양 문화권에서는 필기와 시험공부로 지식을 암기한다. 따라서 비고츠키의 이론은 인지 발달에 이런 역동을 적용할 여지를 주는 반면, 피아제는 문화와

사회가 다르더라도 아동의 발달에는 차이가 없다고 가정하는 훨씬 좁은 관점을 취했다.

근접 발달 영역

비고츠키 이론의 핵심은 학습이란 학습자가 평생 또래 및 교사들과 상호작용하는 협력 과정이라는 생각이다. 그는 아이의 실제 발달 수준, 아이가 스스로 성취할 수 있는 정도는 잠재적인 발달 수준, 즉 지도를 통해 달성할 수 있는 정도와 다르다는 데 주목했다. 그는 이런 현상이 나타나는 이유에 관심을 가졌으며, 둘 사이의 격차를 좁힐 때 실제 학습이 일어난다는 가정을 세웠다. 비고츠키는 이 개념을 가리켜 '근접 발달 영역zone of proximal development(ZPD 또는 Zoped)'이라고 불렀다.

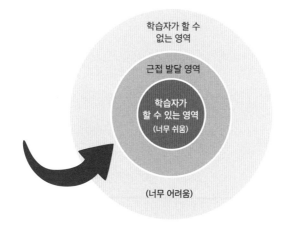

비고츠키는 학생들이 공부하는 과목이나 익히고 있는 기술에 자신감을 가지는 데 필요한 기술을 더 많이 아는 사람이 지도하여, 학습이 가장 효과적으로 이뤄지는 곳이 근접 발달 영역이라고 설명했다.

학습 수준이 너무 낮으면 학생들이 의욕을 느끼지 않아서 별다른 발전을 이루지 못할 것이다. 반대로 난이도가 너무 높으면 학생들은 요구 사항에 근접하거나 해내지 못할 것이다.

이는 비고츠키가 찾아낸 두 번째 핵심 원칙인 'MKO^more knowledgeable other(더 많이 아는 사람)'의 역할로 이어진다. MKO는 학생이 이해하고자 애쓰고 있는 주제, 과정, 기술을 더 잘 이해하고 있으며 숙련된 개인 교사 역할을 하는 사람이다. 그들은 학생이 간극을 극복하도록 이끌고, 현재의 수준을 넘어서도록 돕는다. 또한 아이가 현재의 이해 수준을 보여주어야 하므로 교사와 학생 간에 쌍방향 대화를 나눌 기회가 필요하다.

따라서 교육 환경에서는 교사가 전문가로서 행동하는 것도 중요하지만 가르치는 대상의 개별 능력에 맞추어 학습 수준을 조정하는 것도 중요하다. 그러려면 학생의 이해도를 자주 점검하고, 그에 따라서 가르침을 조정해야 한다. 이는 학습이 일어나기 전에 인지 발달이 이루어져야 한다고 가정했던 당시 고전 아동 발달 이론에서 벗어난 주장이었다. 비고츠키는 학습과 발달이 동시에 일어나며 '우리는 다른 사람들을 통해서 우리 자신이 된다'라는 생각을 내세웠다.

일반적으로 MKO는 성인일 것이라고 생각한다. 하지만 꼭 그럴 필요는 없다. 구체적인 당면 과제에 대해 학습자보다 더 많이 아는 사람이라면 MKO가 될 수 있다. 또한 MKO의 가르침이 멀리 떨어진 곳에서 일어날 수도 있다. 코로나19 팬데믹 기간 동안 많은 학생들은 인터넷을 통해 직접 교육을 받거나 웹 기반 교습 프로그램과 소프트웨어를 사용하여 학습하고, 이해도를 평가받고, 배운 내용에 대한 피드백을 받았다. 이는 현대의 맥락에서는 교습과 평가의 핵심 원칙이 적용되는 한 MKO가 반드시 개인일 필요는 없다는 뜻이다.

시나칸탄 직조공

1980년대 멕시코 중남부 지역인 시나칸탄의 직조공들에게서 나타나는 학습 과정은 MKO와 근접 발달 영역 개념에 대응하는 비서구 사회의 흥미로운 사례다. 이곳에서는 마을 여성들이 어릴 때부터 직물을 만들 때 따라야 하는 기본 6단계를 배우는 과정에서 사회적 지도가 뚜렷하게 나타난다. 각 단계를 시작할 때는 성인들이 긴밀하게 참여하면서 아이가 첫 번째 옷을 짜는 동안 93퍼센트에 해당하는 시간을 함께 보낸다. 아이가 옷을 네 벌 이상 완성하면서 능숙해지면 어른들이 함께하는 시간은 40퍼센트 정도로 줄어든다.

마찬가지로 아이를 가르칠 때 어른이 사용하는 언어 수준도 가르

1980년대 멕시코 중남부 시나칸탄의 직조공들은 6단계에 걸쳐서 전통 직물을 만들었다. 아이들은 어릴 때부터 이 과정을 배우는데, 처음에는 어른이 각 과정을 본보기로 보여주면서 아이들이 직조 기술을 익힐 때까지 가까이에서 지도한다.

알아두면 쓸모 있는 심리학 상식 사전

치는 과정에 따라서 바뀐다. 처음에는 명령어와 교육 언어를 명확하고 간결하게 사용한다. 제자가 직조 과정에 능숙해지면서 언어는 현재 하고 있는 작업의 다양한 측면에 대해 좀 더 터놓고 이야기하는 대화로 바뀐다. 라이베리아의 재봉업계에서도 비슷한 과정을 볼 수 있으며, 명확하게 체계적인 학습으로 기술을 숙련하도록 가르친다.

언어와 근접 발달 영역

비고츠키는 의사소통과 언어 발달이 인지 발달에 꼭 필요한 도구라고 봤다. 그는 언어를 세 유형, 즉 1) 다른 사람들과 겉으로 의사소통하는 사회적 언어social speech(2세부터), 2) 자신에게 지시하는 사적 언어private speech(3세부터), 3) 소리 없는 내적 언어silent inner speech(7세부터)로 구분했다. 비고츠키는 처음에는 생각과 언어가 분리되어 있다가 3세 무렵에 이것이 합쳐진다고 주장했다.

비고츠키는 처음으로 사적 언어의 역할에 초점을 맞춘 심리학자 중 한 명이었으며 언어 발달에서 이 단계가 중요하다고 봤다. 그는 아이들이 사적 언어로 자신과 대화를 나누면서 더 많이 아는 사람의 역할을 수행하고, 문제를 해결하는 전략을 연습하고 계획한다고 생각했다. 7세 무렵이 되면 언어적 사고 방법으로 소리 없는 내적 언어의 비중이 훨씬 커지면서 사적 언어는 줄어든다.

브루너와 나선형 교육과정

1960년대에는 제롬 브루너Jerome Bruner가 피아제와 비고츠키의 개념을 바탕으로 나선형 교육과정spiral curriculum이라는 개념을 만들었다. 브루너는 아이들은 복잡한 내용도 이해할 수 있지만, 언어와 교습법의 제약이 아이들의 이해 능력을 제한한다고 가정했다. 브루너는 복잡한 주제의 기본적인 측면을 먼저 가르친 다음에 좀 더 깊이 파고드는 나선형 교육과정 개념을 고안했다. 따라서 서서히 난이도가 증가하는 패턴을 따라 교육이 이루어진다.

브루너는 지식을 표현하는 방식에 관심을 가졌고 정보를 기억에 부호화하는 세 가지 방식을 언급했다.

1. 행위 기반(작동적 표상)
2. 심상 기반(영상적 표상)
3. 언어 기반(상징적 표상)

브루너는 학습이 피아제가 제시한 지적 단계에 따라 이뤄진다기보다는 정보의 작동적 표상에서 영상적 표상, 상징적 표상으로 발전한다고 주장했다. 그는 아이와 어른 모두가 이런 패턴에 따르며, 교육이란 단순히 지식을 제공하는 것이 아니라 학생들을 능동적 학습자로 보고 격려하면서 스스로 지식을 구축할 수 있게 하는 것이라고 말했다.

이를 달성하기 위해 브루너는 학생들이 발견으로 학습할 수 있지만 교사의 도움을 받는 비계(발판)scaffolding라는 개념을 고안했다. 처음에는 교사가 학생을 꼼꼼하게 지켜보고 함께 문제를 해결하다가 나중에는 지원하지 않고 학생들이 스스로 문제를 해결하도록 하는 방식이다. 이는 교사가 전문가로서 학생들에게 알아야 할 정보를 단순히 '전달'하는 전통적 방식과는 다른 개념이다.

32

공동체 안에서 살아가는 법
도덕 발달

우리는 모든 인간이 무의식적으로 보편적인 도덕적 가치를 고수한다고 생각하곤 한다. 독일 철학자 이마누엘 칸트는 '정언 명령categorical imperative'이라는 도덕성의 지상 원칙이 있다고 믿었다. 칸트는 '이성의 진리'가 모든 이성적 존재가 따라야 할 도덕률이라고 생각했다. 즉 모든 인간이 따라야 할 생득적 도덕률이 있다고 믿었다.

'트롤리(전차) 딜레마trolley dilemma'를 예로 들어보자. 철로 위를 폭주하는 전차가 철도 노선 위에서 일하는 다섯 사람을 향해서 돌진한다. 그대로 두면 그들은 죽을 것이고 당신은 변환기를 당겨 달리는 전차의 궤도를 다른 쪽으로 바꿀 수 있다. 하지만 그렇게 하면 다른 노선 위에 있는 한 사람이 죽게 된다. 사람들은 대부분 한 사람을 죽이고 다섯 사람의 생명을 구하는 것이 도덕적으로 더 용인되는 행동이라고 생각한다. 하지만 당신의 행위가 그 사람을 결국 죽게 했다는 이유로 유죄가 된다면 어떨까? 그렇다면 당신은 다섯 사람의 죽음에 책임을 져야 할까? 만약 다른 쪽의 그 '한 사람'이 어린 아이거나 당신의 가족이라면? 금세 도덕적 의사 결정 과정은 무너지고 사람마다 서로 다른 반응을 보일 것이다.

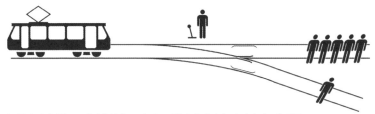

'트롤리 딜레마'는 도덕적 추론을 보여주는 전형적인 예시다. 이 시나리오에서 폭주하는 전차를 다른 선로로 보내야 할까? 다섯 사람의 생명은 구하겠지만 다른 한 사람은 죽게 된다. 이때 개입하는 것이 도덕적으로 옳은 일일까?

도덕성 발달

도덕 발달은 아이들이 사회 안에서 옳고 그름에 대한 감각을 키우기 위해 겪는 과정이다. 많은 심리학자가 아동의 도덕 발달을 조사했지만 이를 체계적으로 처음 연구한 사람은 아마도 장 피아제였을 것이다. 피아제는 발달 단계를 확립하면서 아동의 도덕 발달을 인지 발달과 연결했다. 그는 도덕성의 발달은 경험과 행위가 도덕적 신념을 키우는 구성주의 과정이라고 봤다.

자라면서 아이들이 생각하는 도덕적 판단과 규칙, 처벌은 변화한

"분명히 논리적입니다. 다수의 요구가 소수의 요구보다 더 중요합니다." 〈스타트렉 II : 칸의 분노Star Trek II : The Wrath of Khan〉에서 스팍은 자기 목숨을 희생해 엔터프라이즈호 승무원들을 구한다. 하지만 도덕적 의사 결정을 할 때 우리가 항상 논리를 바탕으로 할까?

다. 따라서 피아제는 지적 발달 단계처럼 도덕적 성숙에도 일정한 단계가 있다고 주장했다.

로런스 콜버그

로런스 콜버그Lawrence Kohlberg는 피아제의 생각을 확장하여 매우 영향력 있는 도덕 발달 연구 결과를 내놓았다.

그의 어린 시절을 보면 그가 나중에 무슨 연구에 평생을 쏟을지 짐작할 수 있다. 1932년에 콜버그의 부모가 이혼하면서 법원은 자녀들에게 어느 쪽 부모와 함께 살지 선택하라고 했다. 이런 도덕적 딜레마 속에서 콜버그와 막냇동생은 아버지와, 손위 형제들은 어머니와 살게 되었다.

1945년 갓 청년이 된 콜버그는 유럽에서 영국이 지배하던 팔레스타인으로 유대인 난민을 몰래 보내는 배에서 일하면서 다시 도덕적 딜레마와 마주쳤다. 그것은 법을 위반하는 행위였고 배가 영국 봉쇄에 가로막히면서 콜버그는 교도소에 갇혔다. 나중에 그는 하가나Haganah(유대인 민병대)의 도움을 받아 탈출했고 유대인 난민을 돕고자 팔레스타인으로 돌아갔다. 이곳에서 그는 폭력을 포기하고 평화로운 행동주의에 참여했다.

콜버그는 이런 경험을 통해 도덕성에 매료됐고, 1948년에 미국으로 돌아와 시카고대학교에서 심리학을 공부했다. 박사 과정을 밟는 동안 그는 장 피아제의 아동 도덕 발달 연구에 흥미를 느꼈다.

콜버그의 도덕적 딜레마

콜버그는 도덕적 문제를 보여주는 이야기로 가상의 열 가지 도덕적 딜레마를 만들어 제시했다. 이야기들은 도덕적 쟁점 두 가지와 관련해 상충하는 생각을 하도록 만들었고, 그는 다양한 연령대의 어린이들이 내놓은 대답을 연구하여 나이를 먹으면서 도덕적 추론이 어떻게 바뀌는지 알아보고자 했다.

'하인츠 딜레마'

콜버그가 만들어 낸 딜레마 중 가장 유명한 사례는 아마도 '하인츠Heinz' 딜레마(콜버그, 1958)일 것이다. 이 딜레마에서는 생명을 구하는 일과 법률을 지키는 것이 충돌한다.

이 딜레마의 내용은 이렇다. 하인츠의 아내가 희귀암으로 죽어가고 있다. 의사들은 아내를 살릴 수 있는 약이 딱 하나라고 생각한다. 동네 약사가 약을 개발했다. 만드는 데도 돈이 많이 들었지만 약사는 약값으로 실제 비용의 열 배를 책정했다. 하인츠에게는 약값의 절반밖에 없었다. 그는 돈을 빌리려고 아는 사람들을 모두 만났고, 합법적인 수단은 모두 시도했지만 약을 살 수 있는 돈을 모으지 못했다. 그는 아내가 죽어간다며 약값을 깎아주거나 나중에 갚을 수 있게 해달라고 부탁했다. 하지만 약사는 "싫습니다. 나는 내가 개발한 이 약으로 돈을 벌 거예요"라면서 거절했다. 온갖 합법적 수단을 시도했지만 약을 구입할 수 없었던 하인츠는 아내를 살리고자 너무나 간절한 마음에 결국 약국에 몰래 들어가 약을 훔치려 했다.

콜버그는 아이들에게 이 이야기를 들려주고, 관련된 여러 질문을 던진 뒤 그 대답을 분석했다. 질문은 다음과 같다.

- 하인츠는 약을 훔쳐야 할까?
- 하인츠가 약을 훔치는 행위는 옳은 것일까, 아니면 잘못된 것일까?
- 하인츠에게 약을 주지 않는다면 약사는 살인을 저지르는 셈일까?
- 일반적으로 사람들은 법을 지키기 위해 할 수 있는 모든 일을 다 해야 할까?

콜버그는 '하인츠' 딜레마를 구성할 때 분명히 젊은 시절의 경험에 영향을 받았다. 유대인 홀로코스트 생존자들이 팔레스타인으로 밀항하도록 도왔을 때, 그는 법을 지키는 것보다 더 높은 도덕적 목적이 있다고 믿었다.

그는 시카고에 거주하는 10~16세의 소년 75명을 연구 대상으로 선정하여 이 중에서 58명을 뽑아 28세가 될 때까지 3년마다 추적 조사를 실시했다. 10세 소년들에게는 "중요한 사람 한 명의 생명을 구하는 것과 중요하지 않은 여러 사람의 목숨을 구하는 것 중 무엇이 더 나을까?", 13~24세 소년들에게는 "불치병에 걸린 여성이 고통을 끝내고 싶어서 의사에게 죽여달라고 요청하면 의사는 '안락사'를 해주어야 할까?"와 같은 질문을 했다.

이렇게 도덕적 딜레마를 제시한 다음 콜버그는 각 소년들과 한 시간에서 두 시간에 걸쳐 면담했다. 그는 소년들이 내린 실제 판단보다 결정을 내린 이유에 주로 관심을 가졌고, 아이들이 나이를 먹으면서 그 이유가 바뀐다는 사실에 주목했다. 또 미국 소년들의 결과를 캐나다, 영국, 멕시코, 튀르키예, 타이완 소년들의 결과와 비교했다.

콜버그의 도덕적 추론 수준

콜버그는 도덕적 추론에 세 가지 수준이 있으며 각 수준 아래에 두 단계가 있다고 봤다.

1. '인습 이전 도덕성pre-conventional morality'은 도덕 발달의 첫 번째 단계다. 아직 개인적인 도덕성 규칙을 갖추지 못한 9세 전후까지 아이들은 처벌을 피하고 보상을 받을 수 있는지를 기준으로 결정한다.

2. '인습적 도덕성conventional morality'은 두 번째 단계로, 사람이 속한 집단의 기준을 바탕으로 추론이 이뤄지므로 사회 규칙을 유지하는 것이 최고의 가치가 된다. 권위와 복종이 내면화되고 권위에 의문을

제기하지 않는 경우가 많다.

3. '인습 이후 도덕성post-conventional morality'은 도덕적 추론의 마지막
   이자 가장 높은 단계다. 놀랍게도 열 명 중 한 명만이 인습 이후 단
   계에 필요한 추상적 사고를 할 수 있다. 이런 사람들은 특정한 사회
   나 집단의 규칙보다 더 중요할 수도 있는 보편적 도덕 원리를 따른
   다. 이런 도덕 원리는 정의하기 어렵고 개인의 경험을 바탕으로 하
   는 경우가 많다. 하지만 이런 원리는 대개 생명 보존과 인간 존엄성
   에 관한 가치를 담고 있다.

콜버그는 아이들이 이 단계를 순서대로 밟으며 나아가고, 각 도덕
적 추론 단계가 이전 단계를 대체한다는 사실을 발견했다. 또한 도덕
적 논의가 아이들의 도덕적 사고를 키우는 데 도움이 된다는 것도 발
견했다. 각각 2단계와 3단계에 속한 아이들이 토론한 결과, 2단계에
속한 아이들의 수준이 향상되었다.

수준	단계	도덕적 추론
1. 인습 이전	처벌과 복종	처벌을 피하려고 규칙에 복종한다.
	도구적―상대주의자	옳은 행동에 보상이 따른다.
2. 인습적	좋은 사람 성향	선한 행동을 하면 다른 사람들이 기뻐한다.
	법률과 질서 지향	법률을 준수하고 순종한다.
3. 인습 이후	사회적 계약	옳고 그름은 사회적 합의를 바탕으로 결정된다.
	보편적 원리	도덕적 행동은 개인의 원리에 따라서 행한다.

도덕적 추론이 성숙해지면서 개인이 나아가는 단계를 보여주는 표. 놀랍게도 대부분은 도덕적
추론의 3단계에 이르지 못한다.

도덕 발달을 다룬 콜버그의 연구에 대한 비판도 있다. 자녀를 연구에 참여시킨 부모들은 아마도 보통 부모들보다 도덕적 추론에 관심이 많을 가능성이 높다. 그런 부모들은 결정의 도덕성에 대해 자녀와 평소에도 더 많은 이야기를 나눴을 것이며, 이는 결과를 왜곡했을 가능성이 있다. 또한 그는 소년들만을 대상으로 도덕적 추론을 조사했다. 1982년에 그의 동료인 캐럴 길리건Carol Gilligan이 실시한 후속 연구에서 소녀와 여성들은 대인관계에 더 초점을 맞추면서 다르게 추론한다는 결과가 나왔다. 또한 콜버그의 연구는 개인주의에 중점을 둔 서구 사회에 사는 사람들에게 문화적으로 편향되어 있었다.

하지만 콜버그는 나이가 들면서 도덕적 가치가 발달하는 방식과 도덕성 발달이 언뜻 특정한 추론 수준을 따르는 듯 보이지만, 실제로는 더 넓은 사회적 가치에 대한 이해도의 영향을 받는 이유를 보여주는 흥미로운 통찰을 제시했다.

33

지능 측정 검사는 공정할까
지능 이론

'똑똑한' 사람들만 들어갈 수 있는 엘리트 모임인 멘사Mensa에 가입하는 데 필요한 유일한 자격 조건은 높은 지능 지수(IQ)다. 멘사에 들어가려면 IQ 검사를 받아서 전체 인구 중 상위 2퍼센트 안에 들어가는 점수를 받아야 한다.

멘사는 회원을 심사하기 위해 여러 IQ 검사 중 하나를 사용하고 반복할 수 있는 표준화 검사를 이용하여 판단에 공정성을 기하고 모임에 가입하려는 사람에게 동등한 기회를 부여한다고 확신한다. 하지만 심리학계에서 지능의 개념과 이를 측정하는 방법에 대해서는 논쟁이 끊이지 않는다. 이번 장에서는 지능을 정의하는 데 사용되는 이론 몇 가지와 이를 측정하는 데 사용하는 방법들을 살펴볼 것이다.

심리 측정 검사

1800년대에 프랜시스 골턴Francis Galton은 '심리 측정학psychometrics'이라는 개념을 소개했다. 찰스 다윈의 사촌이었던 골턴은 개인 간의 차이와 이런 차이가 주어진 환경에 적응하는 정도가 종의 진화를 이끈다는 개념에 영감을 얻었다. 골턴은 지능이 이런 생물학적 진화의 산물일 것이라고 믿었고, 반응 시간과 같은 생물학적 반사를 검사하여 지능을 측정하려 했다. 반면에 현대의 심리 측정 이론들은 IQ 검사라고 지칭하는 표준화 검사를 사용해 객관적으로 측정할 수 있는 여러 정신 능력을 지능으로 보고 연구한다.

IQ 검사

표준화 IQ를 처음으로 만든 사람은 프랑스 심리학자 알프레드 비네와 테오도르 시몽이라고 알려져 있다. 프랑스 정부는 학업에 어려움을 겪는 학생들을 돕고 개선책이 필요한 학생들을 찾아내고자 두 학자에게 이 일을 위임했다(30장 참조). 1905년에 그들은 비네-시몽 검사를 내놓았고, 이 검사는 비슷한 연령대의 어린이들이 추론을 할 때 비슷한 오류를 저지르는지 알아보는 데 사용됐다. 이 검사는 수학처럼 설명

으로 학습할 수 있는 기술에 초점을 맞추는 것이 아니라, 기억력이나 주의 지속 시간처럼 타고난 능력에 초점을 맞췄다. 이 검사는 3~13세의 아동을 대상으로 설계했으며 검사에 참가한 아이들을 같은 연령의 평균적인 아이들과 비교하는 표준화 검사를 제공하기 위한 것이었다.

3세 아동을 대상으로 하는 검사에서는 "여러분의 눈과 코, 입은 어디에 있나요?" 같은 질문을 하거나 그림을 묘사하도록 했다. 이에 비해 13세 아동에게는 추상적인 두 용어가 어떻게 다른지 파악하게 하는 등 해당 아동의 연령에 더 적합한 작업을 하도록 했다.

비네-시몽 검사는 엄청난 인기를 얻었으며 널리 사용됐다. 하지만 이 검사는 타고난 능력('천부적 재능')이 아니라 이전 경험과 수업에 따라 달라질 수 있는 과제를 완수하는 아동의 능력에 따라 결과가 달라진다는 비판을 받았다. 예를 들어 이 검사는 아동이 단어와 언어를 유창하게 구사하는 능력, 읽고 쓰는 능력, 추상적 용어를 이해하는 능력에 지나치게 편중되었다고 비판받았다. 비네도 지능이 고정되어 있다고는 믿지 않았고, 지능은 대단히 복잡하므로 단일한 수단으로 평가할 수 없다고 생각했다.

2요인 이론

1904년 빌헬름 분트(1장 참조)의 학생이었던 찰스 스피어먼Charles Spearman은 지능의 2요인 이론two-factor theory of intelligence을 제안했다. 스피어먼은 한 정신 능력 검사에서 높은 점수를 받은 사람들은 다른 정신 능력 검사에서도 대개 높은 점수를 받고, 그 반대도 마찬가지라는 사실을 깨달았다. 이 사실을 바탕으로 그는 검사 점수에 나타난 개인차 패턴을 조사하는 통계 기법인 '요인 분석'을 고안했다. 스피어먼은 두 가지 요인이 토대가 되어 검사 점수에 개인차가 나타난다고 결론지었다.

1. 일반 지능General intelligence(g) : 다양한 능력을 아우르는 일반적 능력.
2. 특수 능력Specific abilities(s) : 어휘력이나 수학 능력 등 한 영역에 국한된 특수한 기술.

스피어먼의 이론은 대단히 중요한 일반적 능력 하나뿐만 아니라 어떤 과제에 국한된 기술들을 많이 갖추는 개인의 능력을 설명했지만, 일부 심리학자들은 여전히 지나치게 단순한 이론이라고 평가했다.

기본 정신 능력

정신 능력	설명
단어 유창성	운율 맞추기, 단어 만들기, 십자말풀이 같은 과제를 수행하면서 단어를 빠르고 유창하게 사용하는 능력.
언어 이해력	단어, 개념, 아이디어의 의미를 이해하는 능력.
수리 능력	숫자를 사용해서 문제의 답을 빠르게 계산하는 능력.
공간 시각화	공간에서 패턴과 형태를 시각화하고 조작하는 능력.
지각 속도	지각 세부 사항을 빠르고 정확하게 파악하고 자극 간의 유사점과 차이점을 판단하는 능력.
기억력	목록이나 단어, 수학 공식과 정의 같은 정보를 회상하는 능력.
귀납 추리력	제시된 정보를 바탕으로 일반 규칙과 원리를 도출하는 능력.

1938년 루이스 리언 서스톤Louis Leon Thurstone은 일반 지능 개념에 이의를 제기하고 '기본 정신 능력primary mental abilities' 이론을 소개했다. 서스톤의 이론은 지능을 단일한 일반적 능력으로 보는 대신 일곱 가지 능력에 초점을 맞췄다.

투자 이론

1963년, 영국계 미국 심리학자 레이먼드 커텔Raymond Cattell은 일반 지능을 1) 결정성 지능crystallized intelligence과 2) 유동성 지능fluid intelligence으로 나눌 수 있다고 주장했다. 결정성 지능은 이미 학습한 사실이나 과정 같은 사전 지식을 사용하며 나이를 먹으면서 증가할 수 있다. 유동성 지능은 사전 지식을 요구하지 않는 대신, 추상적 사고와 논리를 사용한다. 유동성 지능도 나이를 먹으면서 증가하지만 20대 후반까지만 증가하고 이후로는 감소하기 시작한다.

예를 들어 수학 문제를 풀 때 구구단이나 수학에서 사용하는 기호를 떠올리는 데는 결정성 지능을 사용하지만, 문제를 해결하고 주어진 새로운 난제를 풀어나가는 데는 유동성 지능을 사용한다. 커텔은 유동성 지능이 높은 사람은 결정성 지능을 더 쉽게 키울 수 있다고 제안하는 '투자 이론investment theory'이라는 접근법을 내놓았다.

정보 처리

심리 측정학으로 지능에 접근하는 이런 방법들은 지적인 능력을 측정하는 데 초점을 맞춘다. 이와 달리 지능을 정보 처리 접근 방식으로 보는 관점은 문제 해결과 관련된 과정을 측정하는 데 초점을 맞춘다.

하워드 가드너Howard Gardner는 피아제의 연구에 영향을 받은 미국 심리학자다. 가드너는 지능의 심리 측정 이론이 지나치게 제한적이며, 전형적인 IQ 검사는 언어나 공간 능력 같은 특정 능력만 측정한다고 생각했다. 1983년 가드너는 《지능이란 무엇인가Frames of Mind : The Theory of Multiple Intelligences》라는 획기적인 책을 출판했다. 이 책에서 가드너는 개인의 지능에 기여할 수 있는 여러 가지 능력이 있으며, 이는 문화 간 비교가 가능하다고 제안했다. 다중지능multiple intelligences 이론에서는 대부분의 과제를 성공적으로 해내려면 여러 유형의 지능을 함께 활용해야 한다고 본다.

삼원 지능 이론
미국의 심리학자인 로버트 스턴버그Robert Sternberg도 지능이 일반적 능력 하나로 이뤄지는 것이 아니라 좀 더 복잡하다는 가드너의 의견에 전반적으로 동의했다. 하지만 스턴버그는 가드너가 제시한 지능 중 일부가 실은 개발할 수 있는 재능이라고 생각했다. 그러면서 '성공 지능successful intelligence'이라는 세 요인을 고안했는데, 이것이 삼원 지능 이론triarchic theory of intelligence을 구성한다.

이 이론은 지능이 한 사람의 개인적 기준과 그 사람이 살아가는 사회문화적 맥락을 바탕으로 성공을 이룰 수 있는 능력이라고 주장한다. 이름에서 알 수 있듯이 삼원 이론은 지능에는 세 가지 측면이 있다고 보았다.

1. 분석적 : 문제를 분석하거나 평가하는 능력.
2. 창의적 : 새로운 아이디어를 만들어 내는 능력으로 상상과 혁신이 필요하다.
3. 실제적 : 환경에 적응하거나 자신의 욕구에 맞게 환경을 조정하는 능력.

심리 측정 검사에 대한 비판

이번 장에서 소개한 바와 같이 지능을 정의하려는 여러 시도는 우리 능력의 기초가 되는 과정을 더 잘 이해하고, 학습을 비교 측정하는 수단을 제공하고, 학습과 지능에 영향을 미치는 요인을 이해하는 데 필요하며 유용할 수 있다. 하지만 심리 측정 검사를 제작하고 지능처럼 복잡한 대상을 정의하려 할 때 생길 수 있는 본질적인 문화적 편향이 있다.

심리 측정 검사 중에는 검사 대상이 똑같이 이미 특정한 지식과 기술을 갖추고 있다고 가정하는 경우가 많다. 하지만 1972년에 얀 데레고프스키Jan Deregowski가 증명했던 유명한 사례처럼 심상을 지각하고 이해하는 방식은 문화권에 따라 다르다. 예를 들어 데레고프스키는 3차원 지각자들(물체를 표현할 때 3차원 심상을 자주 사용하는 서구 문화권 출신 참가자)과 2차원 지각자들(3차원 심상을 거의 사용하지 않는 잠비아 문화권 출신 참가자)을 비교했다. 그는 참가자에게 불가능한 삼지창 impossible trident(언뜻 보기에 3차원 물체처럼 보이는 착시를 일으키지만 실제로는 2차원 도형으로 이뤄진 형태─옮긴이) 그림을 보여주고 따라 그리도록 시켰다.

그 결과 2차원 지각자들은 그림을 보는 데 더 짧은 시간을 썼고 상당히 쉽게 따라 그렸다. 하지만 3차원 지각자들은 그 삼지창을 따라 그리는 것을 어려워했다. 데레고프스키는 이것이 실제 물체에 대한 지식이 간섭해, 그려야 할 물체를 3차원으로 인식하기 때문이라고 생각했다. 잠비아 출신의 2차원 지각자들은 이런 간섭 현상에 시달리지 않았다. 그들에게는 이 그림이 3차원 표상으로 보이지 않고 그저 선으로만 이뤄진 패턴으로 보였기 때문이다. 이는 특정한 사실적 지식이나 어휘가 필요하지 않더라도 가정된 지식이 테스트로 설정된 과제에 어떻게 영향을 미칠 수 있는지 보여주는 한 사례다.

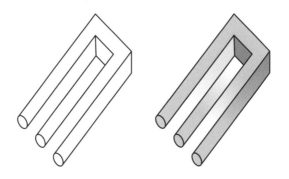

34

인간이 동물과 구별된다는 것
인간 지능

33장에서는 인간의 지능 측정에 따르는 어려움을 간단히 설명했고, 이런 어려움은 인간의 지능을 다른 동물의 지능과 비교하려 할 때 더욱 복잡해진다. 인간이 다른 종보다 더 똑똑하다고 주장할 수는 없지만, 다른 종과 구별되는 공학적 측면과 독창성에서 고유한 업적을 이루었다는 것은 인정할 수 있다.

조류의 뇌 크기는 생존에 필요한 기본 기능을 수행하는 수준이지만 인간을 비롯한 여러 포유류의 뇌는 그보다 더 크다. 하지만 큰 뇌에는 단점도 따른다. 뇌가 크면 기능하는 데 많은 에너지가 필요하다. 또한 뇌가 크면 두개골도 크기 마련인데, 이는 인간의 발달 초기 단계에서 태어나며, 다른 동물들보다 부모에게 더 많은 지원을 받아야 한다는 뜻이다. 이번 장에서는 인간의 진화가 이처럼 크고 번거로운 뇌를 우선순위로 정하고 지능이라는 인간 고유의 브랜드가 생겨나도록 한 생물학적·환경적 요인을 알아보려 한다.

진화 압력

자연선택에 의한 진화는 주어진 환경에서 생존하기에 가장 적합한 유기체가 생식하고 유전자를 후대에 남기며, 따라서 유리한 특성을 부여했던 특질도 전달하는 과정이다. 어떤 종이 현재 나타내는 특질을 갖도록 이끈 환경을 가리켜 '진화적 적응 환경'이라고 하며, 인류의 경우 약 210만 년 전의 환경이었다. 이 시기에 인류에게 적응이란 식량을 찾고, 자손을 돌보며, 이에 도움을 줄 수 있는 다른 인간들과 관계를 맺는 것이었다.

우리가 이런 진화적 관점, 즉 유전자의 생존을 위해 노력한다는 관점에서 우리의 행동을 생각해 보면 현대인의 여러 행동을 설명할 수 있다. 예를 들어 가장 흔한 공포증들이 진화상 과거에 우리에게 위협이 되었을 법한 생명체나 상황과 관련이 있는 이유, 때로는 우리가 '어울리고' 집단 압력에 동조해야 한다고 느끼는 이유를 설명한다. 사회적 동물인 우리 인간은 이런 행동을 하는 소인을 갖도록 진화해 왔다.

진화론은 자신의 욕구보다 타인의 욕구를 우선시하는 이타주의 경향처럼 개인을 기준으로 보면 적응에 도움이 되지 않는 것처럼 보이는 행동까지도 설명할 수 있다. '적자생존'의 기준이 개인이 아니라 유전자를 계승하는 것이라는 사실을 인식하면, 가족이나 집단을 위해 때로는 자신을 희생하는 선택이 유리하다는 것도 알 수 있다. 이타적 행동은 자기가 속한 집단 전체가 우위를 점하고 자손이나 가까운 친족이 생존할 가능성을 높인다.

이런 특질은 인간이 아닌 다른 종에서도 볼 수 있다. 예를 들어 미어캣 무리에서는 한 마리가 망을 보면서 포식자가 접근하면 가족에게 알린다. 망을 보는 미어캣은 포식자에게 잡힐 가능성이 훨씬 크지만

이 미어캣은 이타성을 발휘해 포식자를 경계하며 보초를 선다. 이렇게 감시를 하는 미어캣은 위험에 노출되지만 유전적으로 가장 가까운 친족이 살아남을 확률은 커진다.

이 개체는 가까운 친족을 지켜 유전자가 생존할 수 있도록 희생을 감수한다.

고기 공유 가설

사교성 개념과 연관된 인간 지능 이론 중 하나가 '고기 공유 가설meat-sharing hypothesis'이다. 이 가설은 이타주의 개념을 바탕으로 하는 대신, 우리가 다른 사람들의 환심을 사고 동맹을 맺고자 이 귀중한 자원을 전략적으로 공유했다고 제시한다. 인류학자 크레이그 스탠퍼드Craig Stanford는 1999년에 내놓은 책《사냥하는 유인원The Hunting Apes : Meat Eating and the Origins of Human Behavior》에서 흥정하고 물물 교환하는 화

폐의 한 형태로 고기를 사용하려면 지능이 필요했으므로 이런 식으로 물물 교환을 계속 추적하고 전략적 결정을 내렸던 인간이 생식하여 유전자를 물려줄 가능성이 더 컸다고 주장했다.

이 가설은 번Byrne과 화이튼Whiten(1988)이 '마키아벨리 지능Machiavellian intelligence'이라고 명명한 개념과도 연결된다. 정치를 하려면 부도덕한 행동과 기만이 필요하다고 믿었던 르네상스 시기의 이탈리아 외교관 마키아벨리의 이름을 딴 것이다. 한편 이 개념은 교활함과 기만이 지능 발달에 전적인 역할을 했다고 주장한다기보다 사회적 복잡성의 역할을 강조하므로 '사회적 뇌 가설social brain hypothesis'로도 알려져 있다. 이 이론은 지능이 지위와 생식을 다투며 사회적으로 경쟁한 결과 지능이 진화했다고 생각한다. 자기가 살아가던 사회의 복잡성을 좀 더 잘 헤쳐나갈 수 있었던 초기 인류는 자손을 남길 가능성이 더 높았다.

물물 교환 수단으로서 식량은 지능이 발달하는 데 도움이 되었다고 여겨지지만, 식량을 찾는 과정도 문제 해결 능력을 키웠을 것이다. 2002년 로빈 던바Robin Dunbar는 초기 인류가 현대 침팬지와 비슷하게 주로 열매를 먹었을 가능성이 높다고 여겼다. 그러므로 초기 인류는 서로 다른 여러 가지 열매가 각각 익는 시기와 익었는지 알 수 있는 방법을 파악하고, 식량을 수확하고 공급을 관리하기 위해 미리 계획을 세워야 했을 것이다. 또 잘 익은 열매를 찾으러 먼 곳까지 이동하는 상황도 있었을 것이다. 반면 식물의 잎을 주로 먹는 초식동물은 더 쉽고 풍부하게 먹이를 구할 수 있으므로 그렇게까지 용의주도하게 식량 공급원을 고려할 필요가 없었을 것이다.

뇌 연결성

우리 뇌의 생명 작용이 지능과 어떻게 연결되어 있는지 좀 더 자세히 알아보는 연구에서는 뇌 스캔 기법을 사용한다. 하이어와 동료 연구자들Haier et al.(1988)은 참가자들이 추상적 추론 과제와 시각 기능 과제를 수행할 때 양전자 방출 단층촬영(PET) 스캔을 사용해서 뇌 활동을 측정했다. 그 결과 두 과제를 할 때 모두 뇌의 우반구가 활동을 나타냈지만 좌반구에는 서로 다른 영향을 미쳤다. 가장 높은 검사 점수를 기록한 몇몇 참가자는 뇌 활동이 가장 낮게 나타났다. 이는 신경 회로의 효율성 또는 밀도가 검사 점수에 영향을 미치는 것이지, 뇌 활동 자체가 점수를 좌우하는 것이 아니라는 것을 시사한다.

하지만 뇌 활동 연구는 정확성이 부족하다는 비판을 받아왔다. 신경전달, 즉 뉴런 간의 소통은 매우 빠르게 일어나며 뇌 활동을 정확하게 그려내려면 1000분의 1초 단위로 측정해야 한다. 이 연구에서 사용한 것과 같은 PET 스캔은 뇌 활동을 30분 단위에 걸쳐 추적하는 경우

로빈 던바는 인류의 조상이 현대 침팬지처럼 계절 과일이 익어가는 모습을 관찰하는 데 지능을 사용했을 것이라고 주장했다.

가 많다. 뇌에서 나타나는 변화를 훨씬 짧은 시간에 걸쳐서 추적할 수 있는 현대 fMRI 스캔도 혈류만 측정한다. 따라서 뇌에서 혈액이 어디에서 나와 어디로 향하는지는 보여줄 수 있지만 뉴런의 실제 활동을 추적하지는 않는다.

유전자 논쟁

지능과 관련된 생물학 및 유전학적 요소를 측정하고 분리하기는 어렵지만 생물학적 요소에 대한 확실한 증거는 분명히 있다. 쌍생아 연구는 자연 복제, 즉 일란성 쌍생아를 조사한다는 점에서 유전자의 역할을 조사할 때 특히 유용하다. 연구자들은 일란성 쌍생아의 경우 이란성 쌍생아보다 IQ 점수가 비슷하다는 사실을 발견했다. 이런 상관관계가 일란성 쌍생아의 환경 때문이라는 주장도 있다. 실제로 일란성 쌍생아는 비슷한 방식으로 키워지고 대우받으므로 IQ 점수가 비슷한 원인이 양육 때문일 수도 있지만, 서로 떨어져서 성장한 경우에도 이런 효과가 나타난다(부샤드와 맥규Bouchard and McGue, 1981). 즉 이런 사례에서는 유전자가 환경보다 IQ 발달에 더 큰 역할을 한다고 볼 수 있다.

2018년 사회과학유전자협회컨소시엄(SSGAC)을 통해 협력한 연구팀이 110만 명이 넘는 유럽계 사람의 데이터를 분석했다. 사람들은 자신의 DNA 배열을 분석하는 데 동의했고, 교육 수준을 포함한 개인 데이터를 제공했다. 그 덕분에 연구팀은 학력과 특정 유전자 표지 간의 연관성을 분석하여 뇌 발달 과정 및 뉴런 간 소통에 관련된 유전자가 높은 학업 성취와 관련이 있다는 사실을 발견했다. 이런 상관관계는 신중하게 살펴봐야 하고 그런 관련성이 존재하는 이유를 설명할 수는 없지만, 흥미롭게도 이 연구 결과 학력 차이의 11퍼센트를 유전

유전자와 환경 사이의 상호작용은 일란성 쌍생아 연구로 알 수 있다. NASA의 우주비행사 스콧 켈리와 마크 켈리는 장기 우주 비행이 신체에 미치는 영향을 알아보는 연구에 참여했다. 연구팀은 국제 우주 정거장에서 342일 동안 근무한 스콧과, 그동안 지구에서 근무한 일란성 쌍생아 형제인 마크를 각각 추적 관찰했다. 그리고 두 사람을 비교해 자연적인 신체 변화와 우주 생활로 일어난 신체 변화를 알 수 있었다. 심리학에서는 유사한 방법으로 출생 직후 헤어진 쌍생아를 연구하기도 한다.

자와 연관 지을 수 있었던 반면, 가계 소득과 연관 지을 수 있는 비율은 7퍼센트에 불과했다.

사회경제적 요인

환경 요인과 지능 검사 점수 사이에는 상관관계가 나타난다. 사회경제적 지위와 부모 소득은 아동의 IQ 검사 점수에 영향을 미치는 것으로 나타났으며, 소득 증가는 IQ 점수 증가와 상관관계를 보인다(부샤드와 시걸Bouchard and Segal, 1985). 그 사람의 유전자가 낮은 소득이나 특정한 사회경제적 지위를 갖게 하는 경향이 있는지 확인할 방법이 없을 때는 이런 식으로 유전자와 환경을 분리하기가 어렵다.

좀 더 확신을 가질 수 있는 유일한 방법은 유전자와 환경을 분리하는 것이다. 이는 친척과 떨어져 다른 환경에서 자란 사람들, 이 경우 입양아를 비교하는 연구로 가능하다. 딤과 동료 연구자들Duyme et al.(1999)이 실시한 연구에서 입양 당시 4세였고 IQ가 비슷했던 프랑스 아동들은 경제적 지위가 낮거나, 중간이거나, 높은 가정에 들어갔다. 9년이 지난 후 세 집단의 아동은 모두가 입양 당시보다 IQ 점수가 더 높아졌지만, 경제적 지위가 낮은 가정과 높은 가정에 입양된 아동들을 비교했을 때 12점 차이가 나타났다. 이 결과에서 양부모의 사회경제적 지위, 즉 양육 환경이 아동의 IQ 검사 점수에 확실히 영향을 미쳤다는 것을 알 수 있다.

심리학자 니컬러스 매킨토시Nicholas Mackintosh는 2011년에 내놓은 책《IQ와 인간 지능IQ and Human Intelligence》에서 부모의 사회경제적 지위, 출생 시 합병증, 영양 상태, 가족 규모, 출생 순서, 학교 교육 기간에 이르기까지 IQ 검사 점수와 상관관계를 보인 환경 요소가 많다고 설명한다. 하지만 매킨토시는 이런 요인이 곧 원인이 되는 것은 아닐 수 있으며, 어떤 경우에는 아동의 IQ가 부모의 행동에 영향을 미치거나, 이런 요인들 중 일부는 유전자와 관련될 수도 있다고 분명히 밝힌다.

35

동물이 살아가는 법
동물 지능

서로 가치관과 우선순위가 다른 여러 문화권에 걸쳐 지능 측정치를 비교하기는 매우 힘든 일이다. 게다가 그 대상이 인간이 아닌 동물이라면 훨씬 더 어려울 수밖에 없다. 동물들은 인간이 가치를 부여하는 유형의 지능을 내보이지 않고, 그럴 필요도 느끼지 않는다. 지금부터 이 문제에 접근하기 위해 여러 심리학자들이 뇌 크기, 자기 인식, 문제 해결 능력 등 동물의 인지 능력을 보여준다고 보았던 몇몇 특질을 살펴보자.

지능과 조건 형성 구별하기

동물이 인간의 특질을 나타내거나 재미있는 재주를 부리는 모습을 보면 영리하다고 생각하기 쉽다. 동물이 재주를 배울 때 우리는 그 동물이 주인의 요청에 응답할 수 있는 지능이 있다고 가정한다. 하지만 그런 동물은 12장에서 살펴봤던 학습 이론인 조작적 조건 형성에 따라 반응하는 것일 뿐이다. 그렇지만 동물들은 우리가 평소에 인간에게만 해당한다고 여기는 문제 해결 능력으로 우리를 놀라게 할 때도 있다.

예를 들어 '영리한 한스'는 20세기 초 독일에서 계산할 줄 아는 능력으로 유명해진 말이었다. 영리한 한스는 덧셈과 뺄셈을 하고, 분수까지 이해하는 것으로 보였다. 한스는 발굽으로 바닥을 두드려 답을

알아두면 쓸모 있는 심리학 상식 사전

전달했는데, 예를 들어 발굽을 네 번 두드려서 답이 4라고 전했다. 한스와 그 주인은 독일을 돌면서 대중에게 깊은 인상을 남겼다. 한스의 주인이었던 빌헬름 폰 오스텐이 한스에게 몰래 답을 알려준다는 추측도 있었지만, 오스텐이 관중에게 직접 질문을 하도록 했을 때도 한스는 정확하게 대답했다. 사람들은 깜짝 놀랐다.

심리학자 카를 스툼프Carl Stumpf와 동료들이 좀 더 자세히 조사한 결과, 한스가 어떤 형태의 지능을 보이는 것은 분명했지만, 수학적 지능은 아니라는 사실을 알아냈다. 연구팀은 한스가 정면에 있는 사람만 볼 수 있도록 눈가리개를 씌웠다. 그랬더니 한스가 답변을 기다리는 사람을 볼 수 있을 때는 정답률이 89퍼센트에 달했지만 답변을 기다리는 사람을 볼 수 없을 때는 정답률이 6퍼센트에 불과했다. 한스는 인간의 신체 언어와 얼굴 표정을 보고 자기가 정답에 접근하고 있는지 알 수 있는 미세한 단서를 얻는 법을 학습했고, 그 시점에서 좀 더 천천히 두드리다가 질문자가 정답이라는 무의식적인 단서를 흘리면 그때 멈춰 대답했던 것이다.

한스는 무리 생활을 하는 말에게 매우 유리한 지능 형태, 즉 남의 신체 언어에서 사회적 단서를 포착하는 능력을 보여주었다. 지금은 많은 동물, 특히 자연에서 무리 생활을 하는 동물들이 반려 인간이 나타내는 비언어적 의사소통에 반응할 수 있다는 사실이 알려져 있다. 이는 마약 탐지견을 훈련하는 연습 상황에서 탐지견과 조련사가 모두 마약을 숨겨둔 위치를 몰라야 하는 이유다. 그래야 조련사가 뜻하지 않게 마약의 위치를 알려줄 만한 단서를 탐지견에게 드러내지 않기 때문이다.

동물의 지능을 고려할 때는 동물의 능력을 인간의 능력과 비교하

1904년 독일 베를린에서 검증을 받고 있는 '생각하는 말' 영리한 한스.

는 대신, 어떤 지능 형태가 동물과 그 동물이 살아가는 고유한 환경에 유리한지 고려해야 한다.

동물의 마키아벨리 지능

대규모 사회 집단을 이루고 살아가는 종에게는 잠재적으로 다양한 인지 능력이 필요하다. 여러 개체를 알아보고 구분할 수 있어야 하고, 집단 구성원 각각이 어느 위계에 속하며 어떤 관계가 있는지 기억해야 한다. 또한 자기의 사회적 지위를 높이려면 다른 구성원들과 정치적으로 동맹을 맺을 수 있어야 하고, 심지어 이익을 얻고자 다른 개체를 속여야 할 수도 있다.

재주를 부리고 지시를 따르는 듯 보이는 능력은 동물의 지능을 나타낸다기보다는 조작적 조건 형성의 효과다.

마키아벨리 지능은 심리학자들이 동물 지능을 측정할 때 사용해온 척도 중 하나다. 34장에서 언급했듯이 마키아벨리 지능은 교활함과 기만을 사용하는 개인의 능력, 나아가 이득을 얻도록 사회적 상황을 조작하는 능력을 말한다. 이 이론은 지적이고 사회적인 동물이 다른 구성원을 조작하고 기만하는 능력을 키울 것이라고 가정한다. '사회적 지능 가설social intelligence hypothesis'이라고도 하는 이 이론은 영장류 같은 종이 진화하면서 뇌 크기가 커진 이유가 집단으로 일하고 복잡한 관계를 이해해야 했기 때문이라고 본다. 예를 들어 히말라야원숭이는 복잡한 사회 속에서 살아간다. 이들은 위계가 복잡하고 오래지속되며, 세대에 걸쳐 여성 친족 간의 사회적 유대가 동반된다. 개체들은 무자비한 공격성, 족벌주의, 복잡한 정치적 동맹을 동원해 높은 사회적 지위와 권력을 얻고자 끊임없이 다툰다.

전술적 기만

전술적 기만tactical deception을 사용하는 능력 역시 다른 개체의 정신 상태를 인식한다는 증거이므로, 이를 종의 지능을 가늠하는 척도로 보는 심리학자들이 많다. 리처드 번Richard Byrne(1994)은 고릴라의 짝 짓기 행동을 연구하다가 하위 수컷들이 우두머리 수컷만 접근할 수 있는 가임기 암컷들과 '몰래 도망'치곤 한다는 사실을 발견했다. 이로 써 하위 수컷들은 완력을 사용해 상대방을 제압하지 않고, 은밀하게 자기 유전자를 후대에 남길 가능성을 높였다.

히말라야원숭이는 복잡한 사회에서 살아간다.

동맹 형성

동맹을 형성하는 능력은 대규모 사회 집단에서 살아갈 때 체력보다 더 유용할 가능성이 높은 기술이며, 역시 지능을 가늠하는 척도가 된다. 리처드 코너Richard Conner(1997)는 큰돌고래 무리가 인간을 제외한 다른 어느 종보다 더 복잡하게 동맹을 맺을 수 있다고 보고했다. 또한 구성원들이 사회적으로 경쟁하는 동시에 서로 의존하며 돕고 보호하는 복잡한 사회 집단으로 존재해야 한다는 압박이 돌고래, 인간, 코끼리 같은 포유류의 뇌가 크게 진화한 원인일 것이라고 주장했다.

자기 인식

자기 자신을 인식하는 능력도 동물의 지능을 평가하는 방법 중 하나다. 이 능력은 인간 아기와 다른 몇몇 영장류에게서 생후 2년 무렵이면 볼 수 있지만, 코끼리와 돌고래처럼 지능이 높은 일부 포유류에게도 자기 인식이 나타난다. 1970년 고든 갤럽Gordon Gallup은 한 마리씩 따로 방에 넣은 침팬지들에게 거울을 보여주면서 이 능력을 검사했다. 갤럽은 거울이 있는 방에 열흘 동안 침팬지들을 두었다. 처음에는 침팬지들이 거울에 비친 침팬지가 다른 개체라고 생각하고 반응했지만, 나중에는 그 모습이 자기라는 것을 깨달은 듯이 행동하기 시작했다. 갤럽은 침팬지가 모르는 사이에 이마에 빨간 표시를 한 뒤 실험을 계속했다. 거울이 없을 때 잠에서 깬 침팬지들은 그 표시를 거의 건드리지 않았지만, 거울을 보여주자 금세 표시를 알아보더니 만져보기도 하고 심지어 만진 다음 손가락의 냄새를 맡는 반응도 보였다. 이는 거울에 비친 침팬지가 정말로 자기라는 것을 분명히 안다는 명백한 증거였다. 침팬지들은 개체로서 자기 자신을 인식할 수 있었다.

이 능력은 다른 여러 영장류에게서는 나타나지 않는다. 고릴라조차 거울에 비친 자기 모습을 이런 식으로 인식하지 못하는 것 같다. 이 검사에 한 가지 문제점이 있다면 이는 바로 이마에 난 자국에 실제로 반응을 보일 만큼 자신을 돌보는 동물이어야 성립한다는 부분이다. 어떤 종은 그저 외모에 그만큼 관심이 없을 수도 있다! 갤럽은 배나 손목처럼 거울이 없어도 볼 수 있는 신체 부위에 표시를 해서 이 의문을 실험했다. 다른 영장류 종들은 거울이 없어도 볼 수 있는 자국에 반응을 보였고, 이는 거울에 비친 모습에 반응하지 않은 이유가 실제로 자기 인식 능력이 부족했기 때문이라는 것을 시사한다.

또한 모든 영장류 종에서 거울 인식이 나타나지는 않았지만 돌고래(레이스와 마리노Reiss and Marino, 2001), 범고래(델푸와 마르탕Delfour and Marten, 2002), 코끼리(플로트닉Plotnik, 2006) 같은 대형 포유류도 거울 인식을 보였다.

도구 사용과 문제 해결

1960년대까지는 도구를 만들고 사용하는 능력이 인간과 다른 동물을 나누는 기준이라는 믿음이 널리 퍼져 있었다. 이는 인간 고유의 특성이라고 믿었던 문제 해결과 독창성의 수준을 나타낸다. 하지만 지금은 인간을 제외한 영장류, 조류, 심지어 두족류를 포함한 많은 종이 환경에서 마주치는 다양한 문제를 해결하는 데 도구를 사용한다는 것을 알게 되었다.

제인 구달Jane Goodall은 탄자니아 곰비 스트림 국립공원에서 침팬지들을 관찰하던 중에 침팬지가 도구를 사용한다는 사실을 처음으로 알렸다. 구달은 침팬지가 긴 지푸라기를 낚싯대처럼 사용해 흰개미를 굴에서 낚는 모습을 관찰했다. 구달이 발견한 내용을 들은 구달의 멘토 루이스 리키Louis Leakey 박사가 "이제 우리는 도구를 다시 정의하거나, 인간을 다시 정의하거나, 침팬지를 인류로 받아들여야 합니다"라고 말했을 정도로 이는 새로운 사실이었다.

이제는 많은 종이 도구를 사용하고 문제 해결 능력을 보인다는 사실이 알려졌다. 특히 조류는 문제 해결에 탁월한 능력을 발휘한다. 케아앵무 같은 새는 첫 번째 시도에서 간단한 퍼즐을 풀 수 있는데, 이는 케아앵무가 시행착오로 문제를 해결하는 것이 아니라 문제를 풀기 전에 미리 전술을 생각한다는 뜻이다(베르데니히와 후버Werdenich and Huber, 2006). 네 가지 해답이 존재하는 좀 더 복잡한 퍼즐인 '다중 행동 상자multi-action box'를 제시했을 때, 케아앵무 여섯 마리 중 한 마리가 네 가지 해답을 모두 찾아냈고, 그중 두 번은 퍼즐을 풀 때 도구를 사용했다. 까마귀를 대상으로 실험했을 때도 다섯 마리 중 한 마리가 퍼즐 네 가지를 모두 풀었다(아우어스퍼그Auersperg et al, 2010).

또 까마귀는 과제를 푸는 데 필요한 도구를 얻으려면 다른 도구가 필요한 '메타 도구' 검사를 완료하고, 관에서 애벌레를 쉽게 빼낼 수 있도록 막대의 곁가지를 부러뜨리는 등 과제를 완수하기 위해 도구를 개조하는 능력을 보여줬다(버드와 에머리Bird and Emory, 2009).

뇌 크기

마지막으로, 흔한 오해가 바로 뇌 크기가 종의 지능을 나타내는 지표라는 생각이다. 그것이 사실이라면 코끼리나 고래처럼 큰 포유류에 비해 한참 뇌가 작은 인간은 가장 지능이 높은 종이 될 수 없을 것이다. 좀 더 그럴듯한 기준은 종마다 뇌의 질량이 신체 질량 전체에서 차지하는 비율을 비교하는 것이다. 몸집이 큰 동물은 생존을 유지하는 데 필요한 모든 과정을 통제하기 위해 뇌가 더 커야 하기 때문이다. 인간의 뇌는 몸 전체 질량의 약 2퍼센트를 차지하는데, 이는 뇌도 크지만 그와는 비교도 안 되게 몸집이 큰 코끼리와 고래의 뇌 비율보다 훨씬 더 높다. 하지만 뇌가 전체 질량의 약 10퍼센트를 차지하는 나무두더지는 모든 포유류 중에서 뇌의 비율이 가장 높고, 일부 개미 종은 이를 넘어 뇌가 전체 질량의 14~15퍼센트를 차지한다. 그래도 전반적으로는 몸 전체 대비 상대적으로 뇌의 크기가 큰 동물들이 전통적으로 지능이 높다고 분류하는 동물들과 상관관계가 있다.

신경과학자들은 뇌의 조직이 그 크기나 그 이상으로 중요하다고 주장한다. 인간은 지각, 의사 결정, 언어가 유래하는 영역이라고 여겨지는 새겉질(신피질)neocortex의 신경세포 밀도가 다른 어떤 종보다 더 높다.

요약하면, 관건은 동물에게 지능이 있는지 없는지가 아니라 동물의 지능을 어떻게 정의할 것인지다.

36

양육자와의 유대관계가
생존에 미치는 영향
애착

애착 이론은 정신분석가 존 볼비가 창안했으며, 그는 1958년 아동이 부모와 떨어져 있을 때 극심한 고통을 겪는 이유를 탐색했다. 이제 애착 이론은 다양한 인간관계 유형을 아우르며, 육아와 관련된 정책에 영향을 미치는 등 여러 방면에서 활용된다.

존 볼비

볼비는 런던 중상류층 가정에서 태어났는데, 그의 부모는 어린 아들과 좀처럼 함께 시간을 보내지 않았다. 유망한 외과의사였던 아버지는 오랜 시간 일했고, 아이에게 지나친 관심을 쏟으면 버릇이 나빠진다고 믿었다. 볼비는 7세에 기숙학교에 들어갔는데, 그곳에서 보낸 고통스러운 경험이 의심의 여지 없이 이후 그의 진로에 영향을 미쳤다. 볼비는 케임브리지대학교에서 의학과 심리학을 공부했고 1928년 졸업 후 행동 장애가 있는 아이들을 전문적으로 가르치는 베데일스 앤 프라이오리 게이트 스쿨에 교사로 자원했다.

그는 정신분석가 자격을 취득하고 제2차 세계대전 중에는 영국 육군 의무 부대에서 복무했다. 전쟁이 끝났을 때 볼비는 유럽의 집 없는 아동들의 정신 건강을 조사하던 세계보건기구(WHO)에 〈모성애와 정신 건강Maternal Care and Mental Health〉이라는 보고서를 제출했다. 이 보고서에서 볼비는 "유아와 아동은 어머니(또는 영속적인 대리 어머니, 즉 꾸준하게 '어머니 역할을 수행할' 사람)와 따뜻하고 친밀하며 지속적인 관계를 경험해야 하고, 이 관계에서 양자 모두가 만족과 즐거움을 찾아야 한다"라고 설명했다. 주 양육자primary caregiver의 중요성이라는 이 개념은 향후 볼비 이론의 중심이 된다.

볼비는 아동과 양육자가 형성하는 초기 유대감이 평생에 걸쳐 지속적으로 깊게 영향을 미친다는 이론을 세웠다. 그는 인지과학, 발달심리학, 진화생물학, 동물행동학에서 개념들을 가져왔는데, 그는 1935년에 거위 새끼들이 결정적 시기에 주변에서 본 애착 대상에게 각인을 형성한다는 연구를 내놓으면서 유명해진 콘라트 로렌츠Konrad Lorenz에게도 영향을 받았다.

프로이트 같은 정신 역동 심리학자들과 볼비의 연구가 나오기 전까지 부모와 자녀의 상호작용에 관한 이론들은 대부분 아이의 생존과 기본적인 생물학적 욕구를 충족시키는 부분에만 초점을 맞췄다. 믿기 어렵겠지만 볼비의 이론이 나오기 전까지 아동기 애착은 중요하게 고려되지 않았다. 볼비의 이론은 비어 있던 그 공백을 채우며 부모가 아이의 신체적 욕구와 함께 정서적 욕구를 채워주려 노력하는 이유를 설명해 준다.

애착 행동 체계

볼비는 양육자가 아이를 지원하고 안전과 보호를 제공한다는 점에서 애착은 생존을 돕는 타고난 추동이라고 생각했다. 그는 진화 과정에서 유아가 위협이나 스트레스를 받을 때 양육자와 밀착하려는 보편적 욕구가 생겨났다고 주장했다. 이런 아이들은 생식 가능 연령까지 생존할 가능성이 높았으므로 이런 행동 특질이 자연선택으로 서서히 개선되고 후대로 이어져 내려왔다.

볼비는 이 과정을 가리켜 '애착 행동 체계'라고 했다. 이는 인간 발달의 생물학적 모형과 인간의 정서 및 성격 발달에 대한 이해를 이어 준다는 점에서 중요한 개념이다. 기본적으로 양육자가 주의를 기울여 주고 가까이 있다면 아이는 사랑받고 안전하다고 느끼고, 자신감을 가질 가능성이 높다. 이런 아이들은 좀 더 사교적인 성향을 보여 다른 아이들과 잘 어울리며, 주변을 탐색할 것이다. 하지만 양육자가 멀리 있거나 자기가 방치됐다고 느끼는 아이는 양육자를 정신없이 찾고 울거나 매달리는 등 불안 행동을 나타낼 것이다. 이런 행동은 아이가 양육자와 적절한 신체적·심리적 접촉을 다시 얻을 때까지 계속될 것이다. 접촉이 어려운 분리 상태가 오래 이어지면 아이가 정서적으로 지칠 때까지 그런 행동이 계속될 수 있다. 볼비는 장기적으로 보아 이런 상황은 아이에게 절망감과 우울증을 유발할 수 있다고 주장했다.

볼비는 애착 행동 체계가 일반화된 관점이며 아이가 애착 행동을 조절하는 방식에는 개인차가 있다는 사실을 알았다. 하지만 그의 동료인 메리 에인스워스Mary Ainsworth가 부모―유아 분리를 조사하는 체계적 절차를 고안하고 난 뒤에야 이런 차이를 좀 더 포괄적으로 이해하게 됐다.

메리 에인스워스의 낯선 상황

1970년대에 메리 에인스워스는 아이와 주 양육자 사이의 애착을 조사하는 방법을 개발했다. 이 방법은 '낯선 상황'으로 널리 알려져 있다. 이 방법이 나오기 전에는 인터뷰와 관찰 같은 질적 기법으로 애착을 연구했다. 모성 결핍을 다룬 유명한 연구(《44명의 청소년 도둑Fortyfour juvenile thieves : their character and home-life》, 1944)에서 볼비는 양육자 및 아이들과 실시한 인터뷰와 학교 보고서를 통해 모성에 대한 결핍이 런던의 비행 청소년 44명의 범죄 행동에 영향을 미쳤는지 확인하고자 했다. 그는 모성 결핍이 실제로 범죄를 일으키는 데 영향을 미쳤다고 결론지었다.

하지만 이런 조사의 중대한 단점은 주관적 의견을 바탕으로 한다는 것이다. 관찰 결과를 직접 해석한 볼비가 의도치 않게 자기 가설과 일치하는 결과를 찾았을 가능성이 있다. 메리 에인스워스가 제시한 '낯선 상황'은 이런 주관적 편향을 상당 부분 제거할 수 있다.

에인스워스는 연구를 위해 생후 12개월에서 18개월 사이의 자녀가 있는 미국 중산층 가족을 모집했다. 연구는 아이들의 행동을 몰래 관찰할 수 있도록 편면 유리를 설치한 작은 방에서 이뤄졌다. 각각 3분가량씩 어머니와 아이, 낯선 사람이 서로 소개하고 헤어졌다가 다시 만나는 일이 여덟 차례 이어지는 동안 에인스워스와 동료들은 아이들의 반응을 지켜보고 특정한 행동을 관찰하여 기록했다. 그런 다음 이 결과를 활용해 주요 애착 유형을 세 가지로 구분했다.

1. B유형 ─ 안정 애착 : '낯선 상황'에서 아이들 대다수(약 60퍼센트)는 볼비의 규범 이론에서 설명하는 대로 행동했다. 부모가 방을 나가

면 아이는 힘들어했지만, 부모가 돌아오면 적극적으로 부모에게 다가갔고 부모는 아이를 금방 달랠 수 있었다.

2. C유형 ─ 불안정 불안/저항 애착 : 일부 아이들(20퍼센트 이하)은 처음부터 불안해했고 부모가 방을 나가면 극도로 힘들어했다. 부모가 돌아와도 쉽게 진정하지 못하고, 자리를 비운 양육자에게 분노하는 동시에 달래주기를 바라는 상반된 모습을 자주 보였다.

3. A유형 ─ 불안정 회피 애착 : 세 번째 집단(약 20퍼센트)의 아이들은 부모와 헤어졌을 때 힘들어하지 않고 부모와 다시 만났을 때 오히려 적극적으로 양육자와 접촉을 회피한다. 그 대신에 실험실 바닥에 있던 장난감에 주의를 집중했다.

나중에 네 번째인 '혼란' 애착 유형이 추가됐다. 이 유형에 속하는 약 7퍼센트의 아이들은 방치나 학대를 당해 양육자를 두려워한다. 이 경우에 아이는 양육자를 신뢰할 수 없게 되며 그 결과 어른들에게 불안감과 불신감을 느낀다. 이런 아이들을 가리켜 '공포 회피형'이라고 한다.

메리 에인스워스의 연구는 볼비의 애착 이론을 뒷받침하는 경험적 증거를 제공했다는 점에서 중요하다. 안정을 느끼는 아이의 부모는 아이의 욕구에 민감하고 이를 잘 뒷받침해 줄 가능성이 높지만, 불안─저항 유형과 회피 유형 아이의 부모는 보살핌에 일관성이 없고 자녀의 정서적 요구에 둔감한 경우가 많다. 아이의 초기 인생에서 나타나는 이런 행동과 양육 과정과의 상호 연관성을 증명한 것이 이 연구의 가장 중요한 성과다.

애착 이론은 광범위한 함의를 갖는다. 아이가 애착 대상과 떨어지

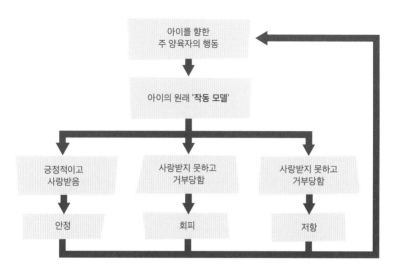

아이를 향한
주 양육자의 행동

아이의 원래 '작동 모델'

긍정적이고
사랑받음

사랑받지 못하고
거부당함

사랑받지 못하고
거부당함

안정

회피

저항

내적 작동 모델은 세계와 자아, 타인들을 이해하는 심적 표상으로 이뤄진 인지 체제다
(볼비, 1969).

거나 인생에서 중요한 생애 초기에 유대감이 깨질 경우 장기적으로 문제를 겪을 수 있다는 깨달음은 볼비에게는 물론, 당시 제2차 세계대전을 겪으면서 전국에서 가족과 헤어진 아이들이 대규모로 생겨났던 영국에게는 국가 차원에서도 중요한 부분이었다.

이후로는 커다란 진전을 이루어 이런 이론을 병원과 교육 환경에 적용했으며, 이제 우리는 아이들을 보살피고 정서적 위안을 주는 것이 얼마나 중요한지 잘 안다. 이러한 지식은 주요 애착 대상이 없는 상태로 방치될 위기에 처한 아이들에게 빨리 개입해야 한다는 것을 확인시키는 등 정책에도 영향을 미쳤고, 분명히 전 세계 수많은 어린이들의 삶과 미래를 더 낫게 만들었다.

〈**새끼 원숭이의 애착 반응**Affectional Responses in the Infant Monkey〉(할로와 짐머만Harlow and Zimmerman, 1959)

1950년대부터 1960년대에 걸쳐 해리 할로Harry Harlow와 동료들은 갓 태어난 히말라야원숭이가 어미 원숭이와 어떻게 유대감을 형성하는지, 특히 유대감이 양육자가 제공하는 자원이나 안락감과 관련이 있는지를 연구했다. 이 연구는 초기의 자녀—부모 관계가 단순히 자원을 제공하는 것을 넘어 더 큰 목적이 있다는 가설을 뒷받침했다.

실험은 태어난 지 열두 시간이 지나지 않은 새끼 히말라야원숭이 60마리를 어미 원숭이와 떼어놓은 다음, 새끼 원숭이들을 두 종류의 인조 대리모가 들어 있는 우리에 넣었다. 한 인조 대리모는 철사로 만들었고 젖병이 붙어 있지만(자원은 제공하지만 안정감은 제공하지 않는다), 다른 대리모는 천으로 덮여 있고 젖병이 달려 있지 않다(안정감은 제공하지만 자원은 제공하지 않는다). 새끼들은 최소 165일 동안 인조 대리모와 함께 살았다.

실험 결과 새끼 히말라야원숭이들은 철사 어미에게 붙은 음식을 먹은 다음에

인조 '천 어미' 대리모와 유대감을 형성한 할로의 히말라야원숭이 연구.

천 어미에게로 가서 하루 대부분을 보내며 안정감을 찾았다. 이는 천 어미가 주는 안정감이 철사 어미가 주는 자원보다 더 큰 매력이라는 것을 알려준다.

다음으로 연구자들은 새끼 히말라야원숭이들을 두 집단으로 나눠 한 집단에게는 철사 어미만 주고 다른 집단에게는 천 어미만 줬다.

그 결과 새끼 원숭이들은 모두 똑같은 속도로 먹고 자랐지만 서로 상당히 다른 행동을 나타냈다. 철사 어미와 있던 원숭이들은 더 소심하고, 짝짓기에 어려움을 겪었으며, 다른 히말라야원숭이들과 관계를 맺는 데 서툴고 괴롭힘을 당했다. 또한 암컷들은 자라서 어미 노릇을 잘하지 못했다.

다행히 90일 이내에 애착 관계를 복구할 경우 그 결과는 되돌릴 수 있었다. 그러나 애착 대상이 없는 상태로 90일 이상 방치된 경우에는 지속적인 행동 결함을 보였다.

37

현재까지는 인간 고유의 능력
언어 발달

언어는 사람의 마음을 들여다보는 창이다. 인간 언어의 복잡성이 우리가 오늘날 경험하는 기술과 사회 발전을 이끌었다는 견해도 많다. 전통적으로 어른들로부터 아이들에게 입으로 전해지는 이야기와 이를 저장하고 영원히 공유할 수 있는 문자 언어로 세대 간에 걸쳐 지식과 경험을 공유할 수 있다.

언어는 개인이 자기 의견을 표현하고 사람들이 서로 협력할 때 꼭 필요한 도구다. 전 세계에서 사용하는 언어는 6000가지가 넘으며 인류학자들이 연구하는 모든 인간 사회에는 복잡한 구어가 있다.

"어린아이들이 옹알이하는 모습에서 볼 수 있듯이 인간은 말하려는 경향을 타고나는 반면, 빵을 굽거나 술을 담그거나 글을 쓰려는 경향을 타고나는 아이는 없다."

— 찰스 다윈

언어란 무엇인가

언어의 발달을 논의할 때는 먼저 문자 언어와 말을 구분해야 한다. 말은 언어와 밀접한 관련이 있지만 본능적으로 여겨진다는 점에서 다르다. 실제로 말로 하는 의사소통은 모든 문화권에 걸쳐 복잡하게 발달했지만 문자 언어는 약 5000년 전부터 몇몇 곳에서만 생겨났다.

구두 언어는 '의미를 부호화하기 위해 말로 하는 소리를 사용하는 부호'로 정의할 수 있다. 우리가 어린 시절에 언어를 배우는 것은 복잡한 과정이지만, 언어 능력을 획득하기 위해 반드시 배워야 하는 언어의 주요 영역은 네 가지다. 첫째는 해당 언어에 사용하는 소리의 법칙(음운론), 둘째 단어의 의미(의미론), 셋째로 문법 규칙(통사론), 마지막으로 언어의 사회적 맥락에 대한 폭넓은 지식(화용론)이다.

언어 발달 단계

언어 발달 단계는 여러 인간 사회에 걸쳐서 유사성을 보이는데, 이는 구두 언어 발달이 타고나는 과정이라는 개념을 강화한다.

구두 언어 발달 과정은 신생아가 생후 1개월이 됐을 무렵부터 시작한다. 아기들은 즐거운 사회적 상호작용을 경험할 때 '우' 모음 소리를 낼 수 있고 여러 울음 패턴으로 양육자/부모에게 욕구를 전달할 수 있다. 이렇게 간단한 상호작용에서 아기와 양육자 사이에는 대화가 형성되기 시작하며, 식사 시간이나 기저귀 교환 같은 일과를 중심으로 행동과 언어 패턴이 발달한다. 그 결과 어른과 아이 사이에 '공유하는 리듬'이 생겨난다. 또한 이런 상호작용은 부모와 아이가 서로의 얼굴 표정과 시선에 세심한 주의를 기울일 때에도 일어난다. 이런 과정을 반복하면서 공유 언어에 대한 이해가 쌓이기 시작하고, 부모와 자

커크 선장의 "to boldly go…"라는 말은 문법에 어긋난다. 하지만 보편 언어의 규칙은 그의 발언이 성공적이라고 판단할 것이다. 문법과 언어는 서로 다른 과목이다. 커크 선장의 의도는 명확했고, 그 문장은 의사소통의 형태로서 목적을 달성했다.

녀는 함께 이 과정을 만들어 간다.

생후 6개월에서 9개월부터는 '다다다다'나 '멈멈멈멈'처럼 소리를 빈번하게 반복하는 반향 언어echolalia가 나타난다. 이 무렵 아기는 모음과 자음을 좀 더 복잡하게 조합한 음을 사용하기 시작한다. 생후 12개월 무렵이 되면 처음으로 몇 가지 단어를 말하는데, 잘못 사용하기도 한다. 아기의 어휘력이 발달하는 데에는 3~4개월이 더 걸릴 수 있고, 일반적으로 생후 18개월에는 20단어 정도였다가 21개월이 되면 200단어 정도로 급격히 증가한다.

생후 24개월에서 27개월이 되면 대부분의 아이들이 서너 단어를 이어서 말할 수 있고, 통사론의 문법 규칙도 어느 정도 이해한다. 점차 전치사와 불규칙 동사를 사용하기 시작하고, 질문할 때 문장의 순서를 바꾸기 시작한다. 예를 들어 아이는 "Maya and Isla are swimming"

같은 평서문의 순서를 바꾸어 "Are Maya and Isla swimming?"으로 만들 수 있다.

　3세에서 5세 무렵이 되면 아이는 복잡한 언어를 사용하기에 충분할 만큼 많은 어휘를 습득하고 문법 규칙도 적용한다. 아이는 모국어를 배우면서 제2언어, 나아가 제3언어까지도 동시에 익힐 수 있다. 사실 뇌가 수용할 수 있는 언어의 수에는 한계가 없는 듯하며, 특히 언어학습에 우선순위를 두는 초기 형성기에는 더욱 그렇다. 하지만 언어발달 능력이 최고에 달하는 결정적 시기는 어린 시절이며, 나이가 들수록 새로운 언어를 습득하는 능력은 줄어든다.

언어와 뇌

뇌에서 언어 발달을 담당하는 기제는 여전히 많이 알려지지 않았다. 확실한 것은 언어를 습득하고 사용하는 데 쓰이는, 뇌의 좌우반구에 걸쳐 함께 작동하는 영역으로 이뤄진 체계가 있다는 점이다. 이 기제의 중심에는 좌반구와 관련된 언어 담당 영역인 베르니케 영역과 브로카 영역이 있다.

　베르니케 영역Wernicke's area은 1874년 독일의 신경학자 카를 베르니케Carl Wernicke가 처음으로 설명했다. 베르니케는 남들이 하는 말을 이해하지 못하는 환자들을 연구했다. 그들은 말을 하는 신체적 능력에는 문제가 없었지만 그들이 하는 말에는 의미가 없었다. 사망한 환자들의 뇌를 검사한 베르니케는 관자엽, 마루엽, 뒤통수엽 사이에 있는 영역에서 병변을 발견했다. 현재 이 영역을 가리켜 베르니케 영역이라고 하며 이 부분은 언어 이해, 감각 정보 통합, 청각 및 시각 기억에 대한 접근 조정과 관련이 있다.

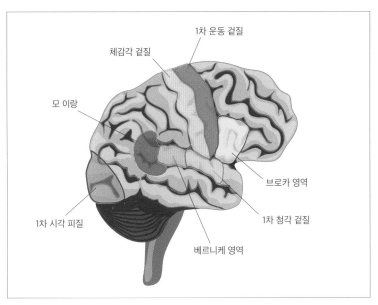

언어 발달을 담당하는 전문 영역인 베르니케 영역과 브로카 영역의 위치(뇌의 다른 영역들도 의사소통을 조정하는 데 사용된다).

1861년 프랑스 외과 의사 폴 브로카Paul Broca가 발견한 브로카 영역Broca's area은 말의 생성과 연관이 있다. 또 말을 하는 동안 호흡 패턴을 조절한다. 브로카 영역은 호흡에 사용하는 근육인 후두와 인두를 비롯해 뺨과 입술, 턱, 혀 같은 구강 운동기관의 근육을 조정하는 역할을 한다. 브로카 영역에 손상을 입은 사람은 소리는 낼 수 있지만 단어를 형성할 수 없다. 이들 중에는 올바른 단어의 사용을 이해하지만 말을 할 수 없는 경우도 있고, 말은 할 수 있지만 잘못된 단어를 많이 사용하는 경우도 있다.

베르니케 영역과 브로카 영역은 언어 이해와 의사소통의 중추 역할을 하지만, 읽고 말하고 쓰려면 뇌의 다른 영역들도 함께 조화를 이뤄 기능해야 한다. 예를 들어 누군가가 말하는 소리를 들으려면 청각 겉질을 사용해야 하고, 단어를 읽으려면 기호를 보고 시각 겉질을 사용해 그 정보를 완전히 이해해야 한다.

따라서 우리가 당연하게 여기는 일상 언어와 의사소통에는 엄청난 양의 신경과 근육의 도움이 필요하며, 이는 사실 무척이나 놀라운 인간의 능력이다. 종종 인류에게 언어가 어떻게 발달했는지에 대해 뜨거운 논의가 이뤄지는데, 우리 인간의 고유성을 구성하는 핵심이 언어라고 여겨지므로 당연한 일이다.

언어를 바라보는 행동주의와 생물학적 관점

B. F. 스키너는 학습된 강화로 언어를 습득한다고 주장했다. 조작적 조건 형성 이론은 다른 새로운 기술을 학습할 때와 마찬가지로 언어도 관찰, 모방, 반복, 오류, 보상 및 처벌을 통해 발달한다고 가정한다(12장 참조).

유명한 언어학자이자 인지심리학자인 노엄 촘스키Noam Chomsky는 이런 행동주의 접근법을 비판했고, 말과 의사소통 기제는 생물학적으로 결정되며 생래적이라는 반론을 제기했다. 흥미롭게도 정식 교육을 받지 못한 상황에서도, 아주 다양한 문화권과 배경을 가진 아이들 사이에서 무척 유사한 패턴으로 언어 발달이 나타난다. 따라서 우리는 단일한 기본 언어를 기초로 언어를 개발할 수 있는 생득적 능력을 타고나는 듯하다.

나아가 미국 언어인류학자 대니얼 에버렛Daniel Everett은 음성 언어가 멀게는 200만 년 전까지 거슬러 올라가 인류의 조상인 호모 에렉투스에서부터 발달했을 가능성이 있다고 주장한다. 최초의 인류 종으로 여겨지는 이 초기 인류 조상들은 뇌가 크고 직립 보행을 했으며 집단으로 생활했고, 언어 사용 능력으로 이익을 얻었을 것이다.

2001년 한 흥미진진한 연구가 'KE'로 알려진 영국의 한 가정에서 발생한 유전자 돌연변이를 설명했다. 이 가족 구성원들은 약 절반이 언어에 심각한 어려움을 겪고 있었는데, 이는 FOXP2라는 유전자 돌연변이와 관련이 있었다. FOXP2는 말을 습득하는 능력과 관련이 있다고 생각되는 유전 부호다. KE 가족 중 의사소통에 어려움을 겪는 사람은 이 유전자에 결함이 있었다. 이 유전자 돌연변이를 좀 더 자세히 다룬 연구에서는 지난 20만 년 내에 현대 인류 특유의 FOXP2가 사람들에게 고정됐고, 이때가 인간 언어가 출현했을 가능성이 있는 시기라는 결론을 내렸다.

흥미롭게도 FOXP2는 다른 동물 종에서도 발견된다. 모든 조류가 FOXP2와 아주 유사한 유전자를 가지고 있다. 예를 들어 금화조의 FOXP2 단백질은 사람과 98퍼센트 일치한다. 연구자들이 금화조들의 유전자 돌연변이를 바꾸자 조화롭게 지저귀지 못했다. 이는 FOXP2가 조류의 언어 발달에도 비슷한 영향을 미친다는 사실을 증명한다.

더 나아가 2008년에는 독일 라이프치히에 있는 막스 플랑크 진화 인류학 연구소 소속 스반테 페보Svante Pääbo 연구팀이 네안데르탈인 (현대 인류의 사촌뻘로 지금은 멸종했다) 두 명의 뼈에서 DNA를 추출했다. 놀랍게도 네안데르탈인은 FOXP2에 우리가 가지고 있는 것과 똑같은 돌연변이를 두 개 가지고 있었다.

이는 구두 언어가 인간 고유의 특징인지, 다른 종에게도 언어가 발달할 잠재력이 있는지에 관해 진지하고 흥미진진하게 논의할 가능성을 열었다. 지금으로서는 우리가 사촌인 네안데르탈인과 대화를 나눌 수 있었을지도 모른다고 상상할 뿐이다.

38

내면의 힘에 주목하는
긍정심리학

20세기가 끝나갈 무렵, 마틴 셀리그먼Martin Seligman은 긍정심리학을 창시했다. 이 접근법은 우리가 삶을 개선하고 성취감을 얻으려 노력한다는 믿음을 바탕으로 한다. 긍정심리학은 심리적 질환이나 이상이 아니라 우리가 가진 심리적 강점과 그것을 키울 수 있는 방법에 초점을 맞춘다.

초점은 개인의 좋은 삶

자기 계발, 미덕, 자기 인식을 위한 노력은 새로운 개념이 아니다. 아리스토텔레스는 인간의 최고선을 가리키는 말로 '에우다이모니아eudaimonia'라는 용어를 쓰면서 좋은 삶을 살아가려면 즐거움과 정치활동, 철학에 초점을 맞춰야 한다고 주장했다. 하지만 많은 연구자들이 현대의 심리학은 병리학에 초점을 맞추며 정신 질환과 이상 심리를 이해하려는 기조가 지배적이었다고 생각한다. 그들은 인간이 개인적으로 좋은 삶을 살아갈 방법을 이해하려면 '전환'이 필요하다고 주장한다. 긍정심리학은 바로 이런 역할을 하려 한다.

알아두면 쓸모 있는 심리학 상식 사전

> "심리학은 손상을 복구하는 데만큼이나 힘을 기르는 데도 관심을 가져야 한다."
>
> ― 마틴 셀리그먼

자유 의지에 대한 인정

긍정심리학이 지금까지 우리가 살펴봤던 여러 접근법과 다른 점은 자유 의지를 인정한다는 것이다. 다른 접근법들은 대개 생물학적 특성이나 어린 시절의 경험처럼 우리가 통제할 수 없는 요인이 행동에 영향을 미친다고 가정하는 결정론적 접근법을 취한다. 긍정심리학은 우리가 내부나 외부의 힘에 지배받지 않고 행동을 선택할 자유 의지가 있다고 가정한다. 즉 당신은 오늘 이 책을 읽겠다고 자유롭게 선택했으며, 딱히 예전에 책을 읽고 나서 받았던 행동 강화나 다른 사람들이 책을 읽는 모습을 보고 사회적으로 영향을 받는 등 외부 요인이 당신의 결정을 좌우한 것은 아니라고 가정한다.

선함과 탁월함의 진정성

긍정심리학의 또 다른 핵심 개념은 연구할 가치가 있는 진정한 특질로 선함과 탁월함을 든다는 점이다. 셀리그먼(2002)은 우리가 심리학을 바라보는 관점은 균형이 맞지 않는다면서, 부정적 특질만큼 긍정적 특질도 진정성을 지니며 연구할 가치가 있다고 주장했다. 이 접근법은 이타주의와 능력 같은 긍정적 특질을 개발하는 데 초점을 맞춘다. 또한 잘 사는 삶, 즉 '좋은 삶the good life'으로 알려진 개념을 돕는 요인들에 초점을 맞춘다. 셀리그먼(2003)은 바람직한 삶의 세 가지 측면을 다음과 같이 구분했다.

1. '즐거운 삶' : 긍정적 정서를 추구하고 이런 즐거움을 키우는 기술을 익히는 것. 일상생활에서 우리에게 행복을 주는 일을 하는 것이 여기에 속한다.
2. '좋은 삶' : 우리 각자가 지닌 기술과 긍정적 특질을 찾아내고 이를 개발해서 삶을 풍요롭게 하는 것. 자기 강점을 발휘할 수 있는 직업을 갖거나 자신의 기술을 활용해 우정을 쌓는 것 등이다.
3. '의미 있는 삶' : 자기 강점을 활용해서 더 큰 선에 기여함으로써 성취감을 얻는 것.

셀리그먼은 우리가 즐겁고 좋고 의미 있는 삶을 살아가면서 행복을 찾을 수 있다고 제안한다. 우리는 다른 사람들과 긍정적인 관계를 맺으면서 이런 삶을 추구하고 사랑과 용서, 이타주의 같은 힘을 기를 수 있다. 또 적극적으로 창의력, 용기, 겸손 같은 긍정적인 개인적 특성에 초점을 맞춰 찾아낼 수 있다.

행복하기 위한 조건

〈누가 행복할까?〉(마이어스와 디너, 1995)

1995년 심리학자 데이비드 마이어스David Myers와 에드 디너Ed Diener는 누가 행복한지 조사하기 시작했다. 두 사람은 행복이라는 주제를 다룬 이전 연구를 대상으로 문헌을 검토했다. 여기에는 주관적 안녕감subjective well-being(SWB)을 측정하는 인터뷰와 설문지, 관찰, 비교 문화 연구, 상관관계 등도 포함된다. 그들이 검토한 주요 연구 중 하나는 16개국 출신의 다양한 연령대에 걸친 약 17만 명을 대상으로 실시한 설문조사였다(잉글하트Ingle-

알아두면 쓸모 있는 심리학 상식 사전

hart, 1990)

나이와 성별은 행복에 거의 영향을 미치지 않는 듯했다. 모든 연령대와 성별의 사람들이 똑같이 행복했다. 하지만 연령대가 달라지면 행복에 영향을 미치는 요인도 달라졌다. 예를 들어 나이가 들수록 행복은 사회적 관계와 건강 등과 좀 더 밀접한 연관을 보였다.

문화 : 국가와 문화에 따라 행복 순위에는 차이가 있었다. 아프리카계 미국인들이 유럽계 미국인들보다 거의 두 배 가까이 행복하다고 보고했다(디너 외, 1993). 포르투갈에서는 10퍼센트만이 행복하다고 말한 반면, 네덜란드에서는 40퍼센트가 행복하다고 말했다(잉글하트, 1990). 개인주의 문화권에 속한 사람들은 집단주의 문화권에 속한 사람들보다 안녕감이 더 크다고 보고했다. 이런 차이는 문화권에 따라 개인의 행복에 두는 강조점이 다르고 이것이 응답에 영향을 미쳤기 때문이라고도 볼 수 있다.

경제력 : 부유한 사람들이 더 행복하다고 보고하지는 않는다. 《포브스Forbes》가 실시한 설문조사에 따르면 가장 부유한 사람들 중 37퍼센트가 평균적인 미국인보다 덜 행복했고(디너 외, 1985), 복권에 당첨된 사람들은 행복이 일시적으로만 증가했다고 보고한다(아가일Argyle, 1986). 하지만 사람들이 심하게 빈곤하거나 의식주 같은 기본 욕구가 충족되지 않을 정도로 궁핍하면, 돈이 분명히 행복에 영향을 미치는 요인으로 작용한다.

행복한 사람의 특질 : 마이어스와 디너는 아주 행복한 사람들에게서 공통적인 특질을 찾을 수 있다는 것을 발견했다. 그들은 자존감과 개인적 통제감이 높고, 자신에게 힘이 있다고 느끼며, 삶을 낙관적으로 보고, 좀 더 외향적이고 사교적인 경향을 나타냈다. 이 상관관계는 방향을 측정하기 어렵다. 이런 특질을 가진 사람들이 더 행복할 수도 있고, 행복한 상태가 긍정적인 기분과 높은 사교성을 불러올 수도 있기 때문이다.
직업 만족도 행복에 영향을 미치는 요인이었다. 마이어스와 디너는 직업이 개인의 정체성과 삶에 의미가 있다는 감각을 부여하며, 생활에 몰입감을 주기 때문이라고 추측한다. 몰입감flow이란 다른 일을 덜 중요하게 느낄 만큼 어떤 활동에 빠져드는 상태를 말한다. 사람들은 마음을 빼앗기는 일을 하면서 몰입감을 경험할 때 가장 행복한 것으로 보인다.

마이어스와 디너는 사람들이 변화에 적응하고, 변화의 긍정적 영향과 부정적 영향은 모두 시간이 지나면서 감소한다고 보고했다. 사람들은 일반적으로 일관된 행복 수준을 추구하는 경향을 나타낸다. 또한 문화적 태도가 사건을 바라보는 방식에 영향을 미치고 따라서 행복에도 영향을 미치며, 행복의 본질은 목표를 설정하는 데 있다는 것을 발견했다. 경제력과 같은 다른 요인은 목표를 달성하는 데 영향을 줄 때만 의미가 있었다.

39

내면의 소리에 귀를 기울일 때
마음챙김

바쁘게 살아가는 일상 속에서 우리는 현재 자기가 느끼는 기분이나 감각에 거의 주의를 기울이지 않은 채 하루하루를 정신없이 보내곤 한다. 흘러가는 하루와 주변에서 일어나는 일에 정신을 빼앗긴 나머지 우리 안에서 어떤 일이 일어나는지 지나쳐 버린다. 마음챙김은 그 순간에 온전히 존재하면서 자신의 생각과 감각을 의식적으로 인식하는 습관이다.

마음챙김과 명상

'마음챙김mindfulness'과 '명상meditation'은 서로 대체할 수 있는 단어로 쓰일 때가 많다. 하지만 사실 명상에는 다양한 종류가 있고, 마음챙김은 명상 수련법과 몇 가지 유사점도 있지만 여러 측면에서 다르다. 마음챙김은 아무리 바쁘더라도 언제든지 개발하고 수련할 수 있지만, 명상은 일정한 시간을 할애해서 수행해야 하는 수련이다.

매사추세츠 의과대학교 산하 의학, 의료 및 사회 마음챙김 센터를 설립한 존 카밧진Jon Kabat-Zinn은 마음챙김을 "현재 순간에 의도해서 판단하지 않은 채 주의를 기울일 때 생겨나는 알아차림으로 자기 이해와 지혜를 키우기 위해 사용"한다고 정의한다.

마음챙김은 고요한 방이나 공원, 또는 이 사진의 호숫가 등 어디에서라도 실천할 수 있다.

명상이 좀 더 내적으로 마음에 초점을 맞춘다면, 마음챙김은 외부 환경과 감각에도 초점을 맞추도록 격려한다. 즉 외부 환경에 마음을 닫기보다는 외부의 영향을 받아들이고 인식한다.

또한 마음챙김은 명상 수련을 포함할 수도 있지만, 꼭 그래야 하는 것은 아니다. 걷기, 식사, 샤워 등 어떤 활동을 하는 동안에도 격식에 얽매이지 않고 실천할 수 있다. 이런 활동을 하면서도 자신의 생각을 의식적으로 인식하고, 현재에 초점을 맞추면서 스스로의 감각을 인식한다면, 마음챙김 원리에 따라서 활동하고 있는 셈이다. 반대로 명상은 동시에 다른 어떤 활동도 하지 않으면서 격식에 따라 몰두하는 수련이자 훈련이다. 따라서 마음챙김과 명상은 여러모로 서로 보완하고 겹치지만 중요한 차이점이 있다.

마음챙김은 우리가 경험하는 끊임없는 생각의 흐름에 개입하고 현재에 뿌리를 내리도록 하여 바람직한 정신 건강을 촉진한다. 불안하거나 감당하기 힘들다고 느낄 때 계속해서 똑같은 생각을 재평가하고, 불필요한 사고 패턴에 빠지다 보면 생각이 계속 제자리를 맴돌게 된다. 마음챙김 수련을 하면 이런 사고 패턴을 인식하고 인정할 수 있고, 동시에 그런 사고 패턴에서 벗어나 마음을 쉴 수 있게 된다. 자신의 정신 상태를 좀 더 깊이 들여다보고 싶은 사람이라면 누구나 마음챙김을 이용할 수 있지만, 불안이나 스트레스 같은 상태를 치료하는 데도 효과가 있다는 것이 입증됐다. 영국 국립보건임상연구소(NICE)는 이 사실을 공식적으로 인정하고 우울증 치료에 마음챙김 수련을 추천한다.

마음챙김 치료법

좀 더 공식적인 치료법과 마음챙김을 함께 적용하기도 한다. 예를 들어 마음챙김 기반 인지치료mindfulness-based cognitive therapy(MBCT)는 인지행동치료cognitive behavioural therapy(CBT)에 사용하는 기존 기법들을 마음챙김과 통합한 치료법이다. 전통적으로 인지행동치료는 사람들이 하는 비현실적인 사고와 신념, 즉 생각의 내용을 수정하려는 것인데, 마음챙김 기반 인지치료 역시 사고와 관련된 과정을 바꾸고자 한다.

이 기법은 그 효과가 증명됐다. 예를 들어 티즈데일과 연구진 Teasdale et al.(2000)은 마음챙김 기반 인지치료가 반복적으로 우울증이 재발하는 환자들을 치료하는 데 효과를 보였다고 밝혔다. 이 연구에서는 우울증이 재발한 환자 145명을 평소와 같은 치료를 받는 집단, 또는 평소와 같은 치료를 받고 추가로 마음챙김 기반 인지치료를 여덟 차례 시행하는 집단에 임의로 배정했다. 이후 60주에 걸쳐 치료를 받은 환자들을 평가한 결과, 마음챙김 기반 인지치료가 3회 이상 우울증을 경험한 환자들에게 재발의 위험을 상당히 줄였다는 결과를 얻었다.

격식에 얽매이지 않는 수련

시작하기가 무척 쉽다는 점이 마음챙김 수련의 매력 중 하나다. 사실, 지금 당장 시작할 수도 있다. 일단 발부터 시작해 발이 바닥에 닿는 느낌이나 양말의 소재가 발에 닿는 촉감에 집중해 보자. 몇 초 동안 이 감각에 집중한 다음 서서히 의식을 몸 전체로 옮겨 긴장감이 느껴지는 부위나 피부의 온도, 찬바람이나 산들바람이 머리카락을 스치는 느낌에 주목하자. 거슬리는 소리가 들린다면 몇 초 동안 그 소리에 온전히 주의를 기울였다가 다시 몸에 주의를 돌린다. 마찬가지로 다른 생각에 정신이 팔린다면 잠시 그 생각을 하다가 다시 초점을 맞출 부분으로 돌아오자. 마음챙김의 목표는 바람직하지 않은 생각을 뿌리 뽑는 것이 아니라 그런 생각들을 있는 그대로 인식하되, 연연하지 않는 것이라는 점을 기억하라. 이는 과거의 사건에 집착할 때나 자신이 통제할 수 없는 미래에 불안감을 느낄 때 특히 유용하다.

접근 가능성은 마음챙김의 매력 중 하나다. 무슨 일을 하고 있든, 이런 방법으로 마음챙김 수련을 할 수 있다. 예를 들어 설거지를 하는 중이라면 물의 온도와 그릇이 달그락거리는 소리에 집중할 수 있다. 하지만 마음챙김으로 진짜 효과를 얻으려면 정기적으로 수련해야 한다. 실제로 매일, 또는 일주일에 며칠은 따로 시간을 정해 조용히 앉아서 생각을 통제하는 수련을 하면서 좀 더 격식을 지켜 마음챙김 명상을 수행하는 사람들도 있다.

40

심리학과 일상의 만남
응용심리학

응용심리학은 인간 행동 안에서 발생하는 문제와 이런 문제를 해결하는 능력을 연구한다. 건강 문제, 상담 서비스, 임상심리학, 범죄심리학까지 다양한 분야가 응용심리학의 연구 대상이 될 수 있다. 응용심리학 분야는 다른 장에서 살펴봤던 기본 원리들을 기반으로 하며 이런 이론을 실제 현실에 적용하는 데 초점을 맞춘다.

응용심리학은 기초 이론들에서도 수집한 증거를 사용해 사람들이 일상생활에서 마주하는 문제를 해결할 치료법을 제공한다.

임상심리학

라이트너 위트머Lightner Witmer는 1896년 펜실베이니아대학교에 세계 최초로 심리 클리닉을 설립했다. 그는 1908년 10년 동안 수행한 연구와 교육 실험을 기록한 《심리 클리닉The Psychological Clinic》 저널을 출간했다. 이 저널을 출판하면서 위트머는 새로운 심리학 분야를 이끌었고 그의 구상은 이후 몇십 년 동안 임상심리학이 나아갈 경로와 방향을 확립했다.

거의 동시대에 대서양 반대편 파리에서는 프랑스 심리학자 알프레드 비네와 테오도르 시몽이 프랑스 학교에서 사용할 지능 검사를 개발했다(30장 참조). 프랑스 정부는 일부 학생들이 학교 체계에 적응하지 못하는 것을 우려했다. 이에 비네와 시몽은 아이들이 교육에 좀 더 쉽게 접근할 수 있도록 학교 체계에서 사용하기 위해 최초의 지능 검사 중 하나인 비네─시몽 검사를 개발했다.

교육 외에 응용심리학이 초점을 맞춘 영역으로는 비행과 산업 효율성 개선을 들 수 있다. 따라서 응용심리학 분야는 당대의 쟁점과 사회 문제를 해결하는 방법을 반영했다. 이후 정신 질환자를 치료하고 정신 질환을 예방하는 방법에 관한 우려가 커지면서 임상심리학 분야는 계속 확대됐고, 치료적 접근법이 개발됐다.

이는 공포와 공격성, 그리고 그것이 어떤 식으로 비행과 범죄 행동에 영향을 미치는지 다루는 연구로 이어졌다. 존 볼비는 비행 청소년 44명의 행동을 설명하는 데 모성 결핍 이론을 적용했다. 이로써 아동 발달이 이후 개인의 삶에 부정적인 결과를 가져올 가능성을 포함해 어떻게 영향을 미칠 수 있는지에 관한 인식이 한 발짝 나아갔다.

영국 심리학자 한스 아이젱크Hans J. Eysenck는 《범죄와 성격Crime and Personality》(1964)에서 어떻게 공격적인 행동을 일으키는 생물학적 소인이 특정 성격 유형에 존재할 수 있는지 집중적으로 다뤘다. 현재는 그의 접근법이 밀려났지만, 이는 증거를 바탕으로 한 진료와 치료 원칙에 뿌리를 둔 것이었다. 이렇게 단순히 처벌만 하는 대신 극단적인 성격을 치료하면 성격 장애를 지닌 사람이 세상에 더 잘 적응하여 살아갈 수 있도록 하므로, 이는 당연히 현대 사회에 긍정적 영향을 미쳤다.

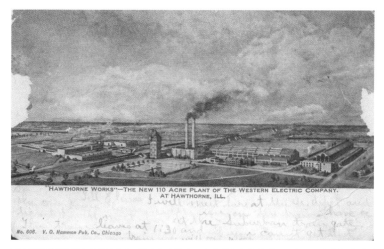

웨스턴일렉트릭 호손 공장 연구는 환경과 사회적 조건이 생산성에 미치는 효과를 조사했다. 이 결과는 감독하거나 관찰하는 존재가 있을 때 생산성이 높아진다는 '호손 효과'로 알려졌다.

산업심리학

기술이 발달하면서 응용심리학은 인간의 마음과 사회에서 일하는 방식에 새롭게 쏟아지는 압력에 대응해야 했다. 예를 들어 제1차 세계대전이 발발하면서 군수 산업체는 심리학자들에게 산업 생산량을 늘릴 방법을 찾아내라고 압박했다.

엘턴 메이오Elton Mayo는 1929년부터 1932년에 걸쳐 시카고 인근 호손에 있던 웨스턴일렉트릭Western Electric 공장에서 산업 생산량을 늘리려는 목적으로 근무 환경과 직원 선발, 관리에 대해 조사했다. 프레더릭 테일러Frederick Taylor도 생산성을 높이고자 공장 설계를 살폈다. 하지만 이런 접근법은 직원의 안녕감을 해친다고 보는 경우가 많았다.

릴리언 길브레스Lillian Gilbreth는 시간과 움직임 연구 및 작업자의 동작 개수를 줄여 어떻게 생산성을 향상할 수 있는지에 관심을 가지고

시간 관리와 스트레스, 직원 피로도를 조사했다. 1914년에 길브레스가 쓴 책 《관리 심리학 The Psychology of Management : The Function of the Mind in Determining, Teaching, and Installing Methods of Least Waste》은 이후 업무 현장을 구성하는 데 큰 영향을 끼쳤다. 그의 연구로 얻은 아이디어는 냉장고 내부의 선반 배치, 페달로 여닫는 휴지통 등 지금도 우리 일상생활 곳곳에서 찾아볼 수 있다.

업무 현장의 시간과 움직임을 연구한 릴리언 길브레스는 페달 휴지통을 발명하기도 했다. 그의 연구는 1914년부터 지금까지 산업 생산력을 높이는 경영의 기초가 될 만큼 큰 영향을 미쳤다.

비슷한 시기인 1915년, 엘리너 클라크 슬래글Eleanor Clarke Slagle은 작업 치료사를 위해 최초의 교육 프로그램 체계를 갖추어, 이후 업무 현장에 기본적으로 응용심리학을 적용하도록 했다.

우주심리학

제2차 세계대전이 끝날 무렵, 유인 우주 비행이 현실로 다가왔다. 공학자들은 우주 비행이 최초의 우주비행사가 될 조종사들에게 극심한 물리적 영향과 고립감을 줄 것을 우려했다. 이에 NASA는 산업 선택과 관리 기법을 활용해 이 문제를 새로운 수준으로 끌어올렸다. '적합한 자질'을 갖췄는지 확인하기 위해 지원자들은 스트레스 반응, 집단 행동, 문제 해결 능력을 조사하는 심리 검사를 받았다. 이 검사를 거쳐

알아두면 쓸모 있는 심리학 상식 사전

서 앨런 셰퍼드Alan Shepard를 비롯한 전투기 조종사 일곱 명이 머큐리Mercury 계획에 선발됐다. 셰퍼드는 미국 최초의 우주인이 되었으며, 나중에는 달까지 비행했다.

하지만 셰퍼드가 아폴로 14호 임무에서 우주선에 골프채를 밀반입해 달에서 골프를 친 첫 번째 인간이 되면서, NASA는 선발 과정을 다시 점검했다. 그리고 안타깝게도 이 영향으로 비용이 삭감되어 중요한 과학 연구를 수행하기 위해 필수 암석 표본을 채취하거나 지질학자를 보낼(마지막 임무에서만 했다) 수 없었다.

NASA는 향후 임무를 수행할 승무원을 뽑을 때 선발 과정을 바꿔 '전투기 조종사'에 국한하지 말아야 한다는 것을 확실히 깨달았다. 화성과 심우주deep space(지구 중력의 영향을 벗어난 먼 우주 공간—옮긴이) 비행을 고려하게 된 NASA는 고립과 집단 역학을 기반으로 승무원을 선발하려 했다. 이후 1980년대 후반과 1990년대 초반에 걸쳐 실시한 바이오스피어Biosphere 프로젝트에서 흥미로운 실험이 여러 차례 이어졌는데, 그 결과 실험 속 그룹은 분열했고 그들의 사회는 완전히 붕괴했다. 이를 통해 NASA는 이후 화성으로 비행하는 임무에 따를 기술 공학적 난관보다 심리적 문제가 훨씬 더 클 수도 있다는 사실을 깨달았다.

심리학의 응용

응용심리학은 직장과 일상생활에서 범죄 행동을 이해하고, 인간 사회가 맞이할 다양한 미래에 대비하는 폭넓고 흥미진진한 영역들로 이뤄져 있다. 이런 접근법들은 19세기와 20세기에 개발된 이론을 바탕으로 생물학, 정신 역동, 행동주의 및 인지심리학 이론들을 현실의 쟁점에 적용한다. 다음에서는 여러 심리학 분야를 적용하여 스트레스, 고립, 범죄 행위 등의 특정 행동을 설명하는 주요 영역을 소개한다.

달에서 골프를 치고 있는 아폴로 14호 사령관 앨런 셰퍼드. NASA는 군인 출신이라는 배경과 전투기 조종 능력을 바탕으로 우수 비행사를 선발했고, 작가 톰 울프는 이를 '적합한 자질'이라고 칭했다. 그러나 현대에는 '적합한 조화'를 갖춘 승무원을 선발한다. 이는 국제우주정거장(ISS)과 심우주 탐사 임무에 필요한 폭넓은 과학적 기술과 대인관계 능력을 갖춘 우주비행사를 말한다.

41

내 몸의 생존방식
스트레스

미국 생리학자 월터 캐넌Walter Cannon은 최초로 스트레스에 대한 인체의 생리 반응을 연구했다. 20세기 초에 그는 우리가 위협적으로 여기는 대상과 마주쳤을 때 심박수가 증가하거나 호흡이 가빠지는 등 인체에 나타나는 변화가 '투쟁─도피' 반응 때문이라고 주장했다.

평소에 우리는 스트레스를 부정적 정서라고 여기지만 스트레스에 대한 신체 반응은 사실 적응 반응이다. 이는 우리 조상들이 싸우거나 달리거나 쫓을 수 있도록 몸을 준비하여 환경에 도사린 스트레스 요인들에 신체적으로 맞설 수 있게 돕는 역할을 했다. 그러나 현대인이 받는 스트레스 대부분은 신체 반응으로 해결할 수 없고, 한때 인류에게 큰 도움을 줬던 이 반응은 상황에 따라 걸림돌이 되곤 한다. 이번 장에서는 스트레스에 대한 생물학적 반응과 사회가 스트레스 경험에 미친 영향, 나아가 스트레스에 반응하는 방식이 개인에 따라 어떻게 달라지는지 좀 더 자세히 살펴보려 한다.

스트레스 유형

대부분의 스트레스 형태는 세 가지 범주 중 하나로 나눌 수 있고, 이는 우리에게 각각 다른 방식으로 영향을 준다.

1. 급성 스트레스 : 가장 흔히 볼 수 있는 스트레스 형태다. 직장에서 마감 시한이 다가오거나 시험처럼 주로 비연속적 사건에 당면한 스트레스 요인을 말한다.
2. 일화 급성 스트레스 : 단기 스트레스가 반복되는 사례다. 예를 들어 출근길 교통 체증이 여기에 속한다.
3. 만성 스트레스 : 오랜 기간에 걸쳐 지속된다. 대개 관리가 어려워 해결하기 힘든 스트레스 요인이 계속되며 만성 스트레스가 된다. 빈곤이나 지속적인 관계 문제 등 당사자가 탈출구가 없다고 느끼는 사례가 대표적이다.

우리는 단기(급성) 스트레스를 받는지, 장기(만성) 스트레스를 받는지에 따라 다른 생리적 반응을 나타낸다.

단기 스트레스의 생물학적 영향

단기 스트레스는 시상하부hypothalamus에서 시작하는 교감 신경 경로라는 생물학적 체계를 활성화하여, 우리 몸은 투쟁-도피 반응을 일으키는 호르몬을 분비한다. 시상하부는 뇌 중앙에 있는 작은 영역으로 체온과 같은 신체 상태를 조절하고 호르몬 분비도 조절한다. 시상하부가 우리 환경에서 스트레스 요인을 감지하면 교감 신경계에 신호를 보내 신장 위에 위치한 부신의 일부인 부신 속질(수질)과 소통하도록 한다. 그러면 부신 속질이 아드레날린과 노르아드레날린을 혈류로 내보내고, 이런 호르몬들이 심박수 증가, 혈압 상승, 동공 확장 등 충격이나 스트레스와 관련된 신체 반응이 일어나도록 자극한다.

장기 스트레스의 생물학적 영향

좀 더 장기적이고 만성적인 스트레스를 받을 때는 시상하부 뇌하수체 부신 체계가 활성화한다. 이 역시 시상하부가 스트레스 요인을 알아차리고 내분비(호르몬) 체계를 활성화하여 시작한다. 하지만 부신 속질과 소통하는 대신 부신의 바깥 부분인 부신 겉질을 활성화한다. 이렇게 되면 코르티솔cortisol이라는 호르몬이 혈류로 분비된다. 코르티솔은 간에 저장된 포도당을 방출하고 면역 체계를 억제하여 우리 몸에 영향을 미친다.

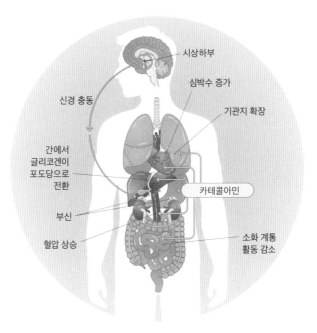

몸이 스트레스에 반응하는 방법

이런 반응은 장기적으로 건강에 상당히 부정적인 영향을 미칠 수 있다. 면역 체계가 억제되면 병에 걸릴 가능성이 커지고 코르티솔 같은 스테로이드 호르몬 변화는 기억력 감퇴와 관련이 있다. 하지만 우리가 진화한 과거에는 만성 스트레스에 대한 이런 반응이 분명 유용했을 것이다. 만성 스트레스 반응은 저장된 에너지를 방출하고 통증에 대한 민감도를 낮춰서, 스트레스가 심한 사건이 일어난 뒤에도 우리가 계속 제 기능을 할 수 있도록 도왔다.

거래 모형

스트레스에 대한 생리적 반응은 우리 뇌가 궁극적으로 어떤 상황을 스트레스 요인으로 받아들이는지에 달려 있다. 쾅 하고 울리는 큰 소리를 들었을 때 심장 박동이 빨라지듯, 생래적으로 스트레스 반응을 일으키는 상황도 있지만, 다른 경우들은 우리 지각이 그 사건을 얼마나 심각하게 여기는지에 따라 스트레스 반응이 좌우된다.

이를 설명하기 위해 리처드 라자루스Richard Lazarus와 수전 포크먼Susan Folkman은 스트레스가 사람과 환경의 상호작용이라고 강조하는 '거래 모형transactional model'을 소개했다. 사람은 1차적으로 위협의 정도가 중대한지 아닌지를 고려하여 상황을 평가한다. 예를 들어 퇴근길에 차가 고장 났는데 집에 다른 차가 있다면 아주 심각한 위험 상황은 아니겠지만, 차로 통근하는 상황에서 그 차가 유일한 교통수단이라면 매우 심각한 상황일 수 있다. 다음에는 위협을 처리할 때 사용할 자원의 유무를 판단하는 2차 평가가 이루어진다. 예를 들어 그에게 차를 수리할 돈이 있거나 직접 차를 수리할 수 있는 지식이나 재료가 있는가? 거래 모형은 우리가 인식한 환경의 요구와 이런 요구에 대처하는 개인 능력 사이의 '적합성 부족'이 스트레스를 유발한다고 설명한다.

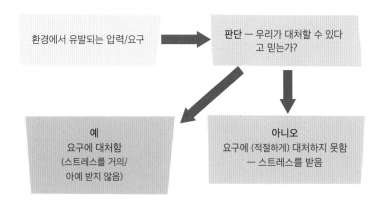

거래 모형은 스트레스 반응이 스스로 스트레스를 다룰 수 있다고 지각하는 능력과 관련이 있다고 주장한다.

생활 변화와 일상 스트레스

스트레스 요인을 어떻게 지각하는지도 우리 반응에 영향을 미치지만, 그 요인 자체의 특성도 한몫한다. 홈스Holmes와 라헤Rahe는 각기 다른 질병으로 치료받던 환자들이 아프기 2년 전 무렵에 다양하고 중대한 생활 사건을 경험했다는 것에 주목했다. 1967년 두 사람은 이런 생활 사건들을 측정하는 설문지를 만들었다.

홈스와 라헤는 이혼, 배우자의 죽음, 크리스마스와 휴가 등 43개 사건을 포함하는 목록을 만들고 각 사건에 '생활 변화 단위life change unit'라는 점수를 할당했다. 그들은 결혼에 임의로 50점이라는 기준 점수를 설정한 다음, 394명에게 이를 기준으로 다른 사건이 이보다 스트레스가 심했는지, 덜했는지를 바탕으로 점수를 매기도록 했다.

그다음에 두 사람은 그 결과를 사용해서 사회 재적응 평가 척도 Social Readjustment Rating Scale(SRRS)라는 설문지를 개발했다. 배우자의 죽음이나 이혼처럼 가장 스트레스가 극심한 사건은 수치가 매우 높았고, 크리스마스나 휴가처럼 스트레스가 적은 사건은 낮은 수치를 얻었다. 홈스와 라헤는 이 질문지에 답한 점수를 합산하여 현재 그 사람이 얼마나 많은 생활 사건을 겪는지, 따라서 얼마나 많은 스트레스를 감당하고 있는지 판단하려 했다.

사회 재적응 평가 척도에서 중요한 점은 크리스마스나 결혼처럼 즐거운 일이라고 생각되는 일들을 포함하며, 그런 사건들도 누적된 스트레스의 원인이 될 수 있다는 것을 인정한다는 점이다. 홈스와 라헤는 실제로 생활 사건과 질병 사이에 상관관계를 발견했다. 1970년 해군 참모 2684명을 대상으로 6~8개월간 복무하기 전과 복무 중에 설문조사를 실시한 결과, 사회 재적응 평가 척도에서 높은 점수를 기록한 사람일수록 복무 중에 질병을 앓을 가능성이 더 높다는 사실을 발견했다.

하지만 우리 건강에 가장 큰 영향을 미치는 요인은 굵직한 생활 사건이 아니라는 주장도 있다. 그런 큰 사건들은 대체로 시간이 지나면 사그라지는 일회성 사건이다. 게다가 그런 중대한 생활 사건이 일어나면 친구나 가족에게 지원을 받는 경우가 많고, 적어도 우리가 힘든 상황이라는 사실을 주변에서 어느 정도 감안해 주기도 한다. 실제로 우리 건강에 누적되어 좀 더 부정적인 영향을 미치는 스트레스 요인은 사소하지만 지속적으로 일어나는, 누가 알아주지도 않고 도와주지도 않는 일들이다. 열쇠를 잃어버리거나 차가 막히거나 쌀이 떨어지는 일 등도 그런 일상 스트레스일 수 있다.

라자루스 등(1980)이 실시한 연구에 따르면 이런 스트레스는 업리프트uplift로 균형을 맞출 수 있다. 업리프트란 잠을 푹 자거나 칭찬을 받는 것처럼 기분이 좋아지는 사건을 말하며 일상 스트레스에서 벗어나 휴식을 할 수 있게 해준다. 캐너와 동료들Kanner et al.(1981)은 질문지를 통한 측정으로, 일상 스트레스 및 업리프트 척도가 사회 재적응 평가 척도보다 불안이나 우울증처럼 스트레스 관련 문제를 겪는 사람들과 더 밀접한 상관관계를 나타낸다는 결과를 얻었다.

강인한 성격

스트레스에 대한 반응을 논할 때는 사건 자체의 특성뿐만 아니라 성격의 영향도 고려해야 한다. 수잔 코바사Suzanne Kobasa는 강인함과 '강인한 성격hardy personality'이라는 개념을 도입했다. 1979년 코바사는 기업 경영자들을 연구했는데, 그들 모두가 지난 3년 이내에 스트레스가 심한 생활 사건을 겪었다고 답했다. 코바사는 이런 생활 사건을 겪은 이후 별다른 질병에 걸리지 않은 사람들이 질병에 걸렸던 사람들보다 성격이 더 강인하다는 사실을 발견했다. 그들은 통제감, 헌신, 도전 항목에서 높은 점수를 받았다. 코바사는 강인한 사람들에게는 스트레스 요인이 심리적으로나 신체적으로나 영향을 덜 미친다고 주장했다. 강인한 성격은 스트레스가 심한 사건의 부정적 영향을 막아주는 '완충' 작용을 하며, 다음과 같은 세 요소로 이뤄진다.

1. 통제감control : 강인한 사람은 자신이 사건에 영향을 미칠 수 있고, 주변을 책임진다고 믿는다.
2. 헌신commitment : 그들은 도전을 피하기보다 직면한다.

3. 도전challenge : 강인한 사람은 스트레스 요인을 위협이 아니라 마주
해야 할 도전으로 받아들인다.

그러므로 강인한 사람들이 생활 사건을 스트레스가 아니라 극복
할 수 있는 도전으로 받아들이면, 신체적 스트레스 반응이 줄어들고
건강에 미치는 부정적 영향도 심하지 않을 것이다.

성격 유형

메이어 프리드먼Meyer Friedman과 레이 로젠먼Ray Rosenman은 스트레
스에 대한 반응에 영향을 미칠 수 있는 성격의 또 다른 측면을 소개했
다. 심장병 전문의였던 두 사람은 환자를 연구하다가 대기실에 차분
하게 앉아 있지 못하는 몇몇 사람들에게 주목했다. 그들은 편안한 상
태로 앉아 있지 못하고 의자 가장자리에 걸터앉아서 자주 벌떡벌떡
일어났다. 두 의사는 이런 행동에 'A형 성격'이라는 이름을 붙였다. 현
재 이 이론은 A형, B형, C형의 세 가지 성격 유형이 있으며, 이 셋이 완
전히 별개의 성격 유형이라기보다는 연속선상에 존재한다고 본다.

이 개념은 1976년 프리드먼과 로젠먼이 8년 6개월 동안에 걸쳐 진
행한 종단 연구 결과를 발표하면서 처음으로 알려졌다. 프리드먼과
로젠먼은 중년 남성 관리자 및 임원 3154명을 대상으로 다음과 같은
질문을 포함하여 설문 조사를 실시했다.

- 여가 시간에 휴식을 취하면 죄책감을 느끼는가?
- 게임과 스포츠에서 즐거움을 얻으려면 이겨야 하는가?
- 대체로 빠르게 움직이고 걷고 먹는가?

■ 한 번에 두 가지 이상의 일을 하려고 할 때가 많은가?

	강인한 사람의 특징	강인함이 부족한 사람의 특징
대처 전략	스트레스 요인의 근원을 밝힌다. 문제를 어떻게 해결할지 분석한다. 스트레스 요인을 도전으로 간주한다.	스트레스 요인에 관여하려 하지 않는다. 기분 전환 활동(음주, 도박)에 몰두한다. 스트레스 요인에 어쩔 줄 모른다.
사회적 상호작용	지원이 필요할 수 있다고 받아들인다. 친구와 가족들에게 지원을 요청한다. 친구와 가족들에게 지원을 제공한다.	친구와 가족들에게 괴롭힘을 당한다거나 심판을 받는다고 느낀다. 지원을 받아들이려고도, 제공하려고도 하지 않는다.
자기 관리	건강한 생활방식을 추구한다. 식습관이 건강하다. 휴식과 취미를 즐길 시간을 낸다.	건강에 해로운 생활방식을 지니고 있을 가능성이 높다. 자기 관리에 우선순위를 두지 않는다.

또한 그들은 A형 참가자들에게 스트레스 반응을 유도하는 방식, 예를 들어 말을 천천히 하는 식으로 질문했다. 그리고 참가자의 반응과 실험자의 관찰을 바탕으로 참가자를 세 집단 중 하나로 분류했다.

1. A형 행동 : 경쟁심이 강하고 야망이 있으며, 참을성이 부족하고 공격적이고 말이 빠르다.
2. B형 행동 : 느긋하고 경쟁심이 없다.
3. C형 행동 : '착하고' 열심히 일하지만 스트레스에 직면하면 심드 렁해진다.

8년 후, 참가자 중 257명이 관상 동맥성 심장질환에 걸렸으며 이들 중 70퍼센트가 A형 성격이었다. 성격 유형의 개념은 스트레스에 대한 심리적 반응과 스트레스 상황을 경험하는 신체적 영향 사이에 연관성이 존재할 수 있다는 증거다. 스트레스에 대한 반응은 인식과 생리 사이에서 일어나는 복잡한 상호작용이다.

A형 인간

조급함
다혈질
경쟁적
야심가
긴장을 풀기가 어려움
일 중독
마감이 닥치면 효율이 증가함
스트레스 중독
한 번에 여러 일을 수행함
통제적

B형 인간

인내심이 강함
느긋함
태평함
사교적
일을 미룸
창의적
카리스마
무엇보다 중요하다는
절박감이 결여됨

42

생각보다 괜찮아

고립

2019년 말 무렵, 세계보건기구는 중국 우한에서 원인을 알 수 없는 폐렴 사례가 집단으로 발생했다는 보고를 받았다. 단 몇 달 만에 코로나19 바이러스는 전 세계로 퍼져나갔다. 신종 바이러스가 확산하면서 각국 정부는 닥쳐오는 팬데믹에 대처하려 분주하게 움직였다. 영국 정부는 바이러스 확산 속도를 늦추기 위해 전례 없는 봉쇄 조치를 내렸다. 이로써 수많은 사람이 이듬해 몇 달 동안 반쯤 고립된 상태로 살아야 했다.

봉쇄 조치를 앞두고 여러 심리학자들은 이 자가 격리가 전체 인구의 정신 건강에 미칠 영향을 우려했다. 고립의 영향은 오랫동안 연구 대상이었고, 고립이 신체 건강에 문제를 일으키고 기대 수명을 감소시킨다는 사실이 증명됐다. 특히 이미 외로운 상태이며 지원망이 부족한, 취약한 성인 계층에서 불안과 우울증이 집단적으로 증가할 것이라는 예측도 있었다. 따라서 자가 격리가 필요하기는 하지만 큰 대가를 치를 것이라는 견해가 많았다.

그러나 지금부터 살펴보는 것처럼 인간은 사회적 동물이지만 여러 요인에 따라 고립 반응은 다르게 나타났고, 우리의 적응 능력은 장기간에 걸친 고립과 마주해도 놀라울 만큼 회복탄력성을 발휘했다.

2020년 초 이탈리아에서 실시한 최초의 코로나19 봉쇄 기간 중에 한 여성이 발코니에서 혼자 식사하고 있다.

고립을 바라보는 관점

많은 사람이 혼자 살고 혼자서 시간을 보내고 싶어 하지만 장기간의 고립은 비교적 드문 일이다. 하지만 개인이 고립을 자초하는 심리 상태인 경우도 있다. 우울증을 앓는 사람은 집에 틀어박힐 수 있고, 사회 불안을 겪는 사람들은 다른 이들과 어울리는 상황에서 스트레스를 받고 불쾌한 경험을 하므로 그런 상황을 피하곤 한다. 다른 사람들과 어울릴 때 즐거움을 거의, 또는 전혀 느끼지 못하고 타인과 관계 맺는 일에 정말로 무관심한 극단적 성격 유형인 '사회적 무쾌감증'을 보이는 사람도 있다.

앞에서 언급한 사례는 부정적인 심리 상태에서 비롯된 것이지만, '행복한 내향형'이라고 표현할 만한 사람들도 있다. 이들은 심리적으로 건강하며 긍정적인 이유로 혼자 있는 시간을 즐기는 사람들이다.

다른 사람들과 떨어져 고립된 시간에 영성을 탐구하면서 도움을 받기도 하고, 혼자 있으면서 상상의 나래를 펼칠 때 창의력이 풍부해지기도 한다. 고립을 논의할 때는 고독의 이런 긍정적 영향은 간과하는 경우가 많다. 아마도 강제적 고립이 아니라 스스로 선택한 고립이라는 점에서 차이가 있을 것이다.

고립 연구

고립을 다룬 초기 연구는 1950년대에 이뤄졌다. 우연히도 이 시기에 발생한 한국 전쟁에서 서구권 포로들에게 사용된 공산주의 세뇌 기법과 고립에 대한 두려움이 발생했다. 캐나다 몬트리올의 맥길대학교는 고립을 다룬 공식적인 실험실 연구를 최초로 실시했다.

이 연구에서는 대학생 자원자들을 대상으로 감각 입력을 박탈하고 고립된 장소에 수용하는 실험을 했다. 초기에는 참가자들이 잠을 많이 잤지만 시간이 흐르면서 지루함을 느끼다가, 동요하는 모습을 나타냈다. 그들은 소음을 내기 시작했고, 숫자 떠올리기 등 수행해야 할 과제에 집중하거나 초점을 맞추는 것도 어려워했다. 극단적인 경우 몇몇 자원자는 환각이 보인다고 보고했다.

자원자 대부분은 그 조건을 견디지 못했고, 격리는 사흘 이상 유지할 수 없었다. 이 실험은 논란의 여지가 있었으며, 이 실험이 CIA와 딥 스테이트deep state(제도권 내에서 비밀리에 움직이는 세력을 가리키는 용어—옮긴이)의 작전과 연관이 있다고 본 정치 활동가들이 실험에 참가한 연구자들을 비난하기도 했다. 이런 실험에는 확실히 한계가 있었지만, 고립이 주는 커다란 어려움 중 하나가 지루함과 단조로움을 이겨내야 하는 일이라는 것을 분명히 보여주었다.

극단적 고립 사례

수백 년 동안 선원과 탐험가들은 개인이 아니라 소규모 집단에 속한 채 사회에서 떨어져 긴 항해와 오랜 고립에 대처해야 했다. 남극대륙은 토착 인구가 없고 극도로 추우며 어느 방향으로든 육지로부터 수천 킬로미터 떨어진 곳에 위치한, 지구상에서 가장 외로운 곳이다. 1908년 어니스트 섀클턴Ernest Shackleton이 이끌고 떠난 남극 탐험대는 음악과 연극 공연, 문화 행사를 오락으로 즐겼다. 그들은 몇 시간 동안 음식을 준비했고, 식사는 중요한 일상 속 의례였다. 남극 탐험대는 특히 기나긴 남극의 겨울을 지나는 동안 고독과 단조로움에 대항하기 위해 음주와 흡연을 더 많이 했다.

섀클턴의 2차 남극 탐험에서는 탐험대가 엘리펀트 섬에 4개월 반 동안 고립되는 일이 있었다. 담배가 떨어지자 너무 간절한 나머지 그들은 펭귄 깃털과 나뭇조각을 피웠다. 구조대가 돌아왔을 때, 그들은 상륙해서 좌초된 선원들을 태우기도 전에 담배가 든 가방부터 해안으로 던졌다.

코로나19 봉쇄 기간에도 비슷한 경향이 나타났다. 연구에 따르면 응답자의 거의 절반이 식사량 증가와 활동 부족으로 체중이 늘었고, 3분의 1은 알코올 소비가 증가했다. 고립은 혼자라는 사실이 유발할 수 있는 해로운 심리적 영향에서 자신을 보호하고 정신적 안녕감을 유지하기 위해서, 신체 건강에는 오히려 해로운 선택을 하도록 유도하기도 한다.

장기 고립의 영향

43장에서 소개할 생체 리듬 실험을 수행했던 미셸 시프르는 극심한 고립을 여러 차례 경험했다. 그가 참여했던 마지막 실험 중 하나에서 시프르는 텍사스 소재 미드나이트 동굴 입구에서 134미터 떨어진 공간에서 6개월을 보냈다. 그는 시간을 보내기 위해 엄선한 책과 레코드플레이어를 가지고 갔다. 하지만 동굴 환경 때문에 들어간 지 얼마 되지 않아 레코드플레이어는 고장 났고, 책들은 곰팡이로 뒤덮여 읽을 수 없었다.

그즈음 NASA는 장기 우주 비행 연구의 일환으로 시프르의 실험에 관심을 갖게 됐다. 그들은 아폴로호 임무에 사용했던 음식을 제공했고 시프르의 생체 측정 데이터를 연구팀으로 중계하는 케이블을 통해 추적 관찰했다. 그런데 안타깝게도 동굴 주변에 뇌우가 쏟아져 이 케이블이 고통스러운 전기 충격을 주는 바람에 시프르는 한층 더 불편한 생활을 하게 됐다.

완전하게 고립된 이 환경에서 시프르는 자살 충동을 느꼈고 정신 상태는 쇠약해졌다. 또한 이후 시행한 적성 검사에서는 동굴에서 보낸 기간 동안 손재주와 기억 기능이 쇠퇴했다는 결과가 나왔다. 시력 저하, 기억 상실, 우울증 등 몇 가지 영향은 오래 지속됐다. 결국 그는 이혼까지 하게 되었고, 남아메리카 열대우림으로 도망쳤다고 전해진다. 어쩌면 고립 상태로 돌아가려 했는지도 모르겠다.

우주의 새로운 경계가 열리고 심우주 비행이 가능해지면서 NASA는 고립 연구를 주도했다. 달에 착륙했던 아폴로호 승무원들은 모두 우주에서 겪은 고립으로 시프르와 유사하게 심각한 심리적 영향을 경험했다. 최초의 달 착륙 임무에서 아폴로 11호를 지휘했던 마이클 콜린스는 닐 암스트롱이 최초로 달 표면을 밟는 순간 지구에서 38만 4000킬로미터 떨어진 달의 뒷면을 홀로 지나면서 '역사상 가장 고독한 사

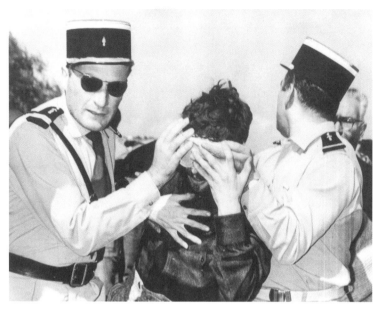

고립 상태에서 밖으로 나오는 미셸 시프르. 1962년 9월 19일의 이 사진은 시프르가 프랑스 남부의 122미터 깊이 지하 동굴에서 혼자 9주를 보낸 직후 찍힌 것이다. 눈은 빛으로부터 보호하기 위해 가린 상태다.

나이'로 알려지게 됐다.

지구로 돌아온 아폴로호 우주비행사들은 우주 비행을 통해 겪은 심리적 압박에 서로 다른 반응을 보였다. 닐 암스트롱은 은둔했고 버즈 올드린은 알코올 중독과 우울증에 빠졌다. 아폴로 프로젝트에 참가했던 많은 이들의 결혼생활이 깨졌다. 아마도 가장 극단적인 사례는 우주에서 '지성'을 경험했다는 에드거 미첼일 것이다. 그는 '섬광 같은 이해'로 자기가 우주와 연결됐다고 설명했는데, 이후 평생 자신의 경험을 이해하고자 애쓰며 보냈다. NASA의 입장에서는 이것이 향후의 우주 임무에 문제가 생겼다는 뜻이었다.

다시 달을 방문하고 화성에 인간을 보낼 준비를 하면서, 심우주 비행의 심리적 고립 상태를 본뜬 실험이 몇 차례 실시되었다. 가장 최근 실험 중 하나는 2010년에서 2011년에 걸쳐 러시아 국립과학센터 산하 생의학연구소가 주도한 마스 500 프로젝트Mars 500 Project였다.

이 연구에는 여러 나라 출신의 참가자 여섯 명이 러시아 내 밀폐된 시설 안에서 520일을 보내는 실험이 있었다. 한 승무원은 고립 기간 내내 경도에서 중등도에 이르는 우울증 증상을 보고했다. 다른 두 사람은 수면 각성 주기에 교란이 생겼고, 또 다른 한 명은 불면증과 신체 피로를 겪었다. 가장 스트레스가 심하고 많이 지친 승무원 두 명은 다른 승무원들 및 관제 센터와의 사이에 벌어진 갈등 중 85퍼센트를 차지했다. 1950년대에 실시한 맥길대학교 연구와 비슷하게, 승무원들은 깨어 있는 동안 점점 더 움직임이 줄었고, 자거나 휴식하는 시간이 길어졌다.

고립에 대처하는 방법

이런 연구에서 배울 수 있는 고립 대처법은 무엇일까? 고립 상태에서 정신 건강을 지키려면 일과를 계획하고 수면—각성 주기(일주기 리듬)를 유지해야 한다. 고립에 잘 대처하는 사람들은 일과를 일찍 설정하고 정한 일과를 잘 지킨다. 사회적 접촉으로 얻는 자극을 대체하기 위해 음식과 유흥, 때로는 약물까지 동원해 감각을 자극하려는 욕망은 반복되는 주제로 등장한다. 간단히 말해 우리는 고립 속에서 지루함을 느끼고, 우리의 마음은 몰두할 대상을 찾는다. 과식과 같이 잘못된 대처를 하면 신체 건강에 해를 끼치고, 외로움이 장기간 이어지면 기대 수명에 나쁜 영향을 줄 수 있다. 고립 상태에서도 잘 지내는 사람들은 책을 읽거나, 음악을 듣거나 만드는 활동 등을 통해 감각을 자극할 방법을 찾는다.

첨단 기술은 현대의 고립 기간에 대처하는 데 확실히 도움이 됐다. 우리는 인터넷 접속, 오락거리를 제공하는 동영상 스트리밍 서비스, 친구나 가족들과 언제든지 영상 통화를 할 수 있는 기술을 이용해 사회적 접촉을 유지할 수 있다.

또 고립으로 인한 심리적 영향 중 많은 부분은 금방 사라진다. 영국 왕립학회의 의뢰로 네타 와인스타인Netta Weinstein과 투이비 응우옌Thuy-vy Nguyen이 실시한 연구에서는 미국과 영국의 고립된 성인 약 800명을 조사했다. 연구팀은 코로나19 위기가 발생했던 초기에 이들을 대상으로 외로움과 우울, 불안을 측정했고 봉쇄 기간 이후에 다시 두 차례에 걸쳐 정신 건강 상태를 측정했다. 놀랍게도 자가 격리 중에 이들의 외로움과 우울, 불안은 증가하지 않았다. 어떤 성격 유형은 새로운 기회를 이용해 창의력을 탐구하거나 야외에서 은둔 생활을 즐기는 등 봉쇄 기간을 활기차게 보냈다.

43

회복과 집중력에 필요한 것
수면

잠은 우리 일과에서 빼놓을 수 없는 부분이다. 일반적인 성인은 하룻밤에 여덟 시간 정도, 어린이라면 최대 열세 시간까지도 잠을 자야 한다. 적절한 시간대에 충분히 숙면하는 것은 건강을 유지하기 위해 적절하게 먹고 마시고 운동하는 것만큼이나 중요하다. 잠을 자지 않으면 학습하고 기억을 형성하는 신경 연결을 만들거나 유지할 수 없어서 집중력과 반응 시간에 나쁜 영향을 준다. 잠을 자야 한다는 사실은 분명하지만, 수면의 목적에 대해서는 여전히 논쟁이 끊이지 않는다.

일주기 리듬

수면은 '체내 시계', 즉 수백만 년에 걸쳐 진화한 생체 리듬이 조절한다. 이런 일주기 리듬circadian rhythm은 24시간 동안 낮과 밤의 주기에 따라 정해진다. 체내 시계는 우리 몸의 모든 세포에 존재하며 시상하부 안에 있는 시교차상핵suprachiasmatic nuclei(SCN)이 이를 조절한다. 시교차상핵은 눈으로 들어오는 주변 빛의 양에 관한 정보를 받는 세포 수천 개로 이뤄져 있다. 이는 수면 주기가 외부 환경과 동기화되도록 일주기 페이스메이커를 재설정하는 역할을 한다.

시교차상핵은 졸음을 불러오는 호르몬인 멜라토닌을 만드는 과정을 조절한다. 빛의 양이 줄어들면 시교차상핵은 뇌에 멜라토닌을 더 많이 만들어 내라고 명령해, 자고 싶은 느낌을 불러온다. 날이 다시 밝아오면 멜라토닌 수치가 떨어지고 잠에서 깨어난다. 동시에 낮에는 항상성 제어가 작동해서 하루가 끝날 무렵 에너지 수준을 낮추도록 몸에 신호를 보내고, 이로 인해 저녁 시간이 되면 피곤해져서 잠이 온다.

일주기 리듬 주기에는 최고점과 최저점이 있으며, 가장 강력한 수면 추동은 일반적으로 오전 2시에서 오전 4시 사이와 오후 1시에서 오후 3시 사이(식곤증)에 발생한다. 우리가 경험하는 수면의 강도도 개인이 얼마나 수면 부족을 겪는지에 따라 달라질 수 있다.

"우리는 꿈과 같은 존재라서 우리 하찮은 삶은 잠으로 끝나지."

— 윌리엄 셰익스피어

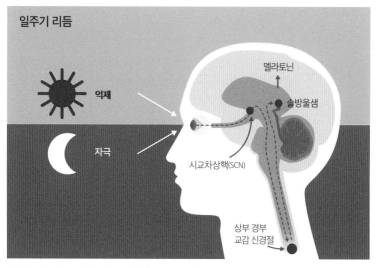

수면 주기는 일주기 리듬과 연관이 있고, 일주기 리듬은 낮과 밤 사이에 일어나는 빛의 전환에 좌우된다.

알아두면 쓸모 있는 심리학 상식 사전

수면의 유형

전통적으로 수면은 1) 급속안구운동(REM) 수면(렘수면)과 2) 비급속 안구운동 수면(비렘수면, 세 단계로 이뤄진다)이라는 서로 다른 두 유형으로 나눌 수 있다. 이는 특정한 뇌파 및 신경 활동과 관련이 있다.

윌리엄 디멘트William C. Dement는 급속안구운동 수면과 꿈의 관계를 처음으로 설명한 심리학자 중 한 명이다. 1957년, 디멘트는 너새니얼 클라이트먼Nathaniel Kleitman과 함께 인간의 야간 수면 패턴을 밝히는 구체적인 수면 단계를 논의했다.

- 1단계 비렘수면은 깨어 있는 상태에서 수면으로 전환되는 구간이다.
- 2단계 비렘수면은 깊은 수면에 들어가기 전에 얕은 수면을 취하는 구간이다.
- 3단계 비렘수면은 아침에 상쾌한 기분을 느끼는 데 꼭 필요한, 깊은 수면 구간이다.

렘수면은 잠이 든 지 90분 정도가 지났을 때 처음으로 일어난다. 감은 눈꺼풀 뒤로 안구가 빠르게 좌우로 움직인다. 꿈은 대부분 렘수면 중에 일어나는데, 이때 우리 몸은 부상을 예방하고 꿈에서 일어난 일을 실제로 실행하지 않도록 마비된다. 일상적으로 밤에 잠을 자는 동안 비렘수면의 모든 단계와 렘수면이 여러 차례 교차하며, 수면 주기의 끝으로 향하면서 렘수면 구간이 더 길고 깊게 발생한다.

수면을 주관하는 체내 일주기 리듬은 빛 같은 외부 단서가 없어도 규칙적인 수면－각성 주기를 유지한다. 동굴 탐험가 미셸 시프르는

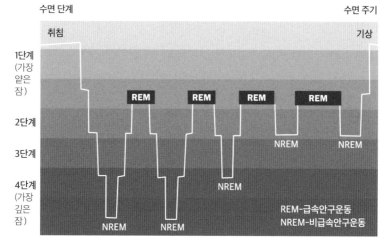

수면 단계   수면 주기

수면 주기 동안 우리는 깊은 수면과 얕은 수면 단계를 번갈아 가며 잠을 잔다.

스스로 지하 동굴에 들어가 장기간 살았다. 그는 자신의 일주기 리듬을 연구하고자 시계와 햇빛 같은 외부 단서를 모두 차단하고 의사소통을 할 수 있는 무선 연락 장치도 지니지 않았다. 오로지 체내 시계만이 그가 일어나고 먹고 자는 데 영향을 미쳤다.

시프르가 처음으로 61일 동안 지하에 머물렀던 1962년, 다시 지상으로 나왔을 때 그는 그날이 8월 20일이라고 생각했지만 실제로는 9월 17일이었다. 이 차이는 외부 단서가 부족해서 그의 신체 리듬이 바뀌는 바람에 하루가 실제보다 더 길다고 느끼고 더 적은 날이 흘렀다고 생각했다는 뜻이다. 60대가 되어서 실시한 연구에서 시프르는 젊은 시절보다 일주기 리듬이 더 천천히 흐른다고 추정했고, 이는 때로 48시간까지 늘어나기도 했다.

일주기 리듬은 표준인 24시간 주기에서 벗어날 수 있지만 수면 패턴을 큰 폭으로 조정할 수는 없다. 만약 수면 패턴이 크게 방해받으면

알아두면 쓸모 있는 심리학 상식 사전

생체 시계는 완전히 균형을 잃게 된다. 시차증을 겪는 사람은 이런 불균형의 영향을 강하게 느낄 것이고 회복하기까지 며칠, 때로 몇 주가 걸릴 수도 있다.

수면의 중요성

불면으로 발생하는 문제점이 알려지기 시작한 지는 이미 한 세기가 넘게 지났다. 1896년 아이오와대학교에서 수면 박탈을 다룬 초기 연구가 이뤄졌다. 대학교 심리학 실험실에서 자원자 세 명이 90시간 동안 깨어 있었다. 자지 않고 깨어 있는 시간이 증가할수록 참가자의 반응은 느려지고 기억력이 감소했으며 집중력을 유지하기 어려워했다. 한 사람은 공기 중에 알록달록한 입자들이 가득 차 있는 듯이 보이는 시각적 환각도 경험했다.

이 연구에서 수면 부족은 실험 대상자들에게 심리적으로도 악영향을 주었을 뿐 아니라 생리적 영향도 일으켜, 이들은 근육 기능이 감소하고 체온이 저하됐다. 다행히도 하룻밤 푹 자고 나자 이런 영향은 제자리를 찾았고, 이 연구로 참가자들이 장기적인 피해를 입지는 않았다.

그러나 한 세기가 넘는 동안 이뤄진 연구들에 따르면 장기간의 불면이나 만성 수면 부족은 기분 저하, 회복탄력성 감소, 대인관계 기술 하락으로 이어졌다. 앞서 소개한 연구와 마찬가지로 고혈압, 심혈관계 질환, 당뇨, 우울증, 비만 등 여러 장애를 일으킬 위험도가 증가하는 생리적 영향도 뒤따랐다.

불면이나 만성 수면 부족에 특히 취약한 집단이 있다. 다양한 연구에서 야간 교대 근무자들은 일반적으로 낮에 근무하는 사람들보다 수면의 질이 떨어진다고 밝혔다. 한 연구에서는 일반적으로 야간 근무 직원은 주간 근로자보다 수면 시간이 36분 적어, 가장 큰 영향을 받는다고 밝혔다. 결과적으로 이 집단은 수면 부족으로 심리적으로나 생리적으로 악영향을 받을 가능성이 높다.

1960년 윌리엄 디멘트는 수면 장애를 알아차리고 치료하면 공공 보건이 향상되는 효과가 있다는 것을 깨달았다. 수면 장애는 여러 요인으로 규칙적으로 숙면을 취하지 못하는 상태를 말한다. 다음과 같은 것들이 수면 장애에 속한다.

- 불면증insomnia : 잠이 들 수 없거나 수면을 유지할 수 없는 상태.
- 수면 무호흡증sleep apnea : 수면 중에 호흡이 일시적으로 멈추곤 하는 증상.
- 사건 수면parasomnias : 수면 중에 비정상적인 움직임과 행동을 일으키는 장애.
- 기면증narcolepsy : 갑자기 극도로 피곤함을 느끼고 전조 증상 없이 잠드는 상태.

스탠퍼드 기면증 개 그룹

1970년 디멘트는 스탠퍼드 수면 장애 클리닉을 열었다. 이 클리닉의 연구 분야 중 하나는 기면증과 운전 중에 잠드는 사람을 다루는 것이었다. 당시 도베르만 견종에서 기면증이 유전되며, 매우 종종 발생한다는 사실이 알려져 있었다. 디멘트는 스탠퍼드대학교에 다양한 견종(모두가 경비견으로는 쓸모가 없었다)으로 이뤄진 기면증 개 그룹을 만들었다. 연구 결과 기면증을 지닌 개들 중 어떤 개는 새끼를 낳아도 기면증이 유전되지 않았지만, 도베르만과 래브라도 리트리버 같은 견종은 이 특질이 유전되었다. 이 결과는 기면증의 발병 요인이 유전이라는 설득력 있는 증거가 되었다.

하지만 기면증 개를 번식시키는 것 자체가 난관이었다. 연구원이 었던 르원 샤프는 "수컷이 흥분해서 암컷에 올라탔다가도 대부분 잠 들곤 했어요"라고 회상했다. 기면증 개 그룹은 1976년부터 1995년까지 운영됐고, 인간에게 기면증이 발생하는 원인을 밝히는 데 도움을 주었다. 이 연구는 수면 장애를 인식하고 치료하는 데 큰 도약이었으며, 또한 수면과 꿈이 인간만이 겪는 고유한 경험인가 하는 의문을 제기하기도 했다.

앞에서 언급했듯 잠은 몸의 회복과 기억 저장, 성장에 꼭 필요하므로 인간뿐 아니라 다른 동물에게도 당연히 필요하다. 곤충은 무활동 기간을 거치기도 하지만 잠을 자거나 렘수면 상태로 들어가는 모습이 관찰되지 않았다. 2008년에 시겔Siegel은 물고기와 양서류 같은 몇몇 동물은 신경 활동을 줄이지만 우리가 수면이라고 정의하는 상태에 머물지는 않는다는 사실을 발견했다. 하지만 현재는 아가마 도마뱀과 두족류에서 렘수면 패턴이 발견되었고, 디멘트의 연구는 5억 년이 넘는 동물 진화의 역사에까지 영향을 미쳤다. 이는 인간에게 보이는 깊은 수면 패턴이 왜 진화했으며, 인간의 뇌에서 어떤 기능을 수행하는지 밝힐 중요한 의미를 지닌다.

도베르만을 이용한 연구는 수면 장애 중 하나인 기면증이 유전적 원인으로 발생할 가능성을 밝히는 데 기여했다.

알아두면 쓸모 있는 심리학 상식 사전

44

인간 행동을 이해하려면
성격

기질 탐구는 고대 그리스의 철학자와 의사들의 이론에까지 거슬러 올라갈 수 있다. 그들은 우주가 물, 불, 흙, 공기라는 네 요소로 이뤄져 있으며, 이는 우리 몸과 기질까지 구성하는 근본이라고 이해했다.

오늘날에도 여전히 성격을 이야기할 때는 히포크라테스가 기원전 400년에 개발한 용어가 사용되고 있다. 그는 침착한 사람들은 점액 수치가 높다고 여겨 '점액질'이라고 묘사했다. 또 낙관적인 사람들은 혈액이 많다고 생각해 '다혈질'이라고 묘사했으며, 우울한 사람들은 '우울' 농도가 높아 '우울질'이라고 여겼다. 또 짜증을 잘 내는 사람들은 담즙이 많고 '담즙질'이라고 생각했다. 히포크라테스는 이런 체액의 균형이 성격 유형에 차이를 빚는다고 결론 내렸다.

성격에 생물학적 기반이 있다는 히포크라테스의 관점은 기분과 행동을 노르아드레날린과 세로토닌 같은 뇌의 화학물질(신경전달물질)과 연결하는 현대 이론가들에게 반향을 일으켰다. 하지만 성격은 기분과 기질을 묘사하는 데 그치지 않는다. 마음과 성격을 이해하고자 시도한 가장 유명한 이론 중 하나는 지그문트 프로이트의 정신분석학적 접근이다.

성격에 대한 정신 역동적 설명

정신분석학적 접근법은 기본적으로 무의식적인 동기와 욕구가 행동을 결정한다고 가정한다. 프로이트는 마음을 설명하는 몇몇 가상 모형을 개발했고, 행동의 원인과 그에 따른 성격 발달을 설명하고자 무의식적 추동이라는 개념을 탐구했다.

5장에서 더 자세히 설명했듯 프로이트는 다양한 단계에 걸쳐 성격이 어떻게 발달하는지 탐구했고, 어린 시절에 일어난 사건들이 나중에 어떻게 행동과 성격에 영향을 미칠 수 있는지 인식했다. 심리학자들은 서서히 프로이트의 원리에서 벗어나 인간을 무의식적인 동기의 희생자라고 여기기보다는 좀 더 개인의 경험을 중시하는 인본주의적 접근법으로 옮겨갔다.

성격과 생리학

초기 성격 이론가들은 고대 그리스 철학자들과 비슷하게 성격이 다양한 '유형'으로 존재하며 이는 근본적인 것이어서 바꾸기 어렵다고 여겼다. 예를 들어 1954년에 윌리엄 셸던William Sheldon은 세 가지 체형에 따라 사람들을 나누고 이런 신체 차이를 성격의 다양성과 연결했다.

1. 내배엽endomorphic(뚱뚱하고 말랑말랑한 체형) : 사교적이고 느긋한 경향.
2. 외배엽ectomorphic(마르고 연약한 체형) : 내향적이고 자제하는 경향.

알아두면 쓸모 있는 심리학 상식 사전

3. 중배엽mesomorphic(근육질이고 탄탄한 체형) : 공격적이고 모험적인 경향. 다른 사람들과의 관계에서 냉혹하고 무자비하다.

    셸던은 남자 대학생 400명을 대상으로 연구해 이 이론을 뒷받침할 증거를 찾았다. 그는 1) 모범 학생, 2) 불량 학생, 3) 불량 범죄 학생이라는 세 범주에 들어맞는 학생들을 찾고, 이들의 사진을 수집해 각각을 내배엽, 외배엽, 중배엽 체형 중 하나로 등급을 매겼다. 그 결과, 비행의 수준이 높을수록 평균적으로 중배엽 등급이 많았다.

    만약 셸던의 연구 결과에 설득력이 있다고 느껴지더라도 주의해서 살펴봐야 한다. 셸던은 남학생만 연구했으며, 이는 그 결과를 여성 인구에게 일반화하여 적용할 수 없다는 뜻이다. 또한 무엇을 '불량'으로 간주하는지에 대한 견해는 시대와 문화권, 상황에 따라 달라질 수 있으므로 성격을 파악하기에는 적당한 척도가 아니다. 마지막으로 이런 연구는 인과 관계를 입증하지 못한다. 중배엽 체형을 타고난 사람들은 이런 신체 조건 때문에 남다른 취급을 받고 낙인이 찍혔을 가능성이 있으며, 그 때문에 불량한 행동을 하게 되었을 수도 있다.

    성격은 단순히 체형과 연관 짓기에는 너무나 복잡하며, 지금은 다양한 요소가 성격 차이를 가져온다는 사실을 받아들이는 상호작용주의 견해가 일반적이다.

신체형	모범 학생	불량 학생	불량 범죄 학생
내배엽형	3.2	3.5	3.4
외배엽형	3.4	2.7	1.8
중배엽형	3.8	4.6	5.4

셸던의 불량 대학생과 모범 대학생 연구 결과.

성격 요인

현대 이론가들은 성격 특질이 행동의 기반을 이루는 개별적 특성이라기보다는 연속적인 스펙트럼이라고 본다. 즉 우리 모두가 많든 적든 각각의 특질을 모두 가지고 있다고 가정한다. 심리학자들은 사람들을 특질의 연속선상에 놓고 각 개인이 특정한 특질을 얼마나 많거나 적게 지니고 있는지 평가하고 비교할 수 있다.

한스 아이젱크가 개발한 매우 유명한 성격 이론은 영향력이 큰 만큼 동시에 논란도 일으켰다. 베를린에서 태어난 아이젱크는 1934년에 런던으로 옮겨와 런던 정신의학연구소에 심리학과를 창설했다. 그는 인종과 IQ의 관계를 연구한 조사로 심리학계에서 논란이 많은 인물이다. 하지만 그의 성격 연구는 정신 역동 접근법에 대안을 제공했고, 현대 인지행동치료의 기반을 마련했다.

아이젱크는 제2차 세계대전 당시 런던 모즐리 병원에서 성격을 연구하기 시작했다. 전쟁에서 부상을 입은 군인 700명을 대상으로, 그는 이전 시대 이론가들처럼 설문지를 만들어 성격 특질을 측정하려 했다. 첫 번째는 1969년에 만든 성격 검사였다. 1975년에는 이를 개선한 아이젱크 성격 질문지Eysenck Personality Questionnaire(EPQ)가 나왔다.

아이젱크는 성격을 외향성extraversion과 신경성neuroticism이라는 두 특질의 연속체상에서 측정할 수 있다고 주장했다. 아이젱크 성격 질문지 검사에서 외향성에 높은 점수를 받은 사람은 외향적이고 사교적이며, 위험을 감수하고, 전반적으로 상당히 활달하다. 신경성에서 높은 점수를 받은 사람은 사교성이 부족하고 당황하기 쉽다.

아이젱크는 성격과 신경계 작용을 연결해 이론에 생물학적 요소를 추가했다. 그는 외향성이 높은 사람은 신경계 각성 수준이 낮으므

알아두면 쓸모 있는 심리학 상식 사전

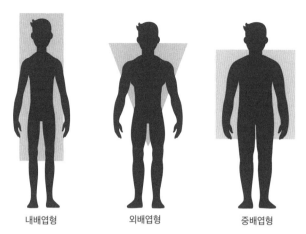

내배엽형   외배엽형   중배엽형

셸던(1954)은 체형과 성격이 관련이 있다고 주장했다. 내배엽형은 느긋하고 외향적인 경향이 있다. 중배엽형은 대체로 에너지가 넘치고 자기주장이 강하다. 외배엽형은 두려움이 강하고 자제한다. 현대 심리학은 성격이 체형과 관련이 있다는 생각에서 벗어났다.

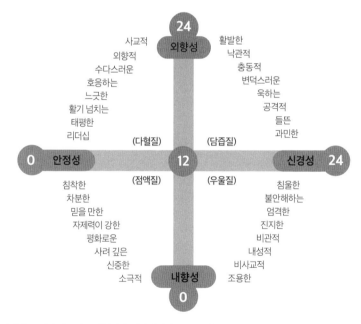

아이젱크 성격 질문지는 외향성과 신경성이라는 두 가지 주요 성격 차원을 바탕으로 하며, 각 차원에 대한 특질로 네 가지 성격 유형을 알아낼 수 있다.

로 어떤 종류든 정서적 각성을 느끼려면 외부 자극과 흥분이 필요하다고 주장했다. 반대로 무척 내향적인 사람은 선천적으로 각성 수준이 높거나 쉽게 각성되는 신경계를 타고났으므로 자극이 거의 필요 없고 흥분되거나 스트레스가 심한 상황을 회피한다.

나중에 아이젱크는 이 성격 이론에 정신증적 경향성psychoticism을 추가했다. 그는 이 특질을 테스토스테론 수준 증가와 연관이 있다고 여겼다. 정신증적 경향성에서 높은 점수를 받은 사람은 자기중심적이고 공격적이며, 공감 능력이 부족하고 충동적이라고 여겼다. 48장을 참고하라.

남성 수감자 2422명의 표본이 통제 집단보다 세 가지 성격 특질에서 모두 더 높은 평균 점수를 받았다는 아이젱크의 연구 결과를 비롯해 그의 이론을 뒷받침하는 증거들이 발견됐다. 이는 극단적인 성격 유형이 범행 특성을 유발하는 요인이 될 수 있다는 것을 암시한다. 하지만 이런 종류의 모든 연구가 그렇듯, 이런 타고난 성격 요인이 행동을 유발하는지, 아니면 행동 그 자체와 그로 인한 결과가 아이젱크 설문지에 대한 참가자의 응답에 영향을 미쳤는지 그 선후관계를 명확하게 밝히기는 어렵다.

45

나를 보호하는 법
공포

공포는 불쾌한 감정이지만 주의를 집중하고 대처 능력을 높여서 위험에 대응하는 데 도움이 된다. 공포 반응은 짧은 시간 내에 시작될 수 있지만 일단 위협이 지나가면 감소한다. 공포와 관련된 뇌 영역은 학습 및 기억과도 관련이 있는데, 무서운 사건은 두 번 다시 경험하고 싶지 않을 것이라는 점을 생각하면 당연한 일이다.

우리는 공포를 피할 방법을 기억해야 한다. 하지만 실제로는 우리의 예상처럼 반응하지 않고, 공포를 유발하는 상황을 몇 번이고 적극적으로 찾는 사람들도 있다.

공포에 대한 특이한 반응

2017년 6월 3일 토요일 이른 아침, 알렉스 호놀드Alex Honnold는 밴에서 일어나 즐겨 입는 빨간색 티셔츠를 입고 등산화와 초크 가방을 들고는 캘리포니아주에 있는 높이 914미터 암벽 엘 캐피탄 아래로 걸어갔다. 등산화 외에는 아무런 장비도 착용하지 않은 채 그는 위풍당당한 화강암 벽을 맨손으로 기어오르기 시작했다.

"두려워하지 말아야 한다. 공포는 마음을 죽인다. 공포는 완전한 소멸을 가져오는 작은 죽음이다. 나는 공포에 맞설 것이다. 공포가 나를 지나쳐서 통과하도록 허락할 것이다. 그렇게 공포가 지나가면 내면의 눈으로 지나간 길을 살피리라. 공포가 사라진 자리에는 아무것도 없을 것이다. 오로지 나만 남아 있으리."

— 프랭크 허버트, 《듄Dune》에서

1958년 엘 캐피탄을 처음으로 등반한 다음 왜 산을 오르는지 묻자 워런 하딩Warren Harding은 "우리가 미쳤기 때문이죠!"라고 대답했다. 이 첫 등반은 몹시 혹독해서 거의 1년 6개월이 걸렸고 기계적인 방법으로 암벽을 올랐다. 이제 알렉스 호놀드는 미친 짓을 넘어서는 일을 하고 있었다. 보호 장치를 착용하지 않았으니 작은 실수 한 번으로도 죽을 수 있었다.

이런 일은 상상조차 하기 힘들다. 보통 사람은 이렇게 거대한 암벽을 쳐다보기만 해도 공포 반응을 일으킨다. 등반가들도 암벽 표면에 매달려 있을 때는 손끝에 땀이 나고 강한 두려움으로 맥박이 뛴다고 말한다. 심장이 쿵쾅거린다. 매달려 있는 위치가 너무 저릿해서 얼어붙는다. 다큐멘터리 제작진은 암벽을 오르는 호놀드를 찍는 동안 너무 겁에 질린 나머지 그 광경에서 멀리 떨어진 상태에서 원격 기술로 촬영해야 했다. 하지만 3시간 56분이 지난 뒤, 알렉스 호놀드는 암벽 정상에 올랐고, 안전 장비 없이 엘 캐피탄을 등반하는 불가능한 업적을 달성했다.

어째서 그는 그토록 위험한 곳에 매달려서도 공포에 사로잡히지 않았을까?

공포 반응은 세 부분으로 이뤄진다. 첫째는 위협에 대응하여 신체 각성이 발생하는 투쟁—도피 반응이다. 공포에 대한 신체 반응으로는 심박수 증가, 손바닥의 축축한 땀, 근육 긴장, 빠른 호흡을 들 수 있다.

캘리포니아주 요세미티 국립공원(아래)에 있는 엘 캐피탄의 '더 노즈The Nose' 경로(위)를 단독으로 등반하는 알렉스 호놀드. 대부분의 사람은 공포 반응을 일으켜 이런 일에 도전할 수조차 없다.

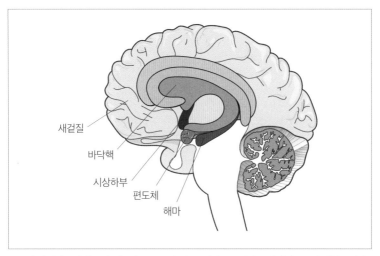

공포에 관여하는 뇌의 부위. 편도체는 공포 반응을 조절하고 통제하는 데 가장 중요한 역할을 한다.

이런 반응은 동물과 인간이 위협을 물리치거나 안전한 곳으로 도망쳐 생명을 위협하는 상황에 빠르게 대응할 수 있게 해주는 생존 기제로 진화했다.

둘째 측면은 인지 반응이다. 이는 개인이 상황을 평가하고 결과의 가능성을 저울질하는 단계다. 마지막 측면은 행동 반응으로, 개인이 위협을 회피하거나 벗어나고자 조치를 취하는 단계다.

위협에 대응하는 기제는 편도체라는 뇌 영역에서 시작한다. 편도체가 활성화하면 감각 입력(시각, 청각, 후각)을 공포나 분노처럼 투쟁—도피 반응과 관련된 정서와 결합한다. 편도체가 시상하부에 조난 신호를 보내면 시상하부는 교감 신경계를 통해 몸의 나머지 부분과 소통한다. 그다음에 편도체는 공포 반응을 조정하는 통제 센터 역할을 한다.

41장에서 살펴봤듯이 위협에 대한 신체 대응은 크게 두 가지 체계를 활용한다. 하나는 인신공격처럼 갑작스러운(급성) 스트레스 요인에 대응한다. 교감 신경계(SNS)가 신호를 전달해서 아드레날린 호르몬이 혈류로 분비되도록 한다. 아드레날린은 몸 전체를 순환하면서 여러 생리 반응을 일으킨다. 심장 박동이 증가해서 혈압이 상승해 근육과 심장을 비롯한 여러 중요한 기관에 더 많은 혈액을 공급한다. 산소를 최대한 많이 섭취할 수 있도록 호흡 속도가 증가한다. 또한 투쟁─도피 반응에 필요한 에너지를 공급하기 위해 혈류에 포도당과 지방이 가득 찬다.

스트레스 요인이 사라지면 자율 신경계(ANS)가 위협 반응을 약화한다. 자율신경계에 속하는 부교감 신경계가 심장 박동을 느리게 하고 혈압을 낮춘다. 또한 공포 반응을 보이는 동안 멈췄던 소화 기능을 다시 가동하고 평상시와 같은 각성 상태로 돌아간다.

다른 하나는 스트레스가 심한 업무 상황처럼 좀 더 장기간 지속되는(만성) 스트레스 요인에 대처한다. 뇌가 어떤 대상을 계속해서 위협적이라고 지각하면 시상하부가 스트레스 반응 체계를 활성화해서 교감 신경계로부터 공포 반응을 유지하고자 혈류에 호르몬 신호를 분비한다. 그러면 부신에서 코르티솔을 비롯한 다양한 스트레스 관련 호르몬이 분비된다. 코르티솔은 인체에서 투쟁─도피 반응에 중요한 여러 효과를 관장한다. 예를 들어 코르티솔이 분비되면 급격히 에너지가 분출하고 통증에 대한 민감성이 줄어드는 등의 이점이 있다. 하지만 인지 능력이 저하되고 면역 반응이 감소하는 등의 단점도 따른다. 스트레스 반응이 오래 지속되면 그와 관련한 장기적 건강 문제가 생길 수 있다.

이 체계에는 효과적인 피드백 기제도 있다. 시상하부와 뇌하수체에 있는 특수 수용기가 체내 코르티솔 수치를 추적 관찰한다. 이 수치가 정상보다 높아지면 부신을 활성화하는 호르몬 수치를 낮춰서 코르티솔 수치를 정상으로 복구한다.

스트레스 반응 체계

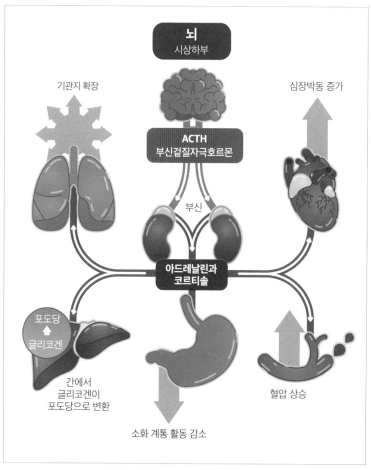

공포에 대한 생리 반응. 이런 생리 반응은 공포를 유발하는 위협에 대처할 수 있게 하지만 스트레스와 공포가 지속되면 장기적으로는 건강에 악영향을 미친다.

공포에 대한 행동주의의 설명

우리는 위험에 대처하는 방법을 훈련하거나 조건을 형성할 수 있다. 11장에서 우리는 1920년에 왓슨과 레이너가 실시한 역사적 실험을 살펴봤다. 이 실험으로 한 세기에 걸친 공포 조건 형성 연구가 시작됐다. 이 실험에서 쥐와 요란하고 두려운 소리를 결합하자 어린 앨버트는 쥐를 무서워하게 됐다. 조건 형성 행동의 일반 모형을 개발하기 위해 먹이에 대한 개의 조건 형성 과정을 처음으로 살펴봤던 이반 파블로프의 연구(1927)로 공포 조건 형성의 실험 모형은 더욱 발전했다.

유아기에 공포 반응이 발달하는 과정에 대해서는 알려진 바가 거의 없다. 가오 등Gao et al.(2010)이 실시한 종단 연구에서 나온 결과에 따르면 아이는 나이를 먹을수록 공포 조건 형성이 증가하지만 특히 5~6세 무렵에 강하게 증가한다. 이는 어린 시절의 경험이 공포 반응 조건을 형성하는 데 결정적인 역할을 한다는 뜻이다. 그 중심에는 편도체 발달이 있다. 편도체는 관자엽 깊숙한 곳에 있는 작은 아몬드 모양의 핵으로, 공포를 학습하는 데 중추적인 역할을 한다.

공포와 편도체

최근 연구에서 평온한 동물의 편도체에 전기 자극을 주면 공포 및 공격 반응을 유발할 수 있다는 결과가 나왔다. 또한 전류로 쥐의 발에 충격을 주고 이를 섬광과 연합하는 연구도 있었다. 편도체를 파괴한 쥐의 발에 충격을 가하자, 공포 반응은 보였지만 섬광과 발에 주어진 전기 충격 사이의 관계를 연합하는 학습은 하지 못했다. 여러 차례 훈련을 실시했지만 이 쥐들은 번쩍이는 불빛 자극만으로는 전혀 공포를 드러내지 않았다. 윤리적인 실험은 아니지만, 이런 연구들은 편도체와 공포, 학습 사이에 관련성이 있다는 흥미로운 증거를 보여준다.

편도체에 손상을 입은 사람들도 이와 비슷한 특징을 나타낸다. 엘리자베스 펠프스Elizabeth Phelps와 조지프 르두Joseph LeDoux(2005)는 편도체 일부에 손상을 입은 사람들을 대상으로 가벼운 공포 조건 형성을 조사했다. 이 연구에서 피험자들은 "빛이 들어온 다음, 충격이 이어졌다"라고 말해 섬광과 충격 간의 관계를 연합하는 표현을 했다. 하지만 이들에게 불빛만 보여주자 심박수 증가 같은 전형적인 공포 반응은 나타나지 않았다. 또한 르두는 장기간 쥐에게 공포 조건 형성을 실시하여, 그 결과 편도체와 뉴런 간의 소통 패턴에 변화가 일어난다는 것을 증명했다. 이런 결과들을 종합하면 편도체가 공포를 학습하는 데 핵심적인 역할을 한다는 것을 알 수 있다.

다큐멘터리 영화 〈프리 솔로Free Solo〉에서 알렉스 호놀드는 뇌 MRI 스캔을 실시한다. MRI는 전파와 강력한 자기장을 사용해 체내를 상세하게 촬영하는 스캔 기법이다. 영화에서는 MRI로 공포 자극에 대한 호놀드의 반응을 검사했지만, 그에게는 편도체의 활성이 거의 일어나지 않았다. 그의 편도체는 작동은 하지만 활성화하려면 더욱 커다란 자극이 필요했던 것이다.

편도체 활성도가 감소해서 호놀드가 공포 반응을 잘 나타내지 않는 것인지, 아니면 어린 시절의 과도한 편도체 자극이 원인이 되어 성인이 된 뒤에는 더 많은 자극이 있어야만 공포 반응을 느끼게 됐는지는 알 수 없다.

편도체 활성이 감소한 덕분에 알렉스 호놀드는 공포 반응의 첫 단계를 쉽게 감당하고 914미터의 암벽을 오를 때에도 커다란 위험에 대한 즉각적인 투쟁-도피 반응을 보이지 않을 수 있었다. 그는 경험을 바탕으로 자기가 처한 상황에서 일어날 수 있는 결과를 가늠하고, 자기가 마주칠 위험을 계산하여 판단한다. 그런 다음 반복 훈련과 실제 상황을 재현한 연습을 통해 집중하고 몸을 움직여서, 안전 장비 없이 엘 캐피탄을 오르는 데 성공했다.

평범한 우리가 보기에는 호놀드가 이런 식으로 공포 반응을 무시했다는 사실이 터무니없는 일처럼 느껴지겠지만, 사실 우리도 차를 운전할 때 똑같은 과정을 겪는다. 운전할 때 만약 정확한 타이밍에 운전대를 돌리지 못하면 끔찍한 결과가 일어날 것이다. 우리도 똑같은 방식으로 공포 반응을 조건 형성했고, 덕분에 목적지까지 안전하게 차를 운전할 수 있다. 알렉스 호놀드처럼 극단적인 사람들은 도박꾼들이 말하는 '딥 플레이deep play'에 참여해야 한다. 딥 플레이란 공포 반응을 끌어내기 위해 불확실한 결과에 모든 것을 거는 행위를 말한다. 이런 식으로 등반가들이 하는 게임은 중독성을 가진 묘약이 되어 공포를 추구하고, 자신의 한계를 더욱 극한까지 밀어붙인다.

편도체 — 뇌의 공포 중추

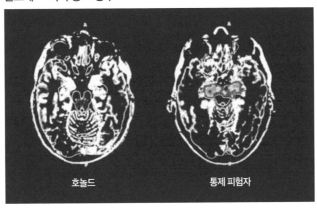

통제 피험자의 편도체와 비교한 알렉스 호놀드의 편도체.

46

유전일까, 환경 탓일까

공격성

공격성과 폭력 행동의 원인을 조사하려면 애초에 공격성을 어떻게 정의할지부터가 문제다. 동물들은 대개 먹이나 영역을 확보하려 할 때와 같이 명백한 이유로 싸우는 폭력 패턴을 보인다. 하지만 인간과 그 밖의 영장류들은 의도와 집단 역학의 복잡성 등으로 공격성을 분류하기가 더욱 어렵다.

공격성은 자원을 획득하려 할 때는 약탈이 목적이고, 위계에서 지배력이나 새로운 위치를 확립하려 할 때는 사회성을 띠며, 개체를 보호하려고 할 때는 방어적일 수 있다. 이번 장에서는 공격성 뒤에 숨은 생물학 및 행동 이론을 살펴보고자 한다.

공격성과 뇌

45장에서는 둘레계통limbic system(변연계), 그중에서도 주로 시상하부와 편도체가 위협을 인식한 뒤 어떻게 공포를 통제하는지 배웠다. 수많은 증거에 따르면 편도체는 공포 반응을 조절할 뿐 아니라 공격성과 폭력성을 중재하는 데에도 중요한 기능을 수행한다.

　　1939년 하인리히 클뤼버Heinrich Klüver와 폴 부시Paul Bucy는 동물 연구를 실시하여 공격성과 편도체가 서로 연관이 있다는 증거를 제시했다. 이들의 연구에서 관자엽을 제거한 원숭이들은 공포를 거의 나타내지 않았고, 놀라울 만큼 유순해졌다. 당시 클뤼버—부시 증후군 Klüver-Bucy syndrome이라고 불렀던 이 현상을 좀 더 자세히 연구하자, 원숭이의 편도체에서 일어난 간섭 현상일 가능성이 높았다. 뇌에서 그 부분을 선택적으로 제거했을 때 공포와 공격성에 비슷한 효과가 나타났기 때문이다.

　　마찬가지로 인간의 공격성도 편도체 손상에 영향을 받을 수 있다. 1966년 텍사스대학교 타워에서 총기 난사를 저질렀던 찰스 휘트먼은 그런 공격을 일으킨 폭력 충동 때문에 어떻게 도움을 구했는지 적은 짧은 유서를 남겼다. 그를 부검한 결과 편도체를 압박하는 종양이 발견됐고, 이 종양이 그의 행동을 변화시켜 16명을 살해하는 결과로 나타났을 가능성이 있다.

　　간헐적 폭발 장애(IED)라는 정신 질환에서 볼 수 있듯이, 편도체가 꼭 손상된 것은 아니지만 일반적인 방식으로 작동하지 않는 기저 질환을 가진 사람들도 있다. 이런 질환을 앓는 사람들은 갑자기 공격적인 행동을 하기 쉽다. 또 얼굴에 드러난 감정을 인식하는 과제를 잘 해내지 못한다. 뇌 스캔을 실시하면서 얼굴 감정 인식 과제를 수행한 연구에서 분노를 표현하는 얼굴 모습을 보았을 때 간헐적 폭발 장애 환자들의 편도체는 다른 참가자들의 편도체보다 더 높은 활성을 보였다. 이때의 반응 차이가 간헐적 폭발 장애 환자들이 나타내는 극단적이고 갑작스러운 공격성을 설명하는 원인 중 하나일 수 있다. 즉 그들의 뇌는 지각된 위협에 다르게 반응한다.

1997년 에이드리언 레인과 동료들은 신경 영상 기법을 사용한 대규모 연구를 실시했다. 이 연구는 양전자 방출 단층촬영(PET) 스캔을 통해 살인죄로 재판받게 될 41명의 뇌 활동을 통제 피험자 41명의 뇌 활동과 비교 분석했다. 그 결과 살인죄를 선고받은 사람들의 시상에서는 활동이 증가했으며 동시에 앞이마엽(전전두엽) 겉질은 활동이 감소했다.

따라서 PET 스캔은 뇌 기능 장애가 일부 공격성 및 폭력성 유형과 관련이 있다는 유력한 증거를 보여주었다. 하지만 레인은 이를 근거로 뇌 기능의 차이가 반드시 공격 행동을 유발한다고 볼 수 없고, 뇌 스캔 같은 방법으로 누가 강력 범죄를 저지르거나 그렇지 않을지는 예측할 수 없다고 강조했다.

공격성과 관련된 유전 증거

1993년 심리학자 한스 브루너Hans Brunner 연구팀은 폭력 행동 이력이 있는 네덜란드인 가문을 연구했다. 이 가문의 몇몇 남자들은 공격성이 강하기로 유명했고, 강간과 방화 외에도 심각한 강력 범죄 전과가 있었다. 심지어 업무가 부실했다고 비난한 고용주를 차로 치려고 한 사람도 있었다.

그들의 행동에 유전적 연관성이 있을 법한 패턴이 나타났다. 브루너는 이 가문의 모든 남성에게 뇌에서 세로토닌 수치를 조절하는 역할을 하는 특정 형태의 유전자가 있다는 사실을 밝혔다. 그 유전자는 시냅스를 통해 전달된 세로토닌을 비롯해 여러 가지 신경전달물질을 분해하는 효소인 모노아민 산화효소(MAOA)를 만들어 내는 데 관여하는 유전자였다. MAOA 수치가 낮다 보니 세로토닌 수치에 불균형이 생기고, 그 때문에 이 집안의 남성들이 더 공격적인 행동을 보였을 가능성이 있다. 쥐를 사용한 연구에서도 신경전달물질인 세로토닌이 공격 및 폭력 행동을 조절하는 데 핵심 역할을 한다는 결과가 나왔다.

결함이 있는 MAOA 유전자는 X염색체에서 암호화되고, X염색체는 어머니에게 물려받는다. 여성은 부모 모두에게 X염색체를 물려받으므로 사실상 결함 있는 유전자가 희석된다. 하지만 남성은 결함이 그대로 전달되므로 공격성 장애를 일으킬 가능성이 더 높고, 이것이 일반적으로 남성이 여성보다 더 공격적이고 폭력적인 이유 중 하나일지도 모른다. 하지만 모든 폭력적이고 공격적인 행동의 원인을 생물학적 요인에서 찾으려는 것은 결정론적 함정에 빠질 우려가 있다.

뇌 스캔 기법을 사용하면서 우리는 전과 달리 마음을 들여다보는 창을 가지게 됐다. 덕분에 어떤 경우에는 뇌의 구조 및 기능 차이가 공격성 수준을 높일 수 있다는 사실도 알게 되었다. 하지만 에이드리언 레인이 언급했듯이 개인의 뇌 스캔을 바탕으로 폭력 행동을 예측할 수는 없다. 게다가 제임스 팰런James Fallon의 사이코패스 가족력 사례(뒷면 박스 내용 참조)에서 볼 수 있듯, 어떤 개인이 유전적으로 공격적 성향을 타고났다 해도 올바른 양육 환경이 뒷받침된다면 전혀 그런 행동이 나타나지 않을 수도 있다.

공격성에 대한 행동주의 설명

환경 조건이 공격 행동을 발현시키는 데 중요한 역할을 한다는 증거가 있다. 사회 학습 이론은 우리가 다른 사람들을 관찰하면서 배운다고 주장한다. 따라서 아이들은 공격 행동이 어떻게 일어나고, 어떤 형태로 나타나는지 경험하면서 배운다. 29장에서 살펴봤듯이 밴듀라 등(1961)이 실시한 보보 인형 연구는 폭력적인 행동을 관찰한 어린이들이 그런 행동을 직접 모방할 가능성이 높다는 사실을 증명했다.

제임스 팰런의 가족력

2005년 신경과학자 제임스 팰런은 미국에서 가장 악명 높은 연쇄살인범들을 대상으로 PET 스캔을 실시해 사이코패스 경향과 관련이 있을 법한 뇌의 패턴을 찾는 연구를 의뢰받았다.

팰런은 스캔 사진 중에서 사이코패스 성향에 잘 들어맞는 영상을 발견했다. 그런데 (공정성을 기하기 위해 개인의 신원은 가린 상태였으므로) 해당 스캔의 번호를 검색해 본 결과, 놀랍게도 그 PET 스캔은 팰런 자신의 뇌였다. 그 자신이 병리적 사이코패스였던 것이다!

이후 어머니와 자세히 이야기를 나누면서 그는 자신이, 1892년 아버지와 계모를 살해한 죄로 기소되어 악명 높았던 리지 보든을 비롯해 여러 살인범과 연쇄살인범의 후손이라는 사실을 알게 됐다. 그러나 공격성과 연관된 MAOA 유전자 변이 및 그런 유전적 배경을 가졌으면서도 팰런은 행복한 결혼생활을 이어갔고, 폭력적이지도 않았으며 학자로서도 성공적인 경력을 쌓았다.

이후 팰런의 연구는 아동기의 트라우마가 훗날 공격성을 유발하는 필수 요인이라고 주장했다. 분명 폭력이나 공격 행동이 나타나기 쉬운 생물학적 성향을 타고나는 사람들이 있지만, 환경에서 비롯되는 촉발 요인이 있어야만 그런 행동이 발현된다. 이 이론을 '병적 소질—스트레스 모형diathesis-stress model'이라고 한다.

제임스 팰런.

리지 보든.

1930년대에 등장한 좌절—공격 이론frustration-aggression theory은 공격성의 원인이 행동 문제라고 강력하게 주장한다. 내적·외적 요인으로 목표를 달성하지 못하면 좌절하게 된다. 존 달러드John Dollard와 그의 동료들은 좌절이 생기면 어떤 형태로든 언제나 공격성이 나타난다고 주장했다. 그러나 이 주장은 공격성이 항상 좌절로부터 비롯된다고 가정한다. 우리는 다들 좌절을 겪지만 모두가 공격성을 드러내지는 않는다. 이에 대해 좌절—공격 이론은 좌절하게 만든 상대방에게 보복 행동을 드러낼 때 공격성의 강도가 가장 크다고 답한다.

정신 역동 이론은 우리 자아를 보호하려면 마음을 정화하는 형태로 좌절을 배출해야 한다고 주장한다. 이는 스포츠 등을 통해 적절하게 공격성을 사용('승화sublimation')하거나 공격성의 방향을 다른 대상이나 사람으로 돌릴('전치/치환displacement') 때 가능하다.

전치는 좌절의 원인을 공격하는 것이 어렵거나 불가능할 때 일어난다. 우리는 이런 사례를 매일같이 목격한다. 예를 들어 교통 체증에 갇힌 운전자가 자전거를 타는 사람에게 소리를 지른다. 직장에서 컴퓨터 때문에 짜증이 극에 달한 누군가가 키보드를 부순다. 집에서는 조립식 가구를 조립하느라 몇 시간 동안 낑낑대다가 남은 나사가 든 봉지를 방바닥에 내던진다. 그러니 누구나 살면서 한 번쯤은 좌절 때문에 일어난 공격성을 경험했을 것이다.

행동주의 설명은 공격성의 원인을 설명하는 데 그친다. 사람이라면 누구나 살면서 좌절하거나 질투하거나 불신을 느꼈겠지만, 그렇다고 모두가 극단적인 공격성과 폭력성을 드러내지는 않는다. 어떤 개인이 높은 공격성을 드러낸다면 유전자, 생물학적 요인, 환경에 따른 조건 형성이 함께 작용하여 나타날 가능성이 높다. 어떤 사람들은 분명 공격성을 보이기 쉬운 유전적 소인을 가지고 태어나지만, 이런 개인이 공격적이고 폭력적인 행동을 할지 아닐지를 결정하는 것은 유전적 요인 못지않게 환경 조건도 똑같이 중요한 역할을 한다.

47

군중 속으로 숨다
몰개인화

개인이 합리적 사고와 행동을 하지 못하는 현상은 1895년 귀스타브 르 봉이
실시한 고전적 군중 이론 연구에서 처음으로 다뤄졌다. 당시 프랑스 사회는
폭력적이었고 시위가 끊임없이 이어졌다. 그는 개인이 집단에 속해 있을 때
어떻게 충동적인 행동을 하게 되는지 살펴봤다. 르 봉은 개인이 군중 속에서
익명성을 띠게 되고, 여기에 피암시성suggestibility과 전염contagion이 더해져
'집단의 마음'이 개인의 의사 결정을 장악하는 과정을 목격했다.

이렇게 자제력을 상실한 프랑스인들은 개인적 규범 및 사회적 규범에
반하는 행동을 하게 되었고, 그 결과 19세기 프랑스의 거리 폭동에서
는 바람직하지 않은 행동이 나타났다.

군중 이론은 20세기를 거치며 다듬어졌다. '몰개인화deindividuation'
는 1950년대에 미국의 사회심리학자 레온 페스팅거Leon Festinger가 사
람들이 다른 사람들과 구분되거나 분리되지 않고, 집단 속에 숨는 현
상을 묘사하면서 처음으로 사용한 용어다. 다른 사람들이 개인을 어
떻게 인식하고 자신의 행동을 어떻게 판단할지에 대해 크게 염려하지
않는 것이 몰개인화의 특징이다.

대규모 음악 축제와 종교 집회에서 볼 수 있듯이, 때로 몰개인화는

긍정적인 사회 행동('친사회적')으로도 이어질 수 있다. 이런 행사에서 약물과 알코올의 사용으로 인해 생기는 의식 변화 역시 몰개인화 현상을 증폭하는 역할을 한다. 친사회적 몰개인화는 자선 단체에 기부하는 것 같은 이타적 행동이 늘어나도록 할 수도 있으며, 이는 1985년에 열린 '라이브 에이드Live Aid' 같은 행사가 자선기금을 모으는 데 효과적인 모델인 이유를 설명한다.

정상적인 사회에서는 많은 사람이 공격적이고 비합리적인 행동을 자제한다. 하지만 군중 속에서 익명성을 띤다는 말은 사실상 개인이 책임을 지지 않는다는 뜻이다. 이는 각 개인이 자신의 행동을 자제하는 내적 제약이 약화하는 결과를 가져오며, 따라서 다른 사람들의 부정적 평가에 대한 두려움도 줄어들고, 자기 행동에 대한 죄책감도 감소한다. 즉 자유롭게 마음껏 행동하고 싶은 기분을 느낀다. 짐바르도는 군중이 우리 인식과 개성을 감소시키며, 군중의 규모가 클수록 그 효과도 커진다고 주장했다.

이런 부정적 집단행동의 한 예로 미끼baiting 현상을 들 수 있다. 만Mann(1981)은 미국에서 1960년대와 1970년대에 걸쳐 신문에 보도된 투신자살 21건을 살펴봤다. 이 중 10건은 자살 시도를 지켜보는 인파가 몰리면서 미끼 현상이 일어났다. 군중이 자살하려는 사람에게 뛰어내리라고 부추겼던 것이다! 만은 자살 시도 대부분이 야간에 일어났고, '뛰어내릴 사람'은 군중보다 한참 더 높은 곳에 있어 거리감을 느끼는 상황이었다는 데 주목했다. 이런 측면은 군중에 속한 사람들이 몰개인화된 상태였다는 뜻이고, 급기야 자살하려는 사람을 조롱하고 뛰어내리도록 부추기기에 이르렀다.

온라인과 모바일 기술로 소통하는 방식은 사람들이 충동적이고

알아두면 쓸모 있는 심리학 상식 사전

2011년 런던 폭동에서는 사회 불안의 초기 원인은 대부분 잊히고, 약탈과 폭력 시위로 초점이 바뀌며 많은 사람이 몰개인화 행동을 보였다.

반사회적인 행동에 뛰어들고, 미끼 현상이 일어나는 상황을 악화했다. 온라인 플랫폼과 전자 기기를 사용한 사이버 폭력은 약물 및 알코올 남용, 심리적 장애는 물론 극단적인 경우 자살까지 불러올 수 있다.

미국 럿거스대학교에서 공부하던 18세 학생 타일러 클레멘티의 자살은 이 현상의 가장 비극적 사례 중 하나다. 당시 클레멘티는 자신이 동성애자라는 것을 받아들이기 시작하고 친구와 가족에게 그 사실을 털어놓은 상태였다. 사이버 폭력은 누구에게나 일어날 수 있지만 레즈비언, 게이, 양성애자, 트랜스젠더(LGBT) 학생들은 온라인 폭력의 표적이 될 가능성이 가장 높다.

어느 날 저녁 클레멘티는 룸메이트에게 데이트가 있으니 사생활을 존중해 달라고 부탁했다. 그러나 룸메이트였던 다런 라비는 원격 웹캠으로 방을 촬영할 수 있도록 몰래 컴퓨터를 설치했다. 라비는 클

타일러 클레멘티를 추모하는 럿거스대학교 학생들.

레멘티와 동성 남자친구가 성적 접촉을 하는 모습이 담긴 장면을 찍어 퍼트렸고, 다른 학생들은 이 영상을 인터넷으로 공유했다. 학생들은 그런 범죄를 신고하기는커녕, 온라인 군중이라는 익명성 뒤에 숨어 몰개인화 행동을 자행하며 모욕하고 조롱했다. 2010년 9월 22일 클레멘티는 페이스북 상태 메시지에 "조지 워싱턴 다리에서 뛰어내림. 미안"이라는 말을 남겼다.

이 사건에서 피해자는 인터넷 환경의 익명성 때문에 고통받고 비극적인 결말을 맞았다. 하지만 익명성이 바람직한 행동을 불러오거나 긍정적인 결과로 이어지는 경우도 많다. 청소년들은 정신 건강 문제와 관련하여 도움을 구할 때 직접 대면하는 것보다 인터넷을 이용하는 것이 더 편하다고 말한다. 실제로 이런 방법이 더 나은 결과를 가져오는 것으로 확인되었고, 지금까지 간과되거나 제대로 보고되지 않은 건강 영역에 대한 지원도 증가했다.

반면 문화 차이와 몰개인화가 결합하면 치명적인 결과를 부를 수 있다. 로버트 왓슨Robert Watson(1973)은 23개 사회의 전사들이 이웃 부족과 무력 충돌을 일으키기 전에 어떻게 외모를 단장하는지 조사했다. 조사 결과, 전사들이 전투용 분장을 하고 부족의 의상을 갖춰 입어 몰개인화하는 사회가 피해자에게 더 극심한 폭력을 행했다. 짐바르도(2007)는 "원래 온화한 젊은이들이 다른 젊은이들을 해치고 죽이고자 할 때는, 먼저 평소의 외관에 변화를 주고 겉모습을 바꾸면 더 쉽게 그런 행위를 할 수 있게 된다"라고 설명했다. 이런 의미에서 인터넷은 우리의 외관을 바꾸고 극단주의적 견해를 부추기도록 만든다.

이런 현상을 조사하고자 아완 등Awan et al.(2019)은 10만 건이 넘는 트윗과 역시 10만 건이 넘는 유튜브 댓글을 분석했다. 그 결과 소셜 미디어 네트워크(SNS)의 설계가 사용자들이 높은 수준의 익명성을 확보하고 극단주의적 견해를 전파할 수 있는 반향실echo chamber 같은 환경을 만든다는 것을 발견했다. 급진화가 일어나는 과정은 지극히 복잡하지만, 개인의 극단적인 견해가 인정받고 강화되는 측면이 있다. 소셜 미디어 플랫폼은 생각이 비슷한 사람들이 함께 모이는 공간을 만들어 자신들과 다른 관점을 차단하며, 이는 결국 집단의 신념을 강화하는 결과를 낳는다. 이런 식으로 일부 온라인 커뮤니티는 사이버 폭도가 되고, 극단주의 단체들은 사회의 취약한 구성원들을 급진적으로 만들 수 있다.

페페 더 프로그Pepe the Frog의 부상은 매우 극단적인 사례다. 2005년 만화《보이스 클럽Boy's Club》에 처음 등장한 페페는 화가 겸 일러스트레이터 맷 퓨리Matt Furie가 만든 캐릭터로서, 피자를 좋아하고 "기분이 좋으니까"가 입버릇이며 대마초를 피우는 개구리였다. 2009년 무렵에도 페페의 이미지가 인터넷을 떠돌았는데, "기분이 좋으니까"라는 구호를 적은 나치 제복을 입은 사악한 모습으로 표현되었다. 그러자 반명예훼손연맹Anti-Defamation League은 페페를 증오의 상징으로 공식적으로 등록했다.

페페가 등장했을 당시는 사용자들이 완전한 익명으로 무엇이든 올릴 수 있는 4Chan(미국의 거대 이미지보드 사이트—옮긴이) 같은 인터넷 채팅방이 인기를 얻었다. 사용자들은 이런 식으로 평가나 부정적인 판단을 받을지도 모른다는 두려움 없이 극우 이념을 홍보할 수 있었다. 오히려 그들은 자기가 속한 집단에서 긍정적 강화를 받았다. 이때쯤 맷 퓨리는 이미 자기가 만들어 낸 페페 캐릭터에 대한 통제력을 완전히 잃은 상태였지만, 이후 더욱더 믿기 힘든 일이 일어났다.

2016년 미국 대통령 선거에서 힐러리 클린턴은 도널드 트럼프와 그 지지자들(대안 우파)을 가리켜 '개탄스러운 집단basket of deplorables'이라고 말했다. 보름도 채 지나지 않아 도널드 트럼프의 아들은 영화 〈익스펜더블The Expendables〉을 패러디해서 트럼프가 페페와 나란히 선 사진을 〈개탄스러운 사람들The Deplorables〉이라는 제목으로 올렸다. 이를 계기로 트럼프 선거 진영은 당시 페페가 반유대주의와 인종차별주의 이념 논란을 대표하게 되면서 어쩔 수 없이 거리를 두기 전에 채팅방에 올라왔던 정서와 언어를 활용했다. 사실상 페페는 대안 우파를 하나로 뭉치게 하는 상징이 되었고, 부족 전사들이 외모를 바꾸어 전쟁에 나서는 것을 조사한 왓슨의 연구에서처럼, 인터넷 폭도들은 페페의 이미지를 사용하여 일개 개인이라면 할 수 없었을 엄청난 공격과 폭력성을 희생자들에게 쏟아부었다.

소셜 미디어 플랫폼이라는 반향실은 사람들이 몰개인화된 상태로 행동하면서도 전 세계로 손을 뻗을 수 있도록 한다. 따라서 몰개인화와 인터넷 기업들이 온라인 익명성을 관리하는 방식은 현대 사회의 미래에 대단히 중요한 역할을 할 것이다.

48

범죄행동의 원인을 추적한다
범죄심리학

범죄는 개인의 공격 행동부터 대규모 기업 범죄에 이르기까지 다양한 형태로 나타나며, 놀랍도록 흥미로운 연구 분야인 동시에 하나의 중대한 이론으로 뒷받침하기에는 어려운 분야다. 이번 장에서는 범죄자 심리 연구에서 중요한 발전 사항을 간략히 살펴보고, 범죄심리학이 탄생한 후 우리가 어디까지 왔는지 알아보자.

롬브로소와 범죄자의 원시적 특징

19세기 말, 이탈리아 의사 체사레 롬브로소는 이탈리아 범죄학 학교를 설립하고 범죄 행동을 과학적으로 연구한 선구자였다. 그는 범죄자가 나머지 인류와 같은 속도로 진화하지 못한 사람들이며, 생물학적 열등감을 드러내는 신체 특징을 기준으로 가려낼 수 있다고 믿었다. 그는 이를 가리켜 '원시적atavistic' 특징이라고 불렀는데, 이는 '고대의' 또는 '조상의'라는 의미다. 나아가 롬브로소는 특정 범죄자 유형이 구체적 특징을 보인다고 주장했다. 예를 들어 살인자는 눈이 충혈되고 매부리코지만, 성범죄자는 입술이 두껍고 귀가 앞으로 튀어나왔다는 것이다.

　　　　　　　알아두면 쓸모 있는 심리학 상식 사전

롬브로소는 유죄 판결을 받은 범죄자들을 부검하여 데이터를 수집하고, 이를 바탕으로 이론을 세웠으며, 연구 대상 중 40퍼센트가 실제로 그런 특징을 지녔다는 사실을 확인했다. 하지만 결과를 비교할 통제 집단이 없으므로 어쩌면 그저 전체 인구 중 40퍼센트가 그런 특징을 가졌는지도 모른다. 또한 신체 특징과 범죄 행위 사이에 상관관계가 있다고 해서 그것이 곧 인과관계로 성립하지는 않으며, 실제로는 남과 다른 얼굴 특징을 가진 사람이 사회적으로 낙인이 찍히는 바람에 범죄를 저지르게 될 가능성도 있다.

현재 롬브로소의 이론은 대부분 신빙성을 인정받지 못한다. 그의 이론은 사회적으로 매우 민감한 내용으로, 일부 구성원은 선천적으로 열등한 유전자를 타고 난다고 암시하며, 신뢰할 수 있는 증거도 없이 차별 사상을 뒷받침한다. 하지만 결함 있는 이론이라도 비판을 통해 진보를 이끌어 내며, 여전히 롬브로소는 초기 범죄학 연구에서 핵심적인 지위를 차지하고 있다.

범죄 행동의 생물학적 원인

생물학적 특징이 원인이 되어 범죄를 유발한다는 개념은 특히 강력 범죄와 관련하여 여전히 인기 있는 이론이다. 공포와 공격성을 다룬 장에서 편도체가 공격 행동과 관련이 있다는 주장과 MAOA 유전자 같은 특정 유전자들이 어떻게 역할을 하는지 간략히 이야기했다. 하지만 이런 생물학적 이론은 대개 공격 행동 및 범죄에 대한 '병적 소질―스트레스 모형'으로 이어진다.

즉 우리는 유전적으로나 생물학적으로 특정 행동을 하기 쉬운 경향을 타고날 수도 있지만, 그 행동을 실제로 발현시키는 것은 환경에

TYPES DE CRIMINELS ITALIENS.

체사레 롬브로소가 수집한 이탈리아 범죄자들의 초상화, 1895.

서 비롯된 스트레스다. 어쨌든 유전적 특징이 범죄를 일으킨다는 생각이 여전히 널리 퍼져 있고, 이와 관련해서는 XYY 염색체 이론을 살펴봐야 한다.

남성 신생아 약 1000명 중 1명은 Y염색체를 하나가 아니라 두 개 가지고 태어난다. 일반인 집단에서는 이렇게 XYY 염색체를 가진 사람이 비교적 드물지만, 교도소 수감자 중에서는 흔한 편이다. XYY 염색체를 가진 남성은 대체로 정상적으로 발달하지만, 산만함이나 과잉행동 등의 학습 문제를 겪기도 한다. 이런 경향이 현대의 삶이 요구하는 사항들과 맞물리다 보면 XYY 남성 중 높은 비율이 교도소에 수감되는 원인이 될 수 있다.

심리학자 에이드리언 레인(46장에서 살펴봤던 살인자 PET 스캔 연구를 한 학자)은 유전적 원인이 범죄 행동을 일으킬 가능성을 뒷받침하는 증거를 제시했다. 그는 1993년까지 실시된 쌍생아 범죄 행동 연구를 모조리 검토했다. 이 연구들에서 일란성 쌍생아는 이란성 쌍생아보다 범죄 행동 비율이 비슷할 확률이 훨씬 더 높았다. 기본적으로 일란성 쌍생아 중 한 명이 범죄자면 나머지 한 명도 범죄자일 가능성이 더 높았다. 이는 범죄를 저지르는 데 유전적인 원인이 있을 것이라고 시사하지만, 유전과 환경의 영향을 분리하기는 대단히 어렵다.

일란성 쌍생아는 같은 대우를 받을 가능성이 높으므로, 환경이 행동의 유사성에 미치는 영향이 과장된다고 주장할 수 있다. 1984년 사르노프 메드닉Sarnoff Mednick을 비롯해 여러 학자들이 실시한 초기 연구에서는 덴마크에서 입양된 범죄자들을 친아버지 및 양아버지와 비교했다. 연구팀은 친부모나 양부모에게 전과가 있는지를 기준으로, 입양인의 전과 비율을 측정했다. 그 결과 재산 범죄 전과와 관련해서는 입양인과 친부모 사이에 유의미한 상관관계가 있었지만, 강력 범죄 전과에 대해서는 상관관계가 없었다. 하지만 이런 상관관계에 영향을 미칠 수 있는 환경적 원인을 분리하기는 여전히 어렵다. 입양인들도 생애 초기에는 친부모와 보내는 경우가 많고, 이후에도 연락을 유지했을 가능성이 있기 때문이다.

	전과자 생물학적 친부모	비전과자 생물학적 친부모
전과자 양부모	24.5%	14.7%
비전과자 양부모	20.0%	13.5%

44장에서 좀 더 자세히 논의했던 한스 아이젱크는 성격 차이가 범죄 행동의 근본 원인이지만 환경적 요인과 생물학적 요인 모두가 이런 차이를 일으킨다고 주장했다. 아이젱크는 외향성, 신경성, 개정판에서는 정신증적 경향성까지, 특정한 성격 특질을 식별할 수 있는 설문지를 개발했으며 환경과 생물학적 특징이 이런 성격 특질에 영향을 미친다고 주장했다.

그는 외향적이고 스릴을 추구하는 사람은 신경계의 각성이 충분하지 않아서일 거라고 추측했다. 신경계를 활성화하려면 자극이 더 많이 필요하므로, 신경계를 활성화하여 다른 사람들이라면 덜 극단적인 행동으로도 경험하는 흥분을 느끼기 위해 스릴을 추구한다. 그 결과 그들은 더 강한 스릴을 느낄 수 있는 범죄 행동을 할 수도 있다.

마찬가지로 신경성에서 높은 점수를 받은 사람들은 자극에 무척 빠르게 반응하는 과민한 신경계를 지녔을 가능성이 높다. 따라서 그

알아두면 쓸모 있는 심리학 상식 사전

들은 말싸움이나 스트레스가 심한 상황처럼 환경에서 비롯되는 자극에 과민한 반응을 나타내고, 폭력적인 방식으로 분출하게 된다.

비평가들은 아이젱크의 이론을 뒷받침하는 증거를 찾기는 대단히 어려우며, 그가 자신의 이론을 증명하기 위해 직접 만든 설문지로 자기충족적 예측을 했다고 주장한다.

사회적 영향과 범죄 행동

범죄 행동과 관련해 마지막으로 살펴볼 분야는 사회의 역할이다. 1939년 에드윈 서덜랜드Edwin Sutherland는 어떤 사람이 범죄자가 되려면 두 가지 요인이 필요하다고 주장했다. 첫째로 범죄 행동을 지지하는 특정한 가치를 배워야 하고, 둘째로 범죄를 실행하는 데 필요한 기술을 배워야 한다. 이 이론을 가리켜 차별적 접촉 이론differential association theory이라고 한다. 범죄자는 주로 어울리는 사람들로부터 영향을 받는다는 주장이다. 이 이론은 29장에서 살펴봤던 사회 학습 이론과 여러모로 비슷하다. 우리가 평생에 걸쳐 관찰과 모방으로 행동을 학습한다는 앨버트 밴듀라(1963)의 주장 말이다. 이런 식으로 범죄자는 태어나는 것이 아니라 주변 사람들을 관찰하면서 만들어진다.

여기에서는 주요 연구에서 얻은 몇몇 통찰들만 소개했지만, 광범위한 범죄가 발생하는 원인을 하나로 꼭 집어 말하는 것은 어리석은 일인 동시에 불가능하다는 것만은 분명히 밝히고 싶다. 범죄 행위의 원인은 다양한 범죄만큼이나 복잡하다. 범죄 행동의 원인에 대한 연구는 계속해서 발전해 갈 방대한 분야지만, 우리에게 가장 유용한 것은 물론 해결책을 줄 수 있는 이론들이다.

〈수감자와 통제 집단의 성격 차이|Personality Differences Between Prisoners and Controls〉(아이젱크와 아이젱크, 1977)

한스 아이젱크와 시빌 아이젱크 Sybil Eysenck는 정신증적 경향성, 외향성, 신경성 점수를 측정하는 아이젱크 성격 질문지에 거짓말을 탐지하는 질문들을 더해 남성 수감자 2070명을 평가했다. 두 사람은 이 결과를 전과가 없는 통제 집단 남성 2422명의 검사 결과와 비교했다. 그 결과 수감자들은 통제 집단보다 모든 성격 측정에서 더 높은 점수를 기록했다. 이는 범죄 성향이 성격 유형의 양극단과 연관이 있다는 뜻이다. 하지만 이 점수는 두 집단 모두에서 나이가 들수록 감소했다.

아이젱크는 각 성격 특질의 극단 및 환경과의 상호작용이 범죄 행동으로 이어질 수 있다고 믿었다.

- 외향성이 높은 사람은 더 많은 자극을 추구하므로 위험한 활동에 뛰어든다.
- 신경성이 높은 사람은 위협 상황에서 과민하게 반응한다.
- 정신증적 경향성이 높은 사람은 공격적이고 공감 능력이 부족하다.

하지만 교도소라는 환경이나 범죄자의 생활방식이 이런 극단적 성격을 조장할 수도 있으므로 인과관계가 성립하지 않는다고 반박할 수도 있다.

49

심리학은 과학인가 아닌가
과학으로서의 심리학

분트와 그의 동료들이 심리학을 실험에 기반을 둔 객관적 과학으로 확립하고자 초기부터 노력했지만, 지금도 여전히 심리학은 '진짜' 과학이 아니라는 비난을 종종 받는다. 심리학은 본질적으로 행복과 같은 추상적 개념을 연구하기 때문에 조심스럽게 변수를 통제하고 조작할 수 있다. 따라서 결과를 정확하게 측정할 수 있는 물리학 같은 전통 과학처럼 신중하게 통제된 엄격함을 추구하기에는 적합하지 않다는 점에서 이는 합리적인 의견일 수도 있다.

롬브로소와 범죄자의 원시적 특징

잡지 《빅 싱크Big Think》 편집장이자 '쓰레기 과학' 감별사 알렉스 베레조Alex Berezow 박사는 심리학은 과학적 정당성을 확보하기 위해 갖춰야 할 기본 요건 다섯 가지를 충족하지 못하는 경우가 너무 많아서, 과학으로 간주할 수 없다고 주장한다. 베레조는 과학 분야라면 1) 명확하게 정의된 용어 2) 수량화할 수 있는 측정법 3) 고도로 통제된 실험 조건 4) 재현 가능성 5) 예측 가능성을 갖춰야 한다고 말한다.

하지만 이런 요건은 지나치게 엄격하고, 과학적이라고 여겨지는 다른 학문들도 이를 충족하지 못한다고 주장하는 사람도 있다. 또한 사실 과학을 정의하는 데 이런 모든 요건이 필요하지는 않다고 주장하는 이도 있다. 예를 들어 물리학자 데이비드 도이치David Deutsch는 훌륭한 과학 이론은 미래 결과를 예측하는 데 사용할 수 있어야 한다는 예측 가능성이라는 개념이 과학을 평가하는 데 적합한 척도가 아니라고 주장한다. 마술사가 하는 공연을 여러 차례 보면 그가 뭘 할지 예측할 수 있지만, 그렇다고 그 마술의 트릭을 이해하는 것은 아니라는 것이다. 그리고 도이치는 '이해'가 더 중요하다고 주장한다.

무엇이 과학이고 무엇이 과학이 아닌지를 어떻게 규정하든, 심리학에서 사용하는 여러 접근법은 일반적으로 효과가 뛰어나다고 판단된 과학적 방법을 적용할 수 있다. 결과적으로 심리학 전체가 과학의 자격을 갖췄다고 판단하기보다는 심리학의 무수하고 다양한 연구들이 과학적 방법을 사용한다는 측면에서, 과학의 스펙트럼 안에 있다고 봐야 할 것이다.

반복 가능성과 객관적 측정

과학적 접근법의 한 요소는 신뢰도를 확인하기 위해 여러 차례 검사가 가능하도록, 측정할 수 있고 반복할 수 있는 결과를 내놓는 연구를 수행하는 것이다. 이때 결과는 해당 연구자의 주관적 편향이 반영되지 않은 객관적인 결과여야 한다. 예를 들어 정신 역동 이론 같은 접근법에서 심리 성적 단계나 무의식적 욕망 같은 개념은 구체적인 방식으로 측정할 수 없다. 이런 개념들은 과학적이고 경험적으로 검증할 수 있는 아이디어라고 할 수 없으며, 이를 제시한 사람의 주관적 의견이 담겨 있다.

하지만 행동심리학 연구들은 실제로 반복하고 신뢰할 수 있다고 증명된, 측정할 수 있는 데이터를 생성한다. 예를 들어 스키너는 조작적 조건 형성 실험에서 매우 구체적인 통제 조건을 사용했으며, 절차와 결과를 모두 자세하게 기록했다. 이런 결과에는 주관적 의견이 들

과학적 방법

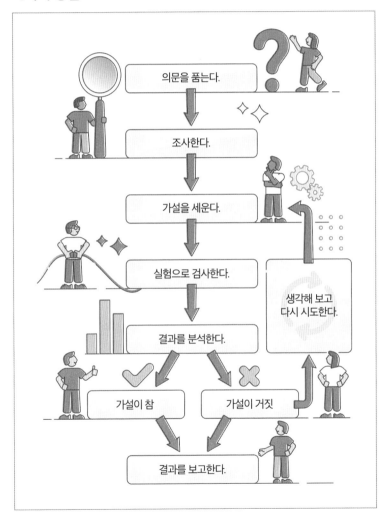

어 있지 않으며, 객관적으로 행동 연구에 과학적인 방법을 적용했다고 볼 수 있다.

반증 가능성

객관적 검증이라는 개념은 심리학이 과학이 아니라는 또 다른 비판, 즉 반증 가능성으로 이어진다. 이론을 반증하려면 검증할 수 있어야 한다. 이 점을 설명하는 유명한 예시로 버트런드 러셀Bertrand Russell의 초콜릿 찻주전자 비유를 들 수 있다. 러셀은 만약 자기가 초콜릿 찻주전자가 태양 주위를 돌고 있는데 너무 작아서 망원경으로 볼 수 없다고 말한다면, 자기 말이 거짓임을 증명할 수 없다고 해서 사람들이 자기 말을 믿으리라고 기대하면 안 된다고 주장했다. 입증의 책임은 주장하는 이에게 있다. 하지만 그 주장은 측정할 수 없으므로 참인지 거짓인지 가릴 수 없고, 따라서 반증 가능성이 없다.

러셀은 우리가 진실이 아니라는 것을 증명하지 못한다는 이유만으로 어떤 말이 사실이라고 주장할 수는 없다고 설명한다. 많은 비판을 받아온 정신 역동 심리학 분야는 우리 행동의 대부분을 무의식적이고 관찰할 수 없는 과정으로 설명한다는 점에서 반증 가능성을 갖추지 못했다.

통제

심리학을 연구할 때 발생하는 또 다른 문제점으로 통제 집단 확보를 들 수 있다. 다른 변인이 아니라 실험에서 조작한 변인들이 결과에 영향을 미쳤는지 확인하려면, 변경해서 그 효과를 측정하려는 변인 하나를 제외한 나머지가 모든 면에서 실험 집단과 동일한 통제 집단이 있어야 한다. 인간처럼 복잡한 피험자를 대상으로 타당한 결과를 제공할 만큼 규모가 크고, 비교할 수 있을 만큼 유사한 두 집단을 찾기는 매우 어려운 일이다.

예를 들어 46장에서 소개했던, 살인자의 뇌를 조사한 레인은 연구 대상인 범죄자 집단을 범죄자가 아닌 통제 집단과 대응하도록 노력을 기울였다. 연구팀은 예를 들어 성별(집단별로 여성 2명과 남성 39명), 조현병 병력(살인자 중 6명이 조현병 병력이 있었으므로 통제 집단에도 조현병 환자를 6명 넣었다), 나이(각 집단의 평균 나이가 비슷했다) 등 결과에 영향을 미칠 수 있다고 생각되는 요인들을 고려해 살인자 집단의 대상이 통제 집단의 참여자와 각각 대응하도록 구성했다. 하지만 이런 노력을 기울였더라도 심리학 연구에 참여하여 기꺼이 PET 스캔을 받을 살인자들을 모집하기는 매우 힘들다는 사실을 감안하면, 여전히 레인 연구팀이 합리적으로 설명할 수 없는 수많은 변인들이 있다.

살인자들은 저마다 다른 이유로 범행을 저질렀을 것이다. 어떤 사람은 갑자기 공격성이 폭발하여 우발적으로 살인을 저질렀을 것이고, 어떤 사람은 사전에 철저히 계획해서 실행했을 것이다. 이런 상황에서 뇌를 비교한다고 해서 살인자들의 뇌에 관해 타당한 통찰을 얻을 수 있었을까? 또한 통제 집단 중에 아직 잡히지 않았을 뿐인 살인자가 전혀 없다고 확신할 수 있을까? 엉뚱한 주장처럼 들릴 수도 있지만, 이는 심리학에서 정말로 비교가 가능한 통제 집단을 찾기가 얼마나 어려운지 잘 보여준다.

엄격한 과학의 모든 특징(PET 스캔을 사용한 객관적 측정, 통제 집단, 절차의 반복 가능성)을 갖춘 레인 연구팀의 심리학 연구조차도 좀 더 자세히 그 절차를 들여다보면, 여전히 과학적 정밀 조사에는 미치지 못한다. 사실 이 연구의 독립 변인(범죄자라는 참가자의 지위)은 실험자가 조작한 변인이 아니라 개인이 원래 갖고 있던 조건이라는 점을 고려하면, 이는 애초에 실험이 아니라 유사 실험이라고 해야 한다. 따라서 인과관계를 나타내는 결론은 정당하다고 할 수 없다. 그 결과를 바탕으로 살인자가 일반 인구와 다르게 행동하는 뇌를 타고났는지, 아니면 범죄를 저지른 이후에 그 사건 자체, 또는 이후 수감 생활로 인해 그들의 뇌가 달라졌는지 알 수 없다.

결론적으로 심리학을 과학으로 간주해야 하는가 하는 질문은 쉽게 대답할 수 없다. 심리학 연구가 과연 쓸모 있는지 그렇지 않은지, 우리에게 어떤 이익을 가져다주는지를 논의하는 것이 더 생산적일 것이다.

50

해결해야 할 과제들
심리학계의 논란

이 책을 읽다 보면 알아차리겠지만 심리학 연구에는 수많은 방법이 사용되고, 각각의 이론은 인간 행동을 다양하게 설명한다. 그렇다 보니 주어진 질문을 가장 잘 해결하는 설명이 무엇일지 생각할 때, 여러 비판을 고려해야 한다.

접근방식이 지나치게 결정론적이거나 그것이 문제가 될까? 복잡한 인간 행동을 하나의 설명으로 너무 단순하게 정리한 것은 아닐까? 같은 대학교에 다니는 몇몇 학생들을 대상으로 수집한 결과를 과연 전체 인구에게 일반화하여 적용할 수 있을까?

이번 장에서는 심리학에서 논란이 되는 주요한 부분들과 그런 논란이 왜 중요한지 살펴볼 것이다.

결정론과 자유 의지

결정론은 인간 행동을 포함한 모든 사건을 외부 요인이 미리 결정한다는 가정이다. 이런 요인에는 생물학적 요인도 있고 환경적 요인도 있지만 개인이 통제할 수 있는 영역 밖이고, 따라서 결정론적 접근법은 인간에게는 자기 행동을 좌우할 자유 의지나 힘이 없다고 보는 것이다. 이는 우리가 자신의 행동에 책임을 질 수 없다는 의미이므로 많은 사람이 받아들이기 힘들어하는 개념이다. 자유 의지가 없다면 행동에 대한 직접적 책임도 없다.

이 책에서 살펴봤던 많은 접근법은 여러 외부 요인이 우리 행동을 결정한다고 말한다.

- 정신 역동 접근법 : 어린 시절의 경험과 무의식적 과정이 행동을 결정한다.
- 행동주의 접근법 : 환경에서 비롯되는 자극에 대한 반응에 따라 행동을 학습한다.
- 인지주의 접근법 : 내적 정신 과정이 행동을 결정한다.
- 생물학적 접근법 : 생리 작용, 호르몬, 신경전달물질, 유전자, 진화 압박이 행동을 결정한다.

아무리 불안해 보인다 해도 결정주의는 심리학에 필요한 관점이다. 어떤 개념을 과학적으로 연구하려면 연구자는 특정한 변인을 따로 떼어 조작하고, 그 변인이 행동에 미치는 영향을 측정할 수 있어야 한다. 이는 심리학자가 특정 행동을 연구하려면 개별 요인이 그런 행동을 유발한다고 가정해야 한다는 뜻이다. 하지만 현실에서는 그들도 우리의 복잡한 행동에는 여러 요인이 영향을 미친다는 것을 인정한다.

크레이 형제는 강력 범죄자 집안에서 태어난 일란성 쌍생아로, 유전자와 환경이라는 이중의 부정적인 결정론적 경향에 영향을 받을 수 있었다. 그렇다고 해서 이런 사람들이 저지른 범죄에 대한 책임이 가벼워질까?

환원론과 전체론

환원론reductionism은 과학에서 꼭 필요한 과정이다. 환원론은 복잡한 주제를 측정할 수 있는 더 작은 부분으로 나눈다. 이렇게 해서 연구자는 구체적인 변인을 식별하고 조작할 수 있게 되며, 작은 한 가지 요소를 변화하여 그 영향을 측정할 수 있다. 분트와 그의 동료들이 당시에 인기 있던 철학적 관점에서 실험심리학을 분리하려 했을 때, 처음 목표는 바로 심리학 연구를 이렇게 간단하고 측정할 수 있는 요인으로 환원하는 것이었다. 하지만 모든 과학, 그중에서도 특히 심리학에서 복잡한 문제를 작은 부분으로 축소하면 전체 체계가 당면한 문제에 어떤 영향을 미치는지 파악하지 못할 수 있다.

예를 들어 심리학에서는 우울증 같은 질병 연구를 신경전달물질을 연구하는 것으로 환원할 수 있다. 세로토닌 결핍이 우울증에 영향을 줄 수 있다거나 우울증이 여러 신경전달물질의 결핍과 관련이 있다는 의견이 있다. 이 지식을 바탕으로 우울증 치료에 사용하기 위해 선택적 세로토닌 재흡수 억제제(SSRIs)를 개발할 수 있다. 이런 식으로 환원론적 접근방식은 어떤 행동에 적용할 수 있는 설명을 따로 떼어내고 그 설명과 관련된 치료법을 사용해 인간의 안녕감을 증진할 수 있다.

하지만 생물학에만 초점을 맞추는 이런 식의 환원론적 접근법은 우울증 경험에 영향을 줄 수 있는 다른 요인들을 무시하게 된다. 예를 들어 인지적 접근법의 설명은 잘못된 생각이 원인이라는 가설을 세우고 해결책으로 인지 행동 이론을 제안할 수 있다. 반면에 정신 역동적 접근법은 억압과 같은 방어 기제가 작동해 우울증이 생길 수 있고, 해결책으로 이면에 숨은 트라우마를 밝히는 자유 연상이나 꿈을 분석해야 한다고 제안할 것이다.

전체론holism적 접근법은 다양한 요소들의 영향을 고려하려 한다. 게슈탈트, 인본주의, 긍정심리학, 사회심리학 같은 방법은 전체론적 접근법을 적용한다. 전체론의 초기 사례는 지각 연구에서 찾아볼 수 있다. 이런 연구에서 심리학자들은 우리가 감각 정보를 생물학적으로 소리나 심상의 형태로 지각하는 방식은 기억이나 정서 같은 인지 기능과 결합해서 입력한 정보를 이해할 수 있는 맥락으로 배열할 때 비로소 의미를 갖는다고 주장했다. 지금 당신이 읽고 있는 문자들은 기억력을 사용해 기호들의 조합이 각각 어떤 의미인지 떠올리고, 이를 당신이 읽고 있는 책이라는 더 넓은 맥락에 적용하기 때문에 마침내 의미를 지닌다.

심리학 연구에서 전체론적 접근법은 인간의 생명 작용이 인지 및 경험과 어떻게 상호작용해서 행동에 영향을 미치는지 고려한다. 이는 더 넓은 행동의 맥락과 무엇이 행동에 영향을 미치는지 밝히는 데 유용하다. 하지만 이런 추론 방법을 사용하는 이론들은 이를 뒷받침하는 경험적 증거를 제공하기가 어렵다.

연구 편향

지금까지 심리학 연구는 주로 서구 선진국 문화권에서 이뤄졌다. 구체적으로 말하자면 연구진 대부분이 서구 선진국 문화권에 속한 남성이었다. 우리 행동이 우리가 살아가는 문화권의 관습과 규칙, 도덕, 심지어 언어에도 영향을 받는다는 점을 고려할 때 이는 문제가 된다. 예를 들어 (36장에서 논의했던) 메리 에인스워스의 '낯선 상황' 같은 연구는 서구 개인주의 사회의 기대를 바탕으로 어떤 것이 유아의 건전한 행동인지 가정한다. 이 연구에서는 부모가 어디에 갔는지 걱정하지 않는 아이는 부모와 애착 관계가 제대로 형성되지 않았다고 간주한다. 하지만 아이들을 집단으로 양육하는 사회에서 이 연구를 다시 수행한다면 아이가 낯선 어른들과 걱정 없이 자유롭게 상호작용하는 모습을 정상적이고 건전하다고 볼 것이다.

'이믹emic' 접근법이라고 하는 이런 식의 이론 전개 방식은 한 문화

지그문트 프로이트와 그 동료들은 물론, 이후 심리학을 연구한 학자들 대부분은 유럽 출신의 백인 남성이었고, 이 사실은 심리학의 다양한 측면을 연구하는 데 특정한 편향을 가져왔다.

의 가치관이 사용되면서 연구와 그 결론에 영향을 미친다. 마찬가지로 '에틱etic' 접근법은 다른 문화권의 행동을 자신들의 가치관으로 해석하는 방식이다. 예를 들어 서구의 가치에 근거해 다른 문화권 출신의 아동이 제대로 애착을 형성하지 못했다고 판단한다.

이 책에도 이와 비슷한 사례가 많이 등장한다. 예를 들어 홈스와 라헤가 개발한 사회 재적응 평가 척도는 다른 문화권에 적용하기 어려울 법한 사건의 스트레스 성질에 대한 판단을 근거로 삼고, 지능 심리 측정은 어떤 사람들은 이해하기 어려운 특정한 지각 능력이 모든 이에게 있다고 가정한다. 이런 쟁점을 수정하거나 인정하려는 시도 자체가 편향을 초래할 수도 있다. '알파 편향alpha bias'은 어떤 요인을 바탕으로 두 집단이 다르다고 가정해 두 집단 간의 차이를 과장하는 경향이고, '베타 편향beta bias'은 이런 차이를 줄이는 경향이다.

이런 편향은 서로 다른 문화권 사이에만이 아니라 같은 문화권 안에서도 존재한다. 어떤 이론의 역사적 맥락은 이를 현대의 행위에 얼마나 적용할 수 있는지 판단할 때 유의미하다. 예를 들어 프로이트의 심리 성적 발달 이론은 가족 및 양육과 관련된 부분에서 빅토리아 시대의 가치관을 따른다. 어머니를 주 양육자로 가정하고, 다른 양육 방식은 인정하지 않으며 서로 성별이 다른 부모가 모두 있는 환경을 가정한다. 프로이트는 오이디푸스 콤플렉스를 설명하면서 아들은 무의식적으로 어머니와 사랑에 빠진다고 주장하고, 모든 남자아이가 이성애자라고 상정한다. 또 오이디푸스 콤플렉스를 해결하지 못해 동성애자가 되며, 이들을 비정상이라고 보았다. 이 견해는 동성애가 열등하다는 의미일 뿐 아니라 여성 동성애의 존재 자체를 완전히 무시한다. 프로이트의 이론은 여전히 영향력이 있지만 그 이론이 생겨난 시대의 산물이라는 것도 인식해야 한다.

심리학 연구에서 성적 편향은 심리학이 학문으로 형성되는 시기에 남성이 과학계를 주도했던 현실에서 비롯된 역사적 문제다. 심리학계의 주요 이론과 연구를 다루는 이 책 역시 다른 비슷한 문헌 대부분과 마찬가지로 남성이 남성 참가자를 대상으로 연구를 실시하고, 그 결과 만들어진 이론들을 소개한다. 따라서 현재 우리가 인간의 심리에 대해 알고 있는 많은 내용이 여성에게는 적용되지 않을 수도 있다.

다행히도 미국 심리학 협회의 심리학 인력 분석 센터에 따르면, 심리학 박사 학위를 받았거나, 받으려고 공부하는 여성의 비율은 1970년 20퍼센트에서 2005년 거의 72퍼센트로 증가했다. 하지만 심리학의 근간을 형성한 접근법과 이론 대부분은 서구 선진국 출신의 남성이 생각하는 이상의 지배를 받았으며, 그 이론들이 제시된 당대의 가치관을 대표한다는 점을 여전히 유념해야 한다.

알아두면 쓸모 있는 심리학 상식 사전

알아두면 쓸모 있는 심리학 상식 사전

A

알아두면 쓸모 있는
심리학 상식 사전

제1판 1쇄 발행 2024년 1월 6일
제1판 2쇄 발행 2024년 6월 5일

지은이   에밀리 롤스, 톰 콜린스
옮긴이   이은경
펴낸이   나영광
책임편집 이홍림
편집   정고은, 김영미
영업기획 박미애
디자인   임경선

펴낸곳   크레타
등록   제2020-000064호
주소   경기도 고양시 덕양구 청초로 66 덕은리버워크 B동 1405호
전화   02-338-1849
팩스   02-6280-1849
포스트   post.naver.com/creta0521
인스타그램 @creta0521

ISBN 979-11-92742-22-9 (03180)